感谢教育部人文社科规划基金项目（21YJA630059）
《风险投资社会网络对科创板企业创新的影响效果和
作用机制研究》对本书的研究支持。

RESEARCH ON THE RELATIONSHIP
BETWEEN VENTURE CAPITAL AND
ENTERPRISE INNOVATION

# 风险投资与企业创新的关系研究

刘宁悦 著

北京理工大学出版社
BEIJING INSTITUTE OF TECHNOLOGY PRESS

版权专有　侵权必究

**图书在版编目（CIP）数据**

风险投资与企业创新的关系研究／刘宁悦著．－－北京：北京理工大学出版社，2022.4
ISBN 978－7－5682－9403－4

Ⅰ．①风… Ⅱ．①刘… Ⅲ．①风险投资—研究②企业创新—研究 Ⅳ．①F830.59②F273.1

中国版本图书馆 CIP 数据核字（2022）第 064265 号

| | |
|---|---|
| 出版发行／ | 北京理工大学出版社有限责任公司 |
| 社　　址／ | 北京市海淀区中关村南大街 5 号 |
| 邮　　编／ | 100081 |
| 电　　话／ | （010）68914775（总编室） |
| | （010）82562903（教材售后服务热线） |
| | （010）68944723（其他图书服务热线） |
| 网　　址／ | http：//www.bitpress.com.cn |
| 经　　销／ | 全国各地新华书店 |
| 印　　刷／ | 保定市中画美凯印刷有限公司 |
| 开　　本／ | 710 毫米×1000 毫米　1/16 |
| 印　　张／ | 16.25 |
| 字　　数／ | 266 千字 |
| 版　　次／ | 2022 年 4 月第 1 版　2022 年 4 月第 1 次印刷 |
| 定　　价／ | 88.00 元 |

| | | | |
|---|---|---|---|
| | | 责任编辑／ | 吴　博 |
| | | 文案编辑／ | 李丁一 |
| | | 责任校对／ | 周瑞红 |
| | | 责任印制／ | 李志强 |

图书出现印装质量问题，请拨打售后服务热线，本社负责调换

# 前　言

　　风险投资又称为创业投资，是由专业投资者投入到新兴的、迅速发展的、有巨大竞争潜力的企业中的一种权益资本。它的一般特点是投资周期长、投资对象多为初创期高科技中小企业、给被投企业提供增值服务、以上市并购等股权转让方式撤出资本实现增值等。自1946年美国诞生了第一家风险投资公司，风险投资在世界范围内已经有了半个多世纪的发展历程，尤其是在美国、欧洲、以色列等发达国家和地区，风险投资相关的法规政策和投资环境都相对完善。相比发达国家，我国的风险投资事业起步较晚，但在经济高速发展的带动下，相关配套法律法规不断完善，我国风险投资行业的发展速度不容小觑。2006年，为促进风险投资快速发展，鼓励其投资中小高新技术企业，增强其在促进企业自主创新、产业升级和经济结构调整等方面所发挥的作用，国家发改委联合多部委制定并实施《创业投资企业管理暂行办法》。2016年，国务院发布《关于促进创业投资持续健康发展的若干意见》，对创业投资的投资主体、资金来源、政策扶持、法律法规、退出机制、市场环境等提出指导性意见。在我国经济转型的大背景下，风险投资行业发生了深刻变化，成长为资本市场的新生力量，进入规范发展的新阶段。

　　创新是社会发展的不竭动力，将在我国经济转型的过程中发挥决定性的作用。对于一个国家而言，经济的持续增长、就业结构的改善和收入水平的提高，乃至在国际竞争中所处的地位，都有赖于高新技术的产业化水平。但是，创新往往发生在极具发展潜力的中小型科技企业中，而且有着很大的不确定性。伴随着我国资本市场的日益完善，风险投资逐渐介入并参与企业的各项活动，尤其是企业创新。一方面，风险投资能够以更灵活的方式满足企业对资金的需求，缓解企业的融资约束问题，从而提升企业创新能力；另一方面，风险投资积累了金融以外其他行业的专属知识与经验，并在此基础上培养了敏锐的洞察力和快速的学习能力，形成行业专长。在注资取得企业股权后，风险投资发挥行业专长向企业提供全方位的增值服务，帮助企业准确把握内外部动态，增强抵御高风险的能力。风险投资对于创业企业，特别是对于一些有高成长潜力的创业企业的人才吸引、研发能力也都有着重要的影响。

本书聚焦风险投资和企业创新的关系研究。第二章对研究涉及的主要概念和相关理论进行阐述，并对现有文献进行了归纳和总结。第三章到第七章对不同研究假设进行了实证检验。第三章、第四章和第五章分别研究了风险投资联合投资策略、分阶段投资策略和专业化投资策略对企业创新的影响；第六章关注企业风险投资、独立风险投资和政府风险投资对企业创新的不同影响；第七章检验风险投资关系对企业创新的影响。第八章对全书的主要结论进行总结，并提出政策建议，指出研究中存在的不足。

感谢教育部人文社科规划基金项目（21YJA630059）"风险投资社会网络对科创板企业创新的影响效果和作用机制研究"对本书的研究支持。

本书汇集了作者从事风险投资与企业创新研究的部分成果，并选取了近年来教学中几位研究生的研究设计，在本书编写中要特别感谢肖淑芳、佟岩、陆彦、蒋子晗、李杨林、杨萌萌、李佳璇、黄子桐、杨莉、侯中旭、吴乐乐、杨堃、刘子妍等老师和同学的支持和帮助。在此向参与本书撰写和出版的同志致以由衷的感谢。由于作者水平有限，书中难免存在疏漏和不足之处，欢迎广大读者批评指正！

刘宁悦

2022 年 2 月

# 目　录

**第一章　引言** ………………………………………………………… 001
　　第一节　研究背景 …………………………………………………… 003
　　第二节　研究内容与本书框架 ……………………………………… 005
　　第三节　研究方法 …………………………………………………… 008
　　第四节　主要创新 …………………………………………………… 009

**第二章　概念界定、理论基础与文献综述** …………………………… 011
　　第一节　概念界定与理论基础 ……………………………………… 013
　　　　一、概念界定 …………………………………………………… 013
　　　　二、理论基础 …………………………………………………… 014
　　第二节　风险投资与企业创新文献综述 …………………………… 016
　　　　一、风险投资与企业创新的关系研究 ………………………… 016
　　　　二、风险投资影响企业创新的机理研究 ……………………… 018
　　第三节　风险投资策略与企业创新文献综述 ……………………… 019
　　　　一、风险投资辛迪加 …………………………………………… 019
　　　　二、分阶段投资策略 …………………………………………… 023
　　　　三、专业化投资策略 …………………………………………… 024
　　第四节　风险投资背景与企业创新文献综述 ……………………… 026
　　　　一、风险投资背景 ……………………………………………… 026
　　　　二、不同背景风险投资对企业创新的影响 …………………… 028

第五节　风险投资关系与企业创新文献综述 ·················· 029
　　一、风险投资董事 ······································································ 029
　　二、风险投资社会关系网络 ······················································ 031

## 第三章　联合投资策略与企业创新 ·················································· 033

第一节　联合投资对企业创新的影响研究 ·················· 035
　　一、研究背景及意义 ································································ 035
　　二、研究假设 ············································································ 036
　　三、样本与变量 ········································································ 040
　　四、模型与结果 ········································································ 047
　　五、研究结论 ············································································ 059

第二节　基于科创板上市企业的研究 ························ 060
　　一、研究背景及意义 ································································ 060
　　二、研究假设 ············································································ 062
　　三、样本与变量 ········································································ 066
　　四、模型与结果 ········································································ 071
　　五、研究结论 ············································································ 082

第三节　结论 ················································································ 083

## 第四章　分阶段投资策略与企业创新 ·············································· 085

第一节　分阶段投资对企业创新的影响研究 ·············· 087
　　一、研究背景及意义 ································································ 087
　　二、研究假设 ············································································ 088
　　三、样本与变量 ········································································ 089
　　四、模型与结果 ········································································ 092
　　五、研究结论 ············································································ 101

第二节　结论 ················································································ 101

## 第五章 专业化投资策略与企业创新 103

### 第一节 专业化投资对企业创新的影响研究 105
  一、研究背景及意义 105
  二、研究假设 106
  三、样本与变量 109
  四、模型与结果 112
  五、研究结论 118

### 第二节 联合投资行业专业化对企业创新的影响研究 119
  一、研究背景及意义 119
  二、研究假设 121
  三、样本与变量 125
  四、模型与结果 130
  五、研究结论 142

### 第三节 结论 143

## 第六章 风险投资背景与企业创新 145

### 第一节 企业风险投资与独立风险投资对企业创新的影响研究 147
  一、研究背景及意义 147
  二、研究假设 148
  三、样本与变量 150
  四、模型与结果 152
  五、研究结论 161

### 第二节 政府风险投资对企业创新的影响研究 162
  一、研究背景及意义 162
  二、研究假设 164
  三、样本与变量 166
  四、模型与结果 170

五、研究结论 ································································ 175
第三节　结论 ······································································ 176

# 第七章　风险投资关系与企业创新 ············································ 179

第一节　风险投资担任董事对企业创新的影响研究 ················ 181
　　一、研究背景及意义 ···················································· 181
　　二、研究假设 ······························································· 182
　　三、样本与变量 ··························································· 185
　　四、模型与结果 ··························································· 188
　　五、研究结论 ······························································· 202
第二节　风险投资者社会关系对企业创新的影响研究 ············ 203
　　一、研究背景及意义 ···················································· 203
　　二、研究假设 ······························································· 204
　　三、样本与变量 ··························································· 208
　　四、模型与结果 ··························································· 213
　　五、研究结论 ······························································· 228
第三节　结论 ······································································ 228

# 第八章　主要结论、政策建议与研究的局限性 ························· 231

第一节　主要结论 ······························································· 233
第二节　政策建议 ······························································· 235
第三节　研究的局限性 ························································ 237

**参考文献** ················································································· 238

# 第一章 引言

## 第一节 研究背景

创新是引领发展的第一动力,是建设现代化经济体系的战略支撑,党的十九大明确提出我国要加快建设创新型国家。企业是将科学技术转化为生产力的主体,创新驱动发展战略把企业放在各类创新主体的第一位。截至 2020 年,全国共投入研发(research and development,R&D)经费 24 393.1 亿元人民币,比上年增长 10.2%,其中各类企业研发经费支出 18 673.8 亿元人民币,比上年增长 10.4%,占全国总研发经费的 76.6%[①]。中国自 2013 年起,全球创新指数排名连续 9 年稳步上升,2021 年排名第 12 位[②]。据麦肯锡公司分析,到 2025 年,创新对中国 GDP 的贡献率将高达 50%。Rosenberg(2004)指出一国经济增长的 85% 可归结于经济创新。

企业作为经济社会的基本组成单元,既是价值创造的参与者,也是科技创新的主力军。企业的价值创造与科技创新恰如车之两轮,鸟之双翼,相辅相成,最终凝聚成国家的综合实力。企业既是创新型国家的主要建设者,也是创新驱动发展战略实施过程的重要参与者,企业创新能力直接影响到国家创新水平。如何增强企业创新能力,加速现代化经济体系建设,提升国家综合实力,引发决策者和学者的深入思考。尽管价值创造与科技创新的良性循环能够带给企业可观的收益,但作为起点的科技创新往往意味着大量的资源投入,一部分企业受到资源的限制无法进行科技创新的尝试;科技创新常常充斥着各类的不确定性,一部分企业缺乏专业知识而对待风险的容忍度不足,在科技创新方面望而却步。科技创新高投入高风险的特征,成为制约企业创新的两大瓶颈。

最具创新活力的中小微企业由于缺乏可抵押资产等原因,很难从银行等

---

① 2020 年全国科技经费投入统计公报,科技部网站 http://www.stats.gov.cn/tjsj/tjgb/rdpcgb/qgkjjftrtjgb/202109/t20210922_1822388.html。

② 2021 年全球创新指数报告。

传统渠道获得融资，而且小贷公司、保理公司、互联网金融等服务于中小企业的融资方式或融资机构出现了全面萎缩①。因此关注早期中小微企业长远投资的风险投资（venture capital，VC），就成为这些企业的重要资金来源。近年来，为保障我国资本市场的健康、快速发展，国家制定了一系列有利于风险投资机构发展的政策，我国风险投资队伍不断壮大。

在学术研究中，狭义上的风险投资通常指那些"致力于对高成长型私有企业进行权益资本或类似于权益资本投资的独立经营的专门资本集合"（Gompers & Lerner，2001），它的特点在于：投资周期较长；投资对象多为初创期中小企业，特别是高科技企业；除了资金投入，风险投资者还会给企业提供专业的建议；以权益形式投资于未上市企业，在投资结束时获得资本利得。自1946年美国诞生了第一家风险投资公司，伴随着金融市场的起伏波动，风险投资在世界范围内已经有了半个多世纪的发展历程，尤其是在美国、欧洲、以色列等发达国家和地区，风险投资相关的法规政策和投资环境都相对完善。在美国，90%的高科技企业是按照风险投资机制发展起来的，以英特尔（Intel）公司、康柏（Compaq）公司、戴尔（Dell）公司、Sun计算技术公司、微软（Microsoft）公司、苹果（Apple）公司等为代表，这些高科技企业成为20世纪90年代美国经济增长的重要源泉。

与发达国家相比，我国的风险投资事业起步较晚，但在经济高速增长的带动下，我国风险投资行业的发展速度却不容小觑。1998年3月，中国民主建国会（简称民建）中央在全国政协九届一次会议上提出的《关于加快发展我国风险投资事业的几点意见》（一号提案），标志着我国风险投资的真正兴起。2006年，为促进风险投资快速发展，鼓励其投资中小企业，特别是中小高新技术企业，增强其在促进企业自主创新、产业升级和经济结构调整等方面所发挥的作用，国家发展和改革委员会联合多部委制定并实施《创业投资企业管理暂行办法》。在此之后，我国风险投资机构进入了快速增长期。截至2021年3月，共243家企业在科创板上市，其中195家有风险投资参与公司股权投资，占比80.25%。

虽然有研究认为，创新活动风险较大，回报周期长，而风险投资往往要求尽早退出所投资项目，导致了风险投资短期目标与企业创新活动长期目标

---

① 《中国社会融资环境报告》2017。

相冲突的情况,风险投资可能采取一些与企业长期发展目标不相符的行为(Gompers,1996)。但是,相对于在二级市场上交易的机构投资者,风险投资持股时间长和持股比例高的特点,使其更能激励和促进企业创新,可以从公司金融领域的融资约束理论、信息不对称理论和股东积极主义理论三方面加以解释。首先,风险投资作为一种股权融资方式,更多地投资于初创企业,能够有效地降低这类企业的融资约束,进而解决企业在研发过程中遇到的资金不足问题(Metrick & Yasuda,2011);其次,风险投资对于被投资企业的筛选和监督能力都强于传统金融机构,特别是对于复杂性和不确定性都高于其他企业活动的创新活动,风险投资能够降低信息不对称程度,使得资本市场更准确地对企业创新活动进行定价(Dong, et al.,2016);最后,风险投资不仅为被投资企业提供投后服务,而且通过派驻董事等多种形式参与公司治理,发挥股东积极主义作用(Celikyurt, et al.,2014)。

## 第二节 研究内容与本书框架

本书聚焦风险投资和企业创新的关系研究,重点关注风险投资策略(联合投资策略、分阶段投资策略和专业化投资策略)对企业创新的影响,风险投资背景(企业风险投资、独立风险投资、政府风险投资)对企业创新的影响以及风险投资关系对企业创新的影响。具体章节安排如下。

第一章引言,介绍本书的研究背景、研究内容、研究方法和主要创新点,从总体上介绍本书的整体安排。

第二章概念界定、理论基础与文献综述,首先界定了本书涉及的主要概念,然后讨论了相关理论,最后从风险投资与创新、风险投资策略、风险投资背景和风险投资关系几个方面进行了文献回顾。

第三章联合投资策略与企业创新,联合风险投资又称风险投资辛迪加,是风险投资机构形成的战略联盟,既可以分散单独投资的风险,又能将不同类型和背景的风险投资机构联合在一起,形成资金、人力资源和管理经验等方面的优势资源互补,因此成为风险投资的主要投资策略之一。本章关注联合投资策略与企业创新的关系，同时考虑科创板企业的不同情况。

第四章分阶段投资策略与企业创新，风险投资策略可以按投资企业的轮数分为分阶段投资与一次性投资。采取分阶段投资策略的风险投资在进行下一轮投资前，会对项目前期的业绩进行考核，只有发展前景良好的项目才能继续获得其资金支持，因此企业会更注重长期利益从而重视创新。但是，这种方式也可能会促进经理人的短视行为。本章研究风险投资分阶段投资策略对企业创新的影响。

第五章专业化投资策略与企业创新，本章关注风险投资的专业化投资策略，从行业、投资阶段、地理位置三个角度衡量风险投资专业化程度并研究其对于企业创新的影响。

第六章风险投资背景与企业创新，本章根据风险投资背景将其划分为企业风险投资、独立风险投资和政府风险投资并研究不同背景的风险投资对于企业创新的不同影响。

第七章风险投资关系与企业创新，本章一方面聚焦于研究风险投资担任董事对上市公司创新绩效的影响；另一方面关注风险投资者与上市公司董事、高级管理人员之间的社会关系将会如何影响企业创新，探究"非正式"关系网络中蕴含着的丰富的社会资本。

第八章主要结论、政策建议与研究的局限性，本章在对全书各部分研究发现总结的基础上，提出政策建议，最后指出本书的研究局限。

本书的研究框架如图1.1所示。

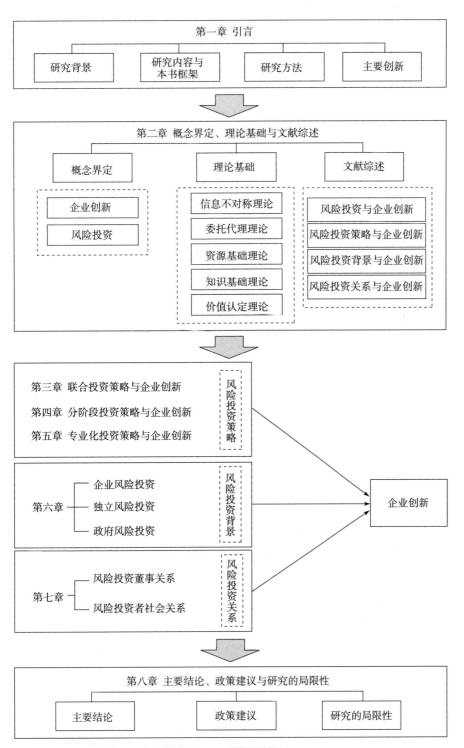

图 1.1 研究框架

## 第三节　研究方法

本书从理论和实证两个方面对风险投资和企业创新的关系进行探讨。对以上内容的研究，主要采用以下的研究方法。

**1. 文献分析法**

这一方法主要用于第二章对风险投资和企业创新关系的相关理论和文献回顾部分，以及第三章至第七章的研究假设推导部分，其目的是对现有相关文献进行梳理，进而为后续研究奠定基础。

**2. 描述性统计分析**

主要用于第三章至第七章中对于数据的描述性统计部分，其目的是对主要变量的统计学特征进行概括分析。

**3. 相关性分析**

主要用于第三章至第七章中对于数据的相关性分析部分，其目的是初步判断主要变量之间的相关性，以及自变量之间是否存在明显的自相关问题。

**4. 多元回归**

主要用于第三章至第七章的实证分析部分，由于本书的数据大部分为面板数据，因此较多使用固定效应模型或随机效应模型对数据进行分析。

**5. 倾向得分匹配法（PSM）**

主要用于部分章节的稳健性检验部分。PSM 通过倾向得分值（propensity score，PS 值）实现多元匹配，找到与有某类风险投资机构投资的企业（干预组）相似的没有此类风险投资机构投资的企业（对照组），从而减少偏差和混杂变量的影响。

## 第四节 主要创新

**1. 研究体系完善**

国内外对于风险投资与企业创新之间关系的研究结论存在分歧，研究体系不够完整。本书从各个不同的角度研究企业创新对风险投资的影响，为读者提供更加全面的研究结论。从风险投资的投资策略出发，本书深入研究联合风险投资、分阶段风险投资和专业化风险投资对企业创新的影响；从风险投资背景出发，分析企业风险投资、独立风险投资和政府风险投资对企业创新的不同影响；从人际关系网络出发，聚焦于研究风险投资担任董事以及"非正式"关系网络对企业创新带来的影响。此外，在研究风险投资与企业创新关系的同时，本书综合考虑了风险投资的持股时间和持股规模等特征、主导风投特征和企业特征的调节作用，从而构成更为完整的研究框架。

**2. 研究数据新颖**

目前，联合投资在风险投资案例中的比例不断攀升，但是关于联合投资的相关研究尚不丰富，已有的研究也大多面向主板和创业板，以科创板上市企业为样本的相关研究还非常匮乏。科创板更强调公司的持续经营能力和核心技术优势，非常适合用于研究企业创新，因此本书丰富了科创板企业在这一领域的相关研究。

同时，本书对于风险投资者与上市公司董事、高级管理人员之间的社会关系这类数据进行了大量的手工数据搜集整理工作。一方面，如果风险投资机构的相关人员没有在上市公司任职，其个人信息就不会出现在年报及数据库中，因此需要大量的手工搜集；另一方面，本书对于关系的衡量基于个人的成长背景，涵盖了校友关系、同事关系以及其他各种类型的个人主要社会关系，尽可能地对公开披露的信息进行充分利用，而不仅仅限于董事联结等上市公司中的共同任职情况。

### 3. 研究视角独特

本书选取了风险投资关系网络微观层面、同时也是广义层面的人际关系网络，对风险投资在创新方面的"增值"作用进行分析。现有研究中，对于风险投资网络的探讨已经十分丰富，大多数国内外学者的关注重点都放在了最为基础的联合投资网络上，研究网络的资源、结构、所处位置对其作用发挥的影响。但是，网络的形成有赖于人与人之间的互动交流，"非正式"的社会关系也会对网络个体的决策产生重要的影响。本书从人际关系网络出发，拓宽了风险投资关系网络领域的研究视角。

# 第二章 概念界定、理论基础与文献综述

## 第一节　概念界定与理论基础

### 一、概念界定

**1. 企业创新**

Peters（1997）认为，创新是企业获得持续竞争优势的重要来源，它直接影响到企业的生存和发展。因此，企业创新问题受到了学术界的高度重视。熊彼特在《经济发展理论》一书中，首次阐述了"创新"的概念，指出"创新"是生产要素和生产条件的一种重新组合，并引入生产体系使其技术体系发生"变革"，以获得"企业家利润"或"潜在的超额利润"的过程。在经济学中，创新是指以现有的知识和物质，在特定的环境中，改进或创造新的事物，并能获得一定有益效果的行为。从企业角度出发，傅家骥（1998）提出，创新是指企业家抓住市场潜在的盈利机会，或技术的潜在商业价值，以获取利润为目的，对生产要素和生产条件进行新的组合，建立效能更强、效率更高的新生产经营体系，从而推出新的产品、新的生产方法并开辟新的市场，建立企业新的组织。在《国民经济和社会发展第十一个五年规划纲要》中提出了自主创新的概念，将增强国家创新能力作为起点，加强原始创新和集成创新，引进消化、吸收和再创新的过程。

根据学者们的研究，衡量企业技术创新的指标中比较常用的有两种：创新投入指标即研发支出占销售收入的比重和创新产出指标即新产品的数量、专利数量、专利授权以及专利引用的数量。由于研发数据易于从企业获取，国内许多研究使用研发投入来衡量企业创新能力。此外，Tian（2012）采用美国国家经济数据统计局公布的专利数据，将企业当年的专利持有数量和第二年专利的被引用次数（不包括企业自身引用其专利的次数）作为衡量企业创新产出质量的指标。

### 2. 风险投资

风险投资是一种为有高成长性的创业企业提供资本支持的非传统融资方式。广义的风险投资泛指一切具有高风险和高潜在收益的投资；狭义的风险投资是指以高新技术为基础，生产与经营技术密集型产品的投资。根据美国全美风险投资协会的定义，风险投资是由职业金融家投入到新兴的、迅速发展的、具有巨大竞争潜力的企业中所要求得到的一种权益资本。

风险投资机构的投资行为具有以下显著特点：①当企业孵化进行到一定阶段，风险投资以不同的方式完成股权转让退出，风险投资机构退出时的财务收益通常是衡量项目成败的主要因素，具有一定的逐利性；②风险投资本身运作周期的限制决定了其具有更明确的投资计划与退出安排；③风险投资完成注资入股后，风险投资对企业的投后管理从监督和服务两个方面产生影响。风险投资通过参与企业经营决策，监督企业加强公司治理，减少委托代理问题的产生。同时，风险投资向企业提供专业服务，助力企业增值。

## 二、理论基础

### 1. 信息不对称理论

根据市场有效假说，在法律健全、功能良好、透明度高、充分竞争的股票市场中，所有有价值的信息都已经准确、及时、充分地反映在股价的变化趋势中，既包括企业当前的价值，也包括其未来的价值。在这种假说下，金融市场中的全部主体在掌握信息的多少、质量等方面不存在任何差异，即完全信息。但是，完全信息这一假设在目前的金融市场中很难成立，金融市场中各个参与主体掌握的信息，在多寡、质量以及时效性上，都存在着显著差异，即信息不对称。

风险投资机构具有一定的认证作用，能够缓解被投资企业与外部投资者之间的信息不对称问题。这是因为相比于个人投资者和中小投资者，风险投资机构具有更加专业的管理团队和丰富的投资经验。因此，能够起到提高被投资企业在资本市场中的声誉，并向资本市场中的其他投资者传递积极信号的作用，从而帮助企业缓解融资约束问题，获得更多的资金支持。在融资约束较小、资金来源充足的情况下，企业往往会加大研发投入，从而提高创新能力。

### 2. 委托代理理论

委托代理理论最早由美国学者 Jensen 和 Meckling 于 1976 年提出,是在信息不对称理论和激励理论的基础上发展而来的。委托代理理论着重关注资源的使用者和提供者之间的契约关系,以及由于这种契约关系而引发的各种问题和冲突,即委托代理问题。对于现代企业来说,委托代理问题主要产生于企业所有权与经营权的分离。然而,企业所有者和职业经理人之间往往会由于利益不一致而产生委托代理问题,企业所有者的目标为股东利益最大化;而职业经理人更看重自身的薪酬福利。

基于上述分析可知,委托代理理论是研究企业创新,以及风险投资对于企业创新的影响的重要理论依据。其原因主要在于研发是一项持续周期长、资金需求大且风险较高的投资活动。因此,对于职业经理人来说,研发活动未必会提高他们聘任期内的企业业绩,所以他们很可能出于对自身薪酬福利最大化的追求而放弃部分研发活动。但是,这对于企业的长期发展,以及股东利益最大化的实现显然是不利的,与企业创新相关的委托代理问题也由此产生。

### 3. 资源基础理论

资源基础理论将企业视为资源的集合体,认为资源的异质性是企业与竞争者区别开来的根本原因。由于资源难以在竞争者之间进行转移,资源成为企业的"护城河",使企业在竞争中的优势不断巩固。根据熊彼特的定义,创新活动是企业为获得潜在收益而重组生产要素与条件的行为,企业创新的本质就是资源的重组。创业企业成立时间短,自身资源有限,而创新活动又伴随着高投入,资源成为制约企业创新的瓶颈。

风险投资的介入,打破了资源对企业创新的约束。一方面,风险投资持有创业企业的固定份额,特定的利益分配方式驱动风投协助企业完成最佳投资决策,抑制企业盲目扩大规模,减少滥占内部创新资源的可能性;另一方面,风险投资也向企业提供外部资源,与内部资源发挥协同作用支持创新活动。

### 4. 知识基础理论

知识基础理论是资源基础理论的具体化，突出了知识作为异质性资源，对于企业获取持续竞争优势的重要性。知识基础理论认为，一个企业要想在竞争中获得优势，就需要知识。知识可以帮助企业快速成长，在竞争中脱颖而出。因此，企业需要积极获取并运用知识。企业获取知识，一般有两种来源，一是企业内部互相学习知识；二是企业从外部（其他组织）获取知识。知识的创造、积累与转化贯穿企业成长的全过程，知识基础关乎企业的核心竞争力。

创业企业尚处于知识积累初期，所在环境中充斥着不确定性，创新活动具有高风险性，薄弱的知识基础成为阻碍企业走向创新的"绊脚石"。风险投资在对企业进行投资后，利用其自身经验和资源对企业进行辅导，补充了企业创新的知识短板。

### 5. 价值认定理论

价值认证理论认为风险投资对被投资企业起到了认证和监督的双重作用，能够提升被投企业价值。风险投资可以提高对被投资企业内部的监督水平，降低信息不对称程度，因此能够提高被投资公司的治理水平。风险投资的介入能够通过影响被投资企业股利支付政策，有效抑制管理层侵占，保护中小投资者的利益，进而缓和委托代理矛盾，使被投资企业的代理成本降低。风险投资也会利用自身的社会网络资源与专业化投资知识为被投资公司提供增值服务，增加其经营绩效和公司价值。此外，风险投资也可能参与公司治理的核心——董事会，通过派驻董事积极参与公司董事会对被投资企业原有的决策机制产生影响。

## 第二节　风险投资与企业创新文献综述

### 一、风险投资与企业创新的关系研究

关于风险投资机构与企业创新的关系，由于受国家层面、地域层面、行

业层面以及研究方法、所选取企业样本的影响，国内外学者的理论和实证研究表明二者尚未存在统一的关系。现有研究考察风险投资与企业创新的关系，所得结论将风险投资与企业创新的关系分为正相关、负相关和不相关三类，其中风险投资与企业创新的正相关结果最具代表性。

### 1. 风险投资与企业创新呈正相关关系

Christos 和 Nicholas（2013）研究了美国 23 年中得到创新型中小企业荣誉称号的企业，表明风险资本能够对企业产生积极的外部作用，促进了企业的创新。杨胜刚等（2017）以我国中小板和创业板企业作为样本企业，通过搜集 2007—2014 年 7 年间的数据来研究风险投资对企业创新的影响研究。通过实证分析发现，风险投资会通过积极监督从而促进企业的研发投入，对企业发展起到积极影响，企业的专利数量和创新投入会随着风险投资持股时间的增加而不断增加。风险投资由于其丰富的社会网络资源，可以克服企业自身知识或经验集成过程的局限性，同时还可以提高知识利用效率，在创新活动这种不确定性和先行者优势的条件下，风险投资为企业带来的优势尤其明显。

### 2. 风险投资与企业创新呈负相关关系

Gilbert 和 Newbery（1982）研究发现，当风险投资机构投资的企业竞争力增强时，其竞争对手可能申请许多阻止性专利，阻止其使用某些技术。但是，阻止性专利的质量明显低于商业化专利的质量，从而导致专利的平均质量降低。苟燕楠和董静（2013）从风险资本进入时机的角度，对其与企业创新能力之间的关系进行了研究，发现风险资本进入企业的时间越早，对企业创新能力的影响越大。如果风险资本在企业萌芽期进入，对企业的创新能力将会有正面的促进作用；但是，如果风险资本在企业高速成长期进入，会给企业的创新能力造成显著的负面影响。

### 3. 风险投资与企业创新不存在显著性关系

Engel 和 Keilbach（2002）以德国企业为研究对象，发现风险投资和企业创新之间并没有显著的相关关系。Arvanitis 和 Stucki（2014）将瑞士联邦统计局中在 1996 年和 1997 年成立的所有企业为研究对象，研究结果发现风险投资对被投资企业在初创期（成立3年）和成长期（成立6年及9年）中并没有产生明显的促进作用。王建梅和王筱萍（2011）将我国1994—2008年的研发支出和风险投资数额等样本数据进行线性回归分析，发现风险投资和被投企业技术创新二者没有明显关系。

## 二、风险投资影响企业创新的机理研究

### 1. 风险投资向所投资企业提供资金支持

初创企业普遍面临资金短缺的困境，未知的市场、迅速更新的技术、创始人有限的经验，给企业发展带来诸多不确定因素，加剧了企业的融资约束。风险投资以获取高投资回报为经营目标，并在从业过程中积累了行业专长应对不确定性，相较于银行对待风险具有更高的容忍度，愿意为潜在的高收益承担高风险。风险投资注资形成权益资本，在分担初创企业风险的同时，也能共享创新成果而获取高收益。因此，风险投资更适应初创企业的融资需求，能够助力初创企业突破融资约束，并为研发活动提供了有力的资金保障。

### 2. 风险投资在所投资企业发挥监督职能

初创企业往往缺乏完善的公司治理结构，信息不对称的存在，使利益相关者之间潜藏着极大的道德风险。为充分共享所投资企业创新成果，实现投资利益最大化，风险投资通过多种途径对初创企业进行监督。风险投资因持股而获得各项股东权利，通过行使在所投资企业中享有的表决权、清算权、剩余索取权等，不仅能够约束企业管理，也有利于激励研究开发，进而形成全方位的监督，推动企业开展创新活动。风险投资介入管理层选拔，向初创企业派驻成员，大大提升了董事会的独立性，有助于发挥监督管理层的职能，提升研发强度与创新产出水平。

### 3. 风险投资向所投资企业提供增值服务

初创企业成立时间有限，资源与经验积累不足，难以适应创新活动的需要。风险投资在以往经历中积累了丰富的资源与行业专长，能够通过多种增值服务帮助企业克服新生者劣势，助力所投资企业进行创新。风险投资不但直接投入互补性资源，而且通过认证作用，增强所投资企业对外界人力等创

新资源的吸引力，有助于提升研发投入和创新产出水平。风险投资培养了初创企业的吸收能力，增值服务的效果与效率大幅提升，缩短了研发活动的周期，加速了技术成果转化的进程。

## 第三节　风险投资策略与企业创新文献综述

### 一、风险投资辛迪加

Wilson（1968）首次提出风险投资辛迪加的定义，认为风险投资辛迪加是多个风险投资家在不确定风险和收益的情况下，共同投入资金、共同管理风险项目、共同做出企业决策并共同分担收益的投资方式。Lerner（1994）明确了风险投资辛迪加的主体与客体，界定不少于两家风险投资对同一创业企业的投资为风险投资辛迪加。在此基础上，根据不同风险投资参与的先后顺序差异，风险投资辛迪加定义又分化为狭义和广义两类。狭义风险投资辛迪加仅指多家风险投资同时参与同一创业企业同一轮次的投资行为。广义风险投资辛迪加则是多家风险投资分享同一创业企业投资期的行为，分享形式既包含同时参与同一轮次的情形，也包含先后参与不同轮次的情形。风险投资辛迪加是风险投资机构形成的战略联盟，既可以分散单独投资的风险，又能将不同类型和背景的风险投资机构联合在一起，形成资金、人力资源和管理经验等方面的优势资源互补。

随着越来越多的风险投资机构采用辛迪加合作策略，近年来学者们对风险投资辛迪加的研究主要集中在风险投资辛迪加的动机、风险投资辛迪加的网络、风险投资辛迪加绩效和辛迪加伙伴的选择等方面。

**1. 风险投资辛迪加的动机**

关于风险投资辛迪加的动机，现有研究结果可归纳为三类：分散投资风险、获取交易机会和实现资源互补。就分散投资风险维度，为获得预期的高收益，风险投资机构往往承担着较高的项目风险。通过采取风险投资辛迪加，风险投资机构在单个项目中承担的风险比例下降，项目风险承受能力增强。风险投资辛迪加减少了单个项目的资源占用,有助于风险投资机构介入更多项目,增加投资组合多样性,优化风险资产配置,抵御非系统风险的影响。

就获取交易机会维度,风险投资机构的生存离不开资金的募集,募资的结果取决于风险投资机构的绩效和声誉。因此,为积累良好的绩效和声誉,风险投资机构需要积极寻求项目机会。Sorenson 和 Stuart(2008)发现,通过发挥联合的优势,风险投资机构在投资项目的数量和规模上均取得了较大的突破,开创了获取交易机会的新途径。

就实现资源互补维度,风险投资机构拟筛选的投资企业,在发展阶段、地域分布、行业特征等诸多方面呈现出差异性,而单独的风险投资机构的行业专长、管理知识等资源是有限的,不同的风险投资机构所拥有的资源具有异质性。Zheng 和 Ju(2004)指出,联合投资的方式,有助于风险投资机构充分调动各自的资源,增强对市场的了解,在激烈的竞争中发挥协同作用,降低行业零散分布的不利影响,提高集中的议价能力,与被投资方谈判时获得更合适的价格。

**2. 风险投资辛迪加伙伴选择**

联合投资策略将不同的风险投资联系在一起,成为一个利益共同体。在这一体系中,投资决策不仅关乎整体利益,也会影响到其他联合成员的利益。出于对自身利益的考虑,风险投资在选择联合伙伴时尤为谨慎。

同质性的伙伴选择倾向,源于项目筛选过程中对"第二意见"的高度依赖。Cestone 等(2006)发现,由于伙伴具有同质性特征,各自单独决策的结果更有可能呈现高度的一致性。通过联合同质性伙伴,风险投资机构能够通过验证伙伴的决策来评价自身对于项目的判断,提升对于项目的甄别能力,降低逆向选择的风险。此外,同质性的联合伙伴之间更少发生信息不对称的情形,由于道德风险引发零和博弈的可能性更低,有利于风险投资机构维护自身利益。

异质性的伙伴选择倾向,源于追求资源互补的协同效应。Loram 等(2007)指出,通过整合不同联合伙伴的差异性资源,联合投资能够从集合层面实现扬长避短,提升投资成功的可能性。Du(2016)则从四个维度对异质性伙伴选择影响进行考察,通过分析风险投资机构的经验、绩效、类型、国别差异,结果表明在较长的观测期限中,异质性联合提升了风险投资机构的存续率。

综合性的伙伴选择倾向，具体表现为在某些方面侧重考察同质性，而在另一些方面强调关注异质性。根据 Bubna 等（2020）的观察，部分风险投资机构倾向选择规模、地理位置具有异质性，而涉猎行业与阶段呈现同质性的风险投资机构作为联合伙伴。风险投资机构倾向在所处的"风险投资社区"成员中选择联合伙伴。这些伙伴的异质性表现在规模和声誉层面，在投资阶段方面则呈现出同质性，"风险投资社区"成员间的联合行为能够提升成功退出的概率。

### 3. 风险投资辛迪加网络

随着社会网络理论和风险投资理论的不断发展，人们对风险投资辛迪加网络的研究视角也愈加丰富，主要集中在辛迪加网络结构、辛迪加网络关系和辛迪加网络位置等方面。Bygrave（1987）首次提出从网络的视角研究风险投资辛迪加。Castilla（2003）以美国硅谷风险投资网络为研究对象，从网络结构视角发现风险投资辛迪加社会网络对推动区域经济发展起决定作用。Sorenson 和 Stuart（2008）发现，辛迪加网络形成原因在于辛迪加成员共同投资于同一企业，成员之间建立了相互信任的关系。他们之间的合作关系，有利于降低信息不对称性和交易成本，增强了彼此的信任感，从而形成的网络会不断扩展和巩固。Hochberg 等（2007）研究认为，处于优越网络位置的风险投资者所投资企业的存活率更高，被投资企业的绩效更好，联合投资成员之间的网络关系越紧密，联合投资的投资绩效越好。

### 4. 风险投资辛迪加绩效

从风险投资机构角度，Brander 等（2002）选择风险投资机构视角切入，研究了联合对于投资绩效的影响。结果表明，相较于单独投资，风险投资机构的联合能够从效益、风控、退出成功率等方面提升投资绩效。此后学者的研究，则从成本和回报两个方面不断深入细化。

从成本考虑，Manigart 等（2006）指出，风险投资机构的联合，减少了联合成员在单个项目中的投入成本，利用更少的资源实现预期目标成为可能。由于行业集中度比较低，风险投资业内竞争激烈。单独风险投资机构经常是价格的接受者，在市场中处于不利的地位。Hochberg 等（2010）发现，通过联合的方式，风险投资机构能够改变所处的劣势地位，增强与创业企业谈判的议价能力，以更低的成本获取项目。

就回报而言，Hochberg（2008）研究发现，风险投资辛迪加成员可以共同对所投项目进行筛选和评估，同时提供资金支持和全方位增值服务，降低投资项目的不确定性，提高投资项目的回报率。谈毅和杜雪川（2015）指出，通过联合投资的方式，风险投资机构可以充分发挥认证与监督作用，并积累良好的声誉，向市场传递积极信号，有助于缓解退出环节中的信息不对称，从而获得合理的估值，避免异常折价减损投资回报。

从被投资企业的绩效来看，Lehmann 和 Erik（2006）以德国风险投资市场为研究对象，发现风险投资辛迪加支持下的企业在证券市场上表现出了比较强的成长率。Chemmanur 和 Tian（2009）研究表明，风险投资辛迪加可以使得被投资企业更容易进入金融市场、创造更大的市场价值，并通过实证检验发现辛迪加支持的企业有更高的成功退出概率、更高的 IPO 比例以及更高的发行市盈率，并在上市之后有更强的生命力。

### 5. 风险投资辛迪加与企业创新

关于风险投资对企业创新的影响，国内外学者进行了大量的理论和实证研究。由于研究方法、研究样本等差异，已有研究对于二者之间的关系存在不同的看法，主要分为风险投资辛迪加显著促进企业创新、显著抑制企业创新、与企业创新无显著关系三类。

（1）风险投资辛迪加显著促进企业创新。

基于价值增加假说，风险投资辛迪加融合不同成员之间的优势资源，其成员各自拥有的独特技能、知识、经验和社会网络关系等资源可以为创业企业提供更好的监管和指导。风险投资辛迪加不仅有助于降低企业内外部信息不对称，减少企业融资约束，更能为企业带来多元化资源和增值服务，促进企业创新活动。

（2）风险投资辛迪加显著抑制企业创新。

部分学者经过研究得出了相反的结论，认为风险投资的参与会显著抑制企业的创新活动，即风险投资的"攫取行为"。"攫取行为"产生原因主要在于四个方面：通过"所有权替代效应"占有企业已有的创新成果；通过"金融隧道效应"稀释创始人的股权；通过"经营隧道效应"将初创企业的创新资产转移给风险投资的其他关联企业;重视企业现有技术的商业化而非新技术的研发。追求短期回报的风险投资进入企业后通常更关注企业的经营业绩而非创新情况,有时甚至占用创新活动的相关资源,从而导致了对创新活动的抑制。

(3)风险投资辛迪加与企业创新无显著关系。

认为联合风险投资与企业创新无显著关系观点的学者认为,企业将创新能力作为一种可以吸引风险投资的特质,往往会在风险投资进入之前重点关注自身的创新能力,在获得风险投资后反而会更加关注企业的收入和盈利情况,而非创新投入。向蔼旭(2011)对我国1991—2008年的相关数据进行回归发现,风险投资和被投资企业的技术创新之间并无显著的相关性。

## 二、分阶段投资策略

### 1. 风险投资分段投资策略

风险投资策略中包括资本的分阶段投入。分阶段投资是指风险投资机构不是一次性完成投资,而是采用多轮次投资的方式,在一轮成功后再进行下一轮投资。在分阶段投资中,风险投资家通常不会将所有的资金一步到位,而是分阶段投入以保证对创业项目的控制,这也能保证风险投资家在进行下一步的投资决策前监督创业企业。通过这样的监督能够帮助风险投资家获取关于项目的可行性及前景的信息,进而防止资金被套牢。

### 2. 风险投资分阶段投资动因

Gorman 和 Sahlman(1989)认为,尽管风险投资家进行了较全面的尽职调查,但是,仍存在信息不对称及代理问题。分阶段投资能够缓解风险投资与企业之间的代理问题和信息不对称。Fluck(2007)认为,在每一轮新的投资之前,风险投资会重新考察项目的最新进展情况、经理人工作的勤勉程度以及企业内外部形势的变化,企业的代理问题也因而得到缓解。Sahlman(1990)提出,分阶段投资策略使风险投资拥有了一项选择是否继续投资的期权,可以选择放弃差的项目,只对发展前景良好的企业进行后续投资,这种期权的筛选权会促使企业放弃短视行为而选择增加创新投入。在每一轮新的投资之前,风险投资进展情况、经理人工作的勤勉程度以及企业内外部形势的变化，随着投资轮数增加，每轮间间隔缩短，风险投资监视会逐步加强，企业的代理问题也因而得到缓解。

Gompers（1995）研究发现，分阶段投资是应对信息不对称的有效手段，在筛选投资项目时，分阶段投资策略可以帮助风险投资筛选出具有发展潜力的创新型企业。基于信息不对称理论，Bergemann 和 Hege（1998）等研究了分阶段投资的动态优点，发现投资者实际投资金额比预计的会少，他们将根据获得的内部信息在之后调整投资金额，以及当失败的风险较高时，他们使用更多的分期。随着时间的推移投资轮数不断增加，而后轮融资是基于企业内部信息的。

### 3. 分阶段投资策略与企业创新

谢泽中（2017）以创业板上市公司作为研究对象，得到了分阶段投资能有效促进企业创新的结论。同时，企业中归属于高新技术产业的公司更加重视创新投入，因此风险投资机构对其进行分阶段投资相较于传统产业公司有更显著的促进作用。陈艳和罗正英（2018）基于双重差分（Differences-in-Differences，DID）模型，研究我国沪深两市风险投资参与的上市公司，发现风险投资采用分阶段投资的投资项目具有更加持久的创新动力。对于一次性融资的企业，采用分阶段投资的企业在投资后其创新产出显著更多，并且其保持创新活动的时间更久。然而，风险投资具体的进入时间对企业创新影响不同。苟燕楠和董静（2012）根据周期论的观点，对不同时期进入企业的风险投资进行研究，发现风险投资进入企业的时期越早，对企业技术创新的影响越积极，说明不同阶段的风险投资对企业创新影响不同。沈丽萍（2015）的研究发现，风险投资不能为企业提供支持资源，并未对企业创新产生显著的积极影响，分时段来看，只有早期进入企业的风险投资能够显著提升企业技术创新水平，在中后期进入企业的风险投资的影响力十分薄弱。

### 三、专业化投资策略

#### 1. 风险投资专业化投资策略

行业专长的概念最早见于审计领域的研究，指的是在特定行业中，会计事务所积累的专有知识和掌握的专业技能。随着资本市场的发展，市场参与者逐渐多元，风险投资异军突起，国外学者尝试将行业专长引入风险投资领域加以借鉴，并以截至投资日风险投资成立年限、累计投资次数、首次公开募股（Initial Public Offering，IPO）市场所占份额与投资规模等测度对行业专长进行量化。

董静等（2014）开创了国内风险投资领域行业专长理论研究的先河，经过一系列实证探索，风险投资行业专长建立了系统的定义：风险投资通过参与投资积累或是专项战略投入方式，在特定行业拥有的专属知识与经验，职业化投资技能，以及社会网络。

在日益激烈的社会竞争和日益严重的服务同质化的背景下，为了建立自己独特的核心竞争力，许多风险投资机构专注于特定领域，并且选择实施专业化投资策略。已有研究将专业化投资定义为一种风险投资策略。一些学者将专业化投资策略划分为行业、投资阶段、地理位置三个维度来研究其对于风险投资自身绩效的影响，结果表明风险投资专业化能够提升自身管理效率，因此对风险投资绩效有显著的正向影响。

### 2. 专业化投资策略与投资绩效

专业化投资策略和多元化投资策略都伴随着成本效益的权衡。Simon（1991）、Grant 和 Baden-Fuller（2004）认为，专业化的知识有助于风险投资在特定行业进行更有效的信息处理，同时有助于协调成本的最小化。Clerzq（2003）实证研究发现，行业专业化与投资阶段专业化对投资绩效有显著的正向影响。沈维涛和胡刘芬（2014）以 2012 年 12 月 31 日之前具有风险投资背景的上市公司为研究对象，实证检验了风险投资机构投资策略对其投资绩效的影响。研究发现，风险投资机构的行业或地域专业化投资策略对投资绩效具有显著的提升作用，而阶段专业化投资集中度对投资绩效无显著影响。

### 3. 专业化投资策略与企业创新

在专业化投资策略与被投资企业创新方面，大多研究表明风险投资专业化对企业创新有显著的促进作用。风险投资能够为企业提供增值服务，帮助被投资企业克服该企业特有的难题，包括创新技术难题，有助于识别企业潜在的风险并找到问题的解决方法，从而提升被投资企业的创新水平。阶段和地域专业化投资强化了行业专业化对企业技术创新的影响，同时，行业专业化提高了风险资本进行早期阶段和近距离投资的倾向,因而从企业初级阶段对企业进行指导和监督,提高创新水平。

风险资本的行业专业化对高科技企业技术创新的影响更大;阶段和地域聚焦投资强化了行业专业化对企业技术创新的影响。邓超和刘亦涵(2017)研究发现,无论从研发创新资源、研发投入强度、研发人员占比,还是研发创新成果授权专利数角度,风险投资机构行业专业化投资强度对目标企业研发创新能力都具有显著正向影响。

# 第四节 风险投资背景与企业创新文献综述

## 一、风险投资背景

### 1. 风险投资机构分类

关于风险投资的异质性,专家学者对风险投资机构从不同的角度分类。部分学者在分类风险投资机构的过程中基于组织形式进行了探讨。王松奇和丁蕊(2001)从组织形式和制度安排的角度将风险投资机构分为有限合伙制、企业制和信托基金制三种类型。

Rin,Hellmann 和 Puri(2011)基于资本来源对风险投资机构进行了分类,将其分为独立风险投资、政府支持风险投资、银行风险投资与企业风险投资四个种类。判断风险投资机构资本来源时主要考虑的依据是其所有权结构,其中独立风险投资对应的是个人投资者和机构投资者,而企业风险投资对应的是企业建立的风险投资,银行风险投资对应的是银行建立的风险投资,政府风险投资对应的是政府或其下属机构提供部分或是全部资金负责运营的风险投资机构。风险投资机构分类中,学者对于企业风险投资、独立风险投资和政府支持风险投资的研究较多。

### 2. 企业风险投资

企业风险投资(corporate venture capital,CVC),是指从事非金融行业的企业通过风险投资部门或成立风险投资基金或直接进行风险投资项目。从国外学者的界定来看，Kann（2000）、Dushnitsky（2006）、Dushnitsky 和 Shapira（2010）普遍认为，企业风险投资是指某公司对寻求资本支持以便发展的创业型企业的直接或间接少数权益投资。针对我国经济市场，万坤扬（2015）将企业风险投资定义为某公司（主营业务为非金融）出于战略发展目的对其他组织进行投资，可通过内部投资部门、成立全资投资子公司、成立专项风险投资基金等形式进行的投资活动。

### 3. 独立风险投资

独立风险投资（independent venture capital，IVC），国内也有学者译为"独立创业投资"。与企业风险投资相对应，独立风险投资是指专业投资机构或投资人主导的风险投资活动，在我国常常以风险投资公司的形式进行。独立风险投资是一种以高额财务收益为目标的专业风险投资活动。独立风险投资是一个比较成熟和明确的定义，本书将独立风险投资定义为专业风险投资机构、风险投资基金或专业风险投资人对其他企业进行的投资。

企业风险投资和独立创业投资有着较为明显的区别，两者在投资目标、组织结构、管理模式等方面均具有显著的差异。截至 2017 年，企业风险投资占风险投资行业投资的投资金额比例达到 20%。我国的阿里巴巴投资有限公司（简称阿里投资）、腾讯产业共赢基金、百度投资等一系列的企业风险投资在近 20 年飞速发展，初步形成战略投资体系。

从投资目标考虑，独立风险投资更多地仅仅追求财务回报，而企业风险投资在追求财务回报的同时，还要追求自身战略发展、加速市场进入和技术共享等战略目标；在组织结构方面，独立风险投资大多采用有限合伙制，而企业风险投资可以采用多种方式，如自管基金、联合基金、专项基金和成立内部投资部门等多种形式。

### 4. 政府风险投资

通常来讲，政府风险投资（governmental venture capital，GVC）就是由政府发起建立或是资金的一部分或全部由政府背景企业和机构出资建立的风险投资机构。对政府风险投资机构以及各级政府采取的措施进行梳理，可以归为如下几种：①通过科技成果转化中心以及创业中心建立创业投资企业或风险投资企业;②在国家政策的引导下,各级地方政府的下级部门建立了创业专项资金、青年创业计划以及创新基金等。这些政府风险投资建立的主要目的是促进高新企业的发展,为其提供资金的支持,这是政府针对高新企业无法顺利融资这一问题而制定的相应措施,给规模较小的初创企业的发展带来了极大的便利。

## 二、不同背景风险投资对企业创新的影响

### 1. 企业风险投资和独立风险投资对企业创新的影响

潘庆华(2009)指出,企业风险投资有助于成熟企业与初创企业的技术交流,提升资金使用效率,调和企业短期盈利与长期战略发展的矛盾,提升投资双方自主创新能力,提升企业竞争力。裘炜(2002)认为,企业风险投资的优势还在于可以加快技术创新速度、更有利于培育优质资产,以较小成本实现企业多元化发展,优化企业结构;另外,还能拓展业务空间与市场,提供科研载体、有助于吸引高科技人才,提升企业创新精神。显而易见,企业风险投资在提供资金支持的同时,还附有其他优点。

在已有研究中,有学者探究过企业风险投资与独立风险投资对企业创新绩效的影响原理。Masulis 和 Nahata(2009)指出,企业风险投资支持的公司往往是该公司的竞争对手,或者是技术互补的公司。因此,企业风险投资公司可能为被投资公司提供一系列技术支持,所以更具培育创新的能力。我国学者也针对该问题进行了一些研究。林子尧和李新春(2012)利用中国上市公司数据,研究了制造业企业风险投资活动的战略目标与投资数额对上市公司的影响,还研究了这种投资方式与创新绩效的关系。研究表明,企业风险投资活动能够显著促进上市公司的创新绩效,企业风险投资投资金额越大,上市公司的创新绩效越好,特别是当企业风险投资活动具有显著的战略导向时。这说明,企业风险投资活动为我国上市公司提供了新技术的窗口和向创业企业进行组织间学习的机会,有助于帮助上市公司提升创新绩效。

### 2. 政府风险投资对企业创新的影响

国内外研究总体上对政府风险投资的有效性并不认同,Bertoni 和 Tykvová(2015)经过深入研究后提出,欧洲政府风险投资无法很好地推动

生物类企业的创新，所以部分国外学者并不认同政府风险投资能够很好地促进被投资企业的创新活动。Yan 和 Hübner（2015）在收集比利时 1998—2007 年的相关数据并进行深入研究后提出，非政府风险投资对于创新的推动效果要远好于政府风险投资。然而，也有学者认为政府风投会促进企业创新。Tykvová（2006）认为，政府风险投资的具体目标和结构可能会有所不同，但其基本目标是补偿私人风险投资的稀缺性，支持区域发展并促进创新。Sonnek（2006）研究发现，由于政府风险投资的存在时间较长，政府风险投资对促进企业创新目的性更强。所以，政府风险投资在对企业进行投资时，会更注重对企业的研发活动进行资金支持，从而对企业的创新产生促进作用。

在国内的研究中，余琰、罗炜和李怡宗（2014）分析了政府风险投资对企业创新的影响，探讨了国有风险投资在运营过程中可能会出现的社会价值假说和私人利益假说，并且得出结论，国有风险投资在投资行为上并没有体现出其政策初衷并且在扶持创新上也没有表现出显著的价值增加作用。苟燕楠和董静（2014）在收集中小板上市企业相关信息进行研究后提出，政府风险投资对企业的支持并未使得企业加大创新投入，或是说明政府风险投资在提供资金支持的过程中并未选择更为重视研发的企业。总体来说，国内研究大多认为政府风险投资无法促进被投资企业的创新。

## 第五节 风险投资关系与企业创新文献综述

### 一、风险投资董事

#### 1. 风险投资担任董事

风险投资担任董事指的是风险投资机构投资上市公司并参与董事会的情况，我们把这类董事称为"风险投资董事"（VC director）。"风险投资董事"参与公司治理、经营决策等主要表现的是风险投资机构的机构行为，而非所派驻董事的个人行为。所以，担任董事的风险投资机构的相关特征，可能会对被投资企业的创新水平、公司绩效等产生一定的影响。

国外的风险投资行业发展较早，风险投资市场也相对成熟很多。Celikyurt 等（2014）深入研究了风险投资机构在成熟的上市公司中担任董事的情况，结果发现，在 1 500 家上市公司中，有 30.5% 的上市公司中存在风险投资董事。从国外的研究来看，风险投资机构除了为初创企业、高新技术企业提供资金支持以及相关资源、专业管理经验等，还可能会选择一些已上市的成熟公司进行投资，并通过进入董事会等方式帮助企业高效发展。

从我国现在的情况来看，我国风险投资机构主要还是通过支持中小型企业、初创企业等 IPO 来获得高额的退出回报。在这个过程当中，风险投资机构会选择进入董事会来进一步控制被投资企业的公司治理、经营管理、产品创新等方面重要决策，会利用自身的资源优势、专业化知识经验助推被投资企业发展。我国上市公司中存在"风险投资董事"基本上是由当初支持其 IPO 的原始风险投资机构派驻，新参与的风险投资较少。对于上市公司来讲，虽然比初创企业发展更稳定一些，但是在资金方面及公司治理方面仍存在很多问题，吸引风险投资继续参与可以利用其各种优势为企业未来发展保驾护航。

**2. 风险投资董事与企业创新**

Celikyurt 等（2014）发现，在董事会任命风险投资董事之后，研发强度、创新产出以及与其他风险投资支持公司的交易活动都有所增加。张宗益等（2007）研究表明，投资的目标企业一般是处在创业阶段的高科技、高成长潜力的企业，而新创企业团队人员构成通常以技术人才为主，缺乏擅长专业运营和有丰富管理经验的管理人才。因此，风险投资机构通常会挑选优秀人才进入公司的董事会或管理层，参与企业日常经营活动，协助目标企业完善管理制度，梳理运作流程，提升公司的治理效率。风险投资机构的投资目标是通过帮助企业完成技术创新，实现高额股权增值，追求长期回报。

Wang 和 Lu（2018）的研究表明，风险投资机构可以通过参与目标公司董事会治理来促进企业创新。风险投资机构以股权投资形式进入公司，具有更大的动机和能力通过向董事会委派代表自身权益的非执行董事，参与目标公司的董事会，这有利于提高董事会独立性，从而有效抑制管理者的保守主义，并监督公司的过度投资行为，进而促进企业的创新产出。Beuselink（2007）认为，在参与公司的战略规划时，风险投资董事会制定更有发展前景的战略决策，会更加重视企业的技术创新能力，提升企业技术创新成果的产出。此外，风险投资可以通过董事会，约束公司经理层的行为，保证技术创新活动的顺利进行。除了对创新项目的监督，风险投资还可以在一定程度上改善公司的治理结构，提升治理效率，从而提升企业的技术创新。

刘亮等（2021）的研究表明，风险投资董事的加入，可以监督企业经理人的工作、参与企业的日常经营管理、物色高素质的人才团队、帮助企业制定激励体系等，从而提升企业的治理水平，推动企业创新绩效的提升。刘胜军（2016）以281家创业板上市公司为样本，研究首次公开募股前后风险投资对企业创新的影响，发现风险投资可以促进企业创新绩效的提升，这种推动作用来源于风险投资机构向被投资企业派驻的董事。

## 二、风险投资社会关系网络

### 1. 风险投资者个人关系网络

Granovetter（1985）提出，个体的行为是嵌入其所处的社会网络中的，个体的每一个决策都会受到网络关系的影响。风险投资对创业企业发挥作用时，同样会受到所处的网络环境的影响。在风险投资的关系网络中，个体（网络的节点）不仅包括风险投资机构、创业企业、出资人、科研机构、专业金融中介等实体组织，也包括风险投资者、创业者、企业管理人员等自然人，网络中人与人之间的交际往来形成了网络中的人际关系。Ahlstrom和Bruton（2006）认为，在新兴的经济体中，由于缺乏正式、严格的制度环境，风险投资会选择通过非正式的渠道对被投资企业进行监督、治理。网络内资源、信息的流动靠的不仅是实体组织间的"正式"关系，更有赖于"非正式"关系网络中蕴含着的丰富的社会资本，而这些社会资本产生的根源则在于不同组织间的人际互动与交流。这些非正式渠道包括风险投资者与企业家及其家庭成员、关键性客户、政府官员及其他重要的联盟企业高层之间的个人社会关系。

研究发现，风险投资者会更倾向投资于自己认识的企业家，Batjargal和Liu（2004）以对我国158家国内风险投资机构的调研访谈数据为基础研究发现，风险投资者与企业家之间的关系会影响风险投资者的投资决定，项目的增长潜力对投资选择的影响受到企业家和风险投资者的直接关系的缓和。

企业家和风险投资者之间的紧密联系对投资过程的决策有着重要的直接影响，如合同约定、投资交付和风险评估。Zhang 等（2008）通过对新加坡和中国的 226 家高科技创业企业的调研访谈发现，企业家在寻找投资方时会充分利用自己的业缘关系，但是当企业家具有丰富的营销、管理技能时，利用关系融资的可能会相对降低。Lim 和 Cu（2012）认为如果风险投资者与企业家是直接关系（亲戚、朋友、以前的同事、熟人），那么风险投资者会给企业家提供更多建议，特别是在产品开发、研发支出、人力资源以及与其他企业建立关系方面。

**2. 风险投资社会网络与企业创新**

Zhang 等（2008）对于风险投资者与企业家之间关系在投资项目选择上影响的研究，为了解风险投资社会网络中人际关系的影响带来了一个良好的开端。风险投资者与企业家之间的关系能够对投资契约的成功签订产生影响，也可能对投资后双方的各种互动、交流及决策产生影响。

Batjargal 和 Liu（2004）研究了企业家和风险投资者的关系对风险投资决策的影响，表明由于朋友之间的强烈信任，友好的风险投资家和企业家之间的投资合同包含较少的条款。由于先前对创业团队的积极感知和信号效应，风险资本家不会将认股权证中的许多条款正式化。较少的合法化表明承诺与管理团队分担风险，这有利于双方之间的更多信任，使风险投资家有信心将更多资金、人才和管理经验运用到被投资企业中，减少被投资企业做出有悖于长期发展行为的风险，促进企业创新研发。

Shane 和 Cable（2002）研究了企业家与 202 名种子期投资者之间的直接和间接联系对风险融资决策的影响，表明这些联系会通过信息传递过程影响对投资的企业选择，解释了企业家如何克服自己与潜在投资者之间的信息不对称以获得更好的管理经验和资源、更多的融资支持以提高公司治理和创新水平。

除了探究风险投资社会网络本身对于公司治理、企业创新的影响，也有学者从中介变量的角度考虑风险投资社会网络的作用。袁媛（2020）提出，当企业面临资源约束并选择了嵌入风险投资社会网络这一便捷路径时，其正面作用在于风险投资与企业建立的联系引入了外部网络资源补充企业缺位的内部资源，企业凭借其在行业内的专业知识积累，有效吸收风险投资所提供的行业内资源，有助于提升企业的创新绩效。

# 第三章 联合投资策略与企业创新

联合风险投资是风险投资机构形成的战略联盟,既可以分散单独投资的风险,又能将不同类型和背景的风险投资机构联合在一起,形成资金、人力资源和管理经验等方面的优势资源互补,因此成为风险投资的主要投资策略之一。

第一节以中国深交所创业板上市企业为研究对象,从联合风险投资的角度出发,研究联合风险投资的规模和结构对企业创新行为的影响,以及联合风险投资的不同结构特征,如主导风险投资机构的持股比例、主导风险投资机构的背景以及联合风险投资成员的稳定性对企业创新行为的影响。

2018年11月5日,国家主席习近平在首届中国国际进口博览会开幕式上宣布,将在上海证券交易所设立科创板并试点注册制,支持上海国际金融中心和科技创新中心建设,不断完善资本市场基础制度。"常规指标+例外条款"的创新属性评价体系以及注册制的试点意味着科创板更加关注企业持续经营能力与创新性核心技术优势,科创板企业对于VC/PE投资具有极大的吸引力。因此,第二节以中国科创板企业为研究对象研究联合风险投资对于企业创新的影响,并考虑持股时间以及是否为高新技术行业的调节作用。

# 第一节 联合投资对企业创新的影响研究

## 一、研究背景及意义

### 1. 研究背景

随着我国风险投资产业的快速发展，风险投资机构的投资形式和策略日趋多元化，风险投资的多种投资策略和对企业的创新影响机制也受到越来越多学者的关注。通过权衡风险投资项目的收益和风险，风险投资机构采取专业化投资、分阶段投资和联合风险投资等投资策略。Gupta 和 Sapienza（1992）首次提出，风险投资策略的研究包括投资行业、企业发展阶段和投资地域的选择。Patzelt（2009）指出，投资行业、企业发展阶段以及投资地域为风险投资组合策略。Hege（2003）通过对美国和欧洲的风险投资市场进行比较，指出联合风险投资和分阶段投资为风险投资注资策略。Clercq（2004）和 Cumming（2009）也对风险投资联合投资策略进行了研究。Tian（2010）研究发现，风险投资分阶段投资策略有利于被投资企业上市。因此，本节选择风险投资策略的一个重要形式——联合风险投资作为研究对象，关注其在影响企业创新方面发挥的作用。

联合风险投资是风险投资机构形成的战略联盟，既可以分散单独投资的风险，又能将不同类型和背景的风险投资机构联合在一起，形成资金、人力资源和管理经验等方面的优势资源互补。Brander（2002）研究发现，联合风险投资项目的收益率平均为 35%～39%，高于单独风险投资项目的收益（平均为 15%～20%）。然而，关于联合风险投资对企业创新行为的影响还没有全面系统的研究。于是，本节以中国深交所创业板上市企业为研究对象，从联合风险投资的角度出发，研究联合风险投资对企业创新行为产生的影响。其主要研究内容包括：联合风险投资的规模和结构对企业创新行为的影响，以及联合风险投资的不同结构特征如主导风险投资机构的持股比例、主导风险投资机构的背景以及联合风险投资成员的稳定性对企业创新行为的影响。

### 2. 研究意义

从理论方面来看，本节拓展了联合风险投资这一投资策略对企业创新行为影响方面的研究。本节首先选取了创新特征较为明显的创业板上市企业为研究样本，从联合风险投资的规模和结构两个维度出发，全面分析了联合风险投资和企业创新行为；然后根据联合风险投资的不同结构特征（主导机构持股比例、背景和联合风险投资成员稳定性），回答了不同结构特征的联合风险投资对被投资企业的创新行为是否存在显著差异。

从实践方面来看，本节的研究成果对监管机构、风险投资机构以及企业自身都具有一定借鉴意义和参考价值。对监管机构来说，可以为有效监管资本市场提供经验证据，引导风险投资行业健康发展，为推进创新发展战略提供决策参考。对风险投资机构来说，可以通过联合投资策略，实现资源共享、互利共赢以及建立长期合作信任的关系，平衡投资项目的风险和收益。对企业管理者来说，一方面可以为提高企业创新能力提供指导意见，提升创新产出效率，帮助企业率先在技术创新方面取得突破，增强自身竞争力；另一方面，可以为引入真正有价值的投资机构，如何进行正确的战略决策，进而从实质上帮助企业快速发展有重要指导作用。

## 二、研究假设

### 1. 联合风险投资规模与企业创新行为

与单独风险投资机构相比，联合风险投资对企业创新行为的影响主要存在以下几方面优势。

（1）资金优势。联合风险投资对被投资企业提供更加充足的资金，同时改善了企业与市场之间的信息不对称性问题，因此能够为企业长期的创新活动提供更稳定的资金保障。投资者和企业之间存在着信息不对称性，企业创新活动又具有高投入和不确定性，融资问题成为企业创新活动中的关键性问题。Megginson 等（1991）认为，两个及以上的风险投资机构同时对企业进行投资时，会向市场传达该企业发展潜力较好的信号，起到了良好的认证作用。因此，联合风险投资有利于提高企业与市场之间的信息透明度，降低被投资企业的融资成本，进而为企业创新活动提供更有力的资金支持。

（2）增值优势。Brander（2002）认为，不同的风险投资机构可能在资金、人力、经验和社会关系等不同方面存在优势，资源共享、强强联合，对公司提供更加全面的指导。比如，有些风险投资机构资金雄厚，为企业资金提供有力保障；有些风险投资机构人力资源丰富，帮助企业获得关键性技术和管理人才；有些风险投资机构行业经验丰富，为企业提供专业指导和管理咨询。这些投后增值服务帮助企业增加创新产出，提高创新效率。

（3）风险分担优势。联合风险投资可以帮助成员分散投资风险，增强联合风险投资成员承担创新失败风险的能力。Lockett 和 Wright（2001）研究发现，联合风险投资有利于分散成员的投资风险，增加投资组合的多样性。Tian（2012）认为，与单独的风险投资机构相比，联合风险投资投资对企业创新失败的容忍度更高。因此，联合风险投资允许被投资企业进行风险较高的创新活动，有利于企业取得突破性的创新成果。

因此，从能力方面来看，基于资源基础理论，联合风险投资融合了不同成员之间的优势资源，其成员各自拥有的独特技能、知识、经验和社会网络关系等都可以为企业提供更好的监管和指导。联合风险投资不仅有助于降低企业内外部信息不对称，减少企业融资约束，更能为企业带来多元化资源和增值服务，促进企业研发创新活动。不同的风险投资主体对同一项目的筛选判断进行相互补充，对项目的审查更加全面有效。一方有机会借助成员力量来验证自己的观点，实现多方验证，还可以共同承担投资风险，支持企业进行高风险研发创新，从而获得高风险投资回报。因此，联合风险投资通过以下两种机制促进企业创新：①联合风险投资通过多元化资源优势互补，强强联合，支持企业高风险创新活动；②联合风险投资成员共同分担风险，利用多成员风险监控优势，支持高风险创新项目投资，从而获得高额投资回报。

从动机方面来看，基于股东积极主义理论，联合风险投资成员中各风险投资主体不仅为企业提供资金，还通过股权积极参与企业决策，调配各种资源支持企业的发展，并进一步促进企业创新，以期在退出时能获取高额投资回报。根据上述分析，本节提出以下假设。

假设1：联合风险投资的参与，对企业创新行为有促进作用。

根据联合风险投资影响企业创新的机制，联合风险投资的规模越大，联合风险投资所拥有的资源多样性程度越高。同时，高比例股权带来更大程度的利益捆绑，将极大提高联合风险投资成员的积极性。随着联合风险投资成员数目越多，联合风险投资发挥资源共享和分担风险的优势更加明显，被投资企业将获得的资源和指导也更多，对企业创新行为产生更大的促进作用。因此，提出下列假设。

假设2a：联合风险投资规模越大（持股比例、成员数量），对企业创新行为促进作用越大。

然而，联合风险投资也存在一定劣势。随着联合风险投资规模增大，可能会出现"搭便车"的现象，一些联合风险投资成员的努力程度降低、责任感缺失。李严等（2012）认为，联合风险投资成员可能会出现由于个体责任感降低而影响成员在群体中付出努力减少的现象。董静等（2017）研究发现，随着联合风险投资成员数量的增加，联合风险投资成员之间的沟通和协调成本也相应增加，决策效率降低，难以对企业的创新活动达成一致意见。于是，提出对立假设。

假设2b：联合风险投资规模越大（持股比例、成员数量），对企业创新行为促进作用越小。

**2. 联合风险投资结构与企业创新行为**

联合风险投资的不同结构特征对企业创新行为的影响程度可能存在差异，下面从三个结构特征研究联合风险投资对企业创新行为的影响。

（1）主导风险投资机构持股比例。在联合风险投资中，通常存在一个风险投资机构充当主导投资机构。主导风险投资机构是指参与程度最高、最活跃的某个风险投资机构，其发起联合风险投资并邀请其他风险投资机构进入，在联合风险投资成员之间起沟通协调的中介作用，并且在绝大多数情况下拥有最大的投资份额。在投资阶段，主导风险投资机构对企业和项目付出的努力更多，投入的监管力度更大。因此，主导风险投资机构的参与程度会影响联合风险投资"协同作用"的质量，从而影响被投资企业的创新行为。据此，本节提出以下假设。

假设3：主导风险投资机构持股比例越高，对企业创新行为促进作用越大。

（2）主导风险投资机构背景。在联合风险投资中，根据资本属性，主导风险投资机构的背景分为两大类：政府背景和非政府背景（民营和外资背景）。在资金来源和投资目的方面，政府背景的风险投资机构与非政府背景的风险投资机构存在较大差异。政府背景的风险投资机构有其独特优势：①政府背景的风险投资机构资金雄厚，业界声誉较好，可以帮助非政府背景联合风险投资成员提升知名度，为其后续投资奠定基础；②政府背景的风险投资机构有丰富的社会关系，可能使得其投资的项目在IPO审核中更有优势，便于非政府背景的投资机构主体更快退出。Lerner（2002）研究发现，政府背景的风险投资机构有利于吸引民间资本的进入，从而改善被投资企业研发投入较低的情况。因此，提出以下假设。

假设4a1：政府背景主导风险投资机构的参与，对企业创新行为有促进作用。

但是，这种政府背景所带来的优势并不稳定。政府背景的风险投资机构为发展初期的高新技术企业提供资金支持，调节市场机制。它的资金来源主要是各级政府和国有企业，其投资目的在于扶持中小型科技企业，促进国家整体科技进步，而不是获取高额投资回报。政府背景的风险投资机构可能会出于社会职能的原因，更加关注所处地区的就业和经济发展，不利于资本的高效率运作。同时，政府背景的风险投资机构的管理还没有完全市场化，对管理人才的配置可能对被投资企业难以提供高质量的增值服务和监管。因此，提出以下假设。

假设4a2：政府背景主导风险投资机构的参与，对企业创新行为无促进作用。

非政府背景风险投资机构投资于初创企业，其根本目的在于获取高额回报。一方面，非政府背景的风险投资机构具有丰富的经验和专业技能，向被投资企业提供从资金支持到管理、人才和运营等一系列增值服务；另一方面，非政府背景的风险投资机构由于需要积累行业声誉并寻找合适的机会成功撤资，故在孵化企业的过程中运用其独到的判断和管理经验，投入筛选和监督力度更大，更加注重投资效率，使其成为更加积极的投资者，对企业的运营和管理干预力度更大，从而对企业创新行为产生积极的影响。因此，基于上述分析，提出以下假设。

假设4b：非政府背景（民营和外资背景）主导风险投资机构的参与，对企业创新行为有促进作用。

（3）联合风险投资的稳定性。联合风险投资成员在企业的不同轮融资中，并非一成不变。有的联合风险投资成员参与了企业所有轮融资，有的联合风险投资成员仅参与了企业某轮融资，可能会有风险投资机构不断加入或退出联合风险投资。因此，随着企业的不同轮融资，联合风险投资内部成员发生变化，构成一个动态的联合风险投资结构。由于之前联合风险投资网络关系的形成，合作成员之间彼此更加信任，同时之前参与融资的风险投资机构会对被投资企业更加了解。于是，提出下列假设。

假设5：在企业的多轮融资中，联合风险投资内部成员越稳定，对企业创新行为促进作用越大。

### 三、样本与变量

#### 1. 样本

本节采用2009—2015年获得联合风险投资机构投资并成功在深圳创业板上市的企业作为研究对象。本节使用的数据主要分为三个部分：联合风险投资的数据、样本企业的创新数据以及上市企业的相关财务信息。筛选联合风险投资样本企业的主要思路：①判断上市企业股东中是否存在风险投资机构；②当有两家或两家以上的风险投资机构共同投资于上市企业时，则确定该企业为联合风险投资样本企业。

本节从Wind数据库（中国VCPE库）的投资事件中手工收集创业板上市企业的融资情况，选取创业板企业为融资企业，投资机构为风险投资机构（风险投资和私募股权）。同时，由退出事件确定风险投资机构的退出时间，交叉确定上市企业是否为联合风险投资样本企业。最后，筛选出233家上市企业，将其确定为联合风险投资样本企业。

此外，本节采用发明专利申请数来衡量企业的创新产出，发明专利是对产品、方法或其改进所提出的新的技术方案。与外观设计和实用新型专利相比，具有更高的技术含量和创新价值，可以更好地衡量企业创新活动的实际成果，在衡量企业创新产出的同时也反映了企业的创新效率。发明专利的数据来自国泰安中国股票市场交易数据库（CSMAR）。最后，联合风险投资样本企业上市前后的财务数据取自Wind数据库和国泰安中国股票市场交易数据库。

### 2. 变量选取

1) 被解释变量

专利是受法律规范保护的发明创造，它是指一项发明创造向国家审批机关提出专利申请，经依法审查合格后向专利申请人授予的在规定的时间内对该项发明创造享有的专有权。专利的数量用来反映企业创新活动的活跃程度，与企业研究与开发（R&D）费用相比较，企业专利的数量更能直接衡量企业的创新成果。我国专利法规定，专利分成发明专利、实用新型专利和外观设计专利三大类。发明专利是指对产品、方法或者其改进所提出的新的技术方案。实用新型专利是指对产品的形状、构造或者其结合所提出的适于实用的新的技术方案。外观设计专利是指对产品的形状、图案、色彩或者其结合作出的富有美感的并适于工业上应用的新设计，即产品的样式，它也包括单纯平面图案为特征的设计。

发明专利、实用新型专利和外观设计专三类专利本身就反映了不同的技术水平程度。其中，发明专利是前所未有的利用自然规律进行的具有一定高度的技术性创造，知识产权局对发明专利的认定最严格，其技术含量在三种类型专利中最高。企业发生的根本性创新和技术变革，也表现为更多的发明专利。发明专利的申请需要进行实质审查，而且专利的保护期为 20 年。而实用新型专利和外观设计专利不需要进行实质审查，保护期为 10 年，因而认为发明专利的含金量较高。李诗等（2012）认为，发明专利是最优质且对企业价值最高。因此，本节将采用企业发明专利的数量作为因变量来衡量企业的创新水平。

Liegsalz 等（2013）发现，由于专利从申请至公布通常需要长达 2~3 年，发明专利平均需要大约 4 年。因此，本节采用发明专利当年的申请数量作为被解释变量，来衡量企业的创新行为。

发明专利当年的申请数（ln(Invention + 1)）是指当年该公司为主体的申请发明的个数，由于有的样本企业在一些年份没有申请发明专利，为了避免在取对数时会有缺失值，在发明专利的申请数量加 1 后再取对数。

表 3.1 列出了联合风险投资样本企业发明专利申请数量的描述性统计结果。联合风险投资样本企业中，从标准差可以看出，联合风险投资样本企业平均每年申请的发明专利数量存在差异。联合风险投资样本企业最多平均每

年申请 11.98 个发明专利，最少每年申请 3.6 个发明专利。

表 3.1　联合风险投资企业发明专利申请数量

| 年份 | 总发明申请数 | 平均值 | 标准差 | 最小值 | 最大值 |
| --- | --- | --- | --- | --- | --- |
| 2009 | 364 | 3.60 | 4.58 | 0 | 24 |
| 2010 | 778 | 6.13 | 8.45 | 0 | 47 |
| 2011 | 893 | 6.38 | 8.90 | 0 | 53 |
| 2012 | 1 272 | 8.31 | 13.70 | 0 | 110 |
| 2013 | 1 761 | 11.98 | 33.63 | 0 | 377 |
| 2014 | 1 292 | 8.61 | 13.67 | 0 | 91 |
| 2015 | 1 051 | 7.90 | 11.13 | 0 | 62 |

表 3.2 列出了非联合风险投资样本企业发明专利申请数量的描述性统计结果。2009—2015 年，联合风险投资样本企业的总发明申请数均高于非联合风险投资样本企业。非联合风险投资样本企业最多平均每年申请 7.13 个发明专利，最少每年申请 3.78 个发明专利。

表 3.2　非联合风险投资企业发明专利申请数量

| 年份 | 总发明申请数 | 平均值 | 标准差 | 最小值 | 最大值 |
| --- | --- | --- | --- | --- | --- |
| 2009 | 306 | 3.78 | 6.16 | 0 | 42 |
| 2010 | 506 | 5.44 | 7.91 | 0 | 47 |
| 2011 | 638 | 6.51 | 8.54 | 0 | 53 |
| 2012 | 705 | 6.71 | 8.65 | 0 | 60 |
| 2013 | 735 | 7.13 | 9.74 | 0 | 56 |
| 2014 | 700 | 6.93 | 8.34 | 0 | 48 |
| 2015 | 575 | 5.75 | 8.01 | 0 | 57 |

2）解释变量

对于联合风险投资的规模和结构特征（主导风险投资机构持股比例、背景和联合风险投资成员稳定性），通过参考许昊和万迪昉（2015）、Chemmanur 和 Tian（2011）的文献，本节采用下列 6 个指标维度进行衡量：

Syndication：联合风险投资哑变量；

Number：联合风险投资成员的数量；

SynShare：联合风险投资成员的持股比例之和；

LeadVC：主导风险投资机构的持股比例；

GovLVC：政府背景的主导风险投资机构的持股比例；

Non-GovLVC：非政府背景（民营和外资背景）的主导风险投资机构的持股比例；

SynIndex：联合风险投资成员指数衡量企业在不同轮融资中，联合风险投资成员中风险投资机构的重叠程度。

其中，采用 Number 和 SynShare 共同衡量联合风险投资的规模，LeadVC 衡量主导风险投资机构持股比例，GovLVC 和 Non-GovLVC 衡量主导风险投资机构背景。

根据 Chemmanur 和 Tian（2009）的研究，构造联合风险投资成员指数 SynIndex（0 < SynIndex ≤ 1）衡量在不同轮融资中，联合风险投资成员中风险投资机构的重叠程度，该指数定义为

$$\text{VCcompositionindex} = \frac{\sum_{i=1}^{n}\sum_{j=1}^{t}\text{VC}_{ij}}{\text{NVC} * \text{NRD}} \quad (3.1)$$

式中，$\text{VC}_{ij}$ 表示风险投资机构 $i$ 投资于第 $j$ 轮融资；NVC 表示投资于初创企业所有轮融资中风险投资机构的数量；NRD 表示初创企业接受融资的轮数。如果初创企业在所有轮融资中接受风险投资机构成员不变的联合风险投资，那么该联合风险投资成员指数等于 1。此时为最大值，表明联合风险投资成员最稳定。

表 3.3 列出了创业板上市企业中，有风险投资机构参与的企业数量，共 343 家，可以说明风险投资机构在创业板上市企业的覆盖程度高，占上市企业的 1/2 以上，符合了风险投资机构投资初创企业和高新技术企业的特点。

表 3.3　风险投资企业在创业板的分布

| 公司种类 | 创业板上市公司 | 有风险投资参与的公司 | 无风险投资参与的公司 |
| --- | --- | --- | --- |
| 企业数量 | 602 | 343 | 259 |

表 3.4 列出了联合风险投资样本企业数量，共 233 家，占到有风险投资机构参与企业的 68%，说明创业板的上市企业中，有风险投资机构参与的

企业，大多数风险投资机构都会采用联合风险投资策略来进行投资。

表3.4 联合风险投资企业在创业板的分布

| 公司种类 | 有风险投资参与的公司 | 联合风险投资参与的公司 | 非联合风险投资参与的公司 |
|---|---|---|---|
| 企业数量 | 343 | 233 | 110 |

表3.5列出了联合风险投资企业上市年度的分布情况。2010年和2011年，平均每年有48家联合风险投资样本企业成功获得IPO资格。2012年11月—2014年1月，我国IPO市场经过了漫长的暂停期。在经济环境和政策的影响下，2013年前后获得IPO资格的企业数量大幅减少。2014年，仅有18家联合风险投资样本企业获得IPO资格。随着上市审核速度的提升和资本市场的活跃，2015年IPO企业数量快速增加，联合风险投资样本企业中有44家获得IPO资格。

表3.5 联合风险投资企业按上市年度分布

| 年份 | 总计 | 占全部样本比例/% |
|---|---|---|
| 2009 | 17 | 7 |
| 2010 | 49 | 21 |
| 2011 | 47 | 20 |
| 2012 | 30 | 13 |
| 2013 | 0 | 0 |
| 2014 | 18 | 8 |
| 2015 | 44 | 19 |
| 2016 | 28 | 12 |
| 总计 | 233 | 100 |

表3.6列出了联合风险投资企业行业分布的情况。联合风险投资参与的上市企业在各个行业均有参与。其中，联合风险投资对农、林、牧、渔业、科学研究和技术服务业等行业参与较少。

表 3.6 联合风险投资企业按行业分布

| 行业种类 | 联合风险投资参与上市企业的数量 | 创业板上市企业数量 | 占上市企业比例/% |
|---|---|---|---|
| A | 1 | 7 | 14 |
| B | 3 | 4 | 75 |
| C | 160 | 397 | 40 |
| D | 2 | 2 | 100 |
| E | 5 | 9 | 56 |
| F | 3 | 7 | 43 |
| G | 1 | 2 | 50 |
| I | 43 | 124 | 35 |
| L | 5 | 9 | 56 |
| M | 1 | 14 | 7 |
| N | 4 | 11 | 36 |
| Q | 2 | 3 | 67 |
| R | 3 | 13 | 23 |
| 总计 | 233 | 602 | 39 |

注：参照2012版中国证监会行业分类名称，其中 A：农、林、牧、渔业；B：采矿业；C：制造业；D：电力、热力、燃气及水生产和供应业；E：建筑业；F：批发和零售业；G：交通运输、仓储和邮政业；I：信息传输、软件和信息技术服务业；L：租赁和商务服务业；M：科学研究和技术服务业；N：水利、环境和公共设施管理业；Q：卫生和社会工作；R：文化、体育和娱乐业。

3）控制变量

对于控制变量，参考许昊等（2015）和付雷鸣等（2012）以往的文献，在模型中加入了如下7个控制变量。

Size：企业的规模，当年年末总资产的自然对数；

ROA：企业的盈利性，净利润/年末总资产；

Lev：企业的资产负债率，年末总负债/年末总资产；

Hitech：高新企业虚拟变量，如果企业认定为高新技术企业则取1，否则为0；

Age：企业的成熟度，企业自成立至IPO的时间，以年为单位计算；

R&D：企业研发强度，研发投入占营业收入比例；

IPOdummy：企业IPO虚拟变量，如果企业通过IPO上市则取1，否则为0。

其中，在创新的组成要素中，研究开发是必不可少的一个组成部分，因此在评价企业创新能力的指标中，R&D 费用一直为学者所关注，并以此作为重要的评价指标。但是，创新并不完全取决于投入的研发费用；换言之，研发作为投入要素，创新并非必然结果。通常而言，研发指标分为两类：相对指标（如 R&D 强度 = R&D 支出/销售额）和绝对指标（如总 R&D 支出）。由于 R&D 数据易于从企业获取，研发数据具有可加性，研发指标便于在创新与相关因素之间建立起函数关系，因此选取 R&D 强度作为控制变量来衡量创新投入水平（表3.7）。

张劲帆等（2017）研究发现，通过缓解企业的融资约束和促进企业创新人才队伍建设等途径，企业通过 IPO 可以显著增加创新产出。具体表现为，融资困难的企业通过 IPO 后专利申请数量增加，以及 IPO 后企业专利申请人才队伍在数量和效率上的明显提高。

表3.7 变量说明

| 变量类型 | 变量名称 | 变量代码 | 变量释义 |
| --- | --- | --- | --- |
| 被解释变量 | 创新行为 | ln(Invention + 1) | 当年该企业为主体的申请发明的个数加1后再取对数 |
| 解释变量 | 联合风险投资哑变量 | Syndication | 如果企业为联合风险投资企业则取1，否则为0 |
| | 联合风险投资的规模 | Number | 联合风险投资成员的数量 |
| | | SynShare | 联合风险投资成员的持股比例之和 |
| | 主导风险投资机构持股比例 | LeadVC | 联合风险投资成员中持股比例最大的风险投资机构 |
| | 主导风险投资机构背景 | GovLVC | 政府背景的主导风险投资机构的持股比例 |
| | | Non-GovLVC | 非政府背景（民营和外资背景）的主导风险投资机构的持股比例 |
| | 联合风险投资稳定性 | SynIndex | 企业在不同轮融资中，联合风险投资成员中风险投资机构的重叠程度 |

续表

| 变量类型 | 变量名称 | 变量代码 | 变量释义 |
|---|---|---|---|
| 控制变量 | 规模 | Size | 当年年末总资产的自然对数 |
| | 盈利性 | ROA | 净利润/年末总资产 |
| | 资产负债率 | Lev | 年末总负债/年末总资产 |
| | 高新企业虚拟变量 | Hitech | 如果企业被认定为高新技术企业则取1，否则为0 |
| | 成熟度 | Age | 企业自成立至IPO的时间，以年为单位计算 |
| | 研发强度 | R&D | 研发投入占营业收入比例 |
| | 企业IPO虚拟变量 | IPOdummy | 如果企业通过IPO上市则取1，否则为0 |

## 四、模型与结果

### 1. 研究模型

为了检验联合风险投资不同特征对企业创新行为的影响，本节构建了以下5个回归方程对研究假设进行检验：

$$\ln(\text{Invention}+1) = \beta_0 + \beta_1(\text{Syndication}) + \beta_2 \sum \text{Controls} + \varepsilon \quad (3.2)$$

$$\ln(\text{Invention}+1) = \beta_0 + \beta_1(\text{Num}, \text{SynShare}) + \beta_2 \sum \text{Controls} + \varepsilon \quad (3.3)$$

$$\ln(\text{Invention}+1) = \beta_0 + \beta_1 \text{LeadVC} + \beta_2 \sum \text{Controls} + \varepsilon \quad (3.4)$$

$$\ln(\text{Invention}+1) = \beta_0 + \beta_1(\text{GovLVC}, \text{Non-GovLVC}) + \beta_2 \sum \text{Controls} + \varepsilon \quad (3.5)$$

$$\ln(\text{Invention}+1) = \beta_0 + \beta_1 \text{SynIndex} + \beta_2 \sum \text{Controls} + \varepsilon \quad (3.6)$$

式中，Controls、$\varepsilon$ 分别代表控制变量和随机误差；$\beta_0$、$\beta_1$ 和 $\beta_2$ 为待估参数。

### 2. 描述性统计

由于绝大多数风险投资机构在企业上市前进入，然而企业上市前公开披露研发强度、发明申请专利和财务数据的信息有限,在剔除不完整信息后,最后获得175家有效的联合风险投资样本企业数据。表3.8列出了联合风险投资样本企业中主要变量的描述性统计结果。由表可以看出,样本企业中每家企业平均每年的发明专利数量的对数为1.42,最大值为4.38。在联合风险投资成员组合中,平均由2.85个成员构成,最多有12个成员。所有成员的持股比例之和平均值为16.5%,最大值为99.21%,联合风险投资样本企业为武汉天喻信息产业股份有限公司,说明该企业中几乎所有股东均为风险投资机构。主导风险投资机构的持股比例平均值为9.71%。联合风险投资指数的平均值为0.8,说明在大部分联合风险投资成员中风险投资机构出现一定重叠。从对于控制变量的描述性统计结果可以看出,联合风险投资样本企业间规模差异较小,资产负债水平、总资产报酬率和研发投入强度存在明显差异。样本企业大多为高新技术企业,绝大部分均成功通过IPO方式上市。

表3.8 主要变量的描述性统计结果

| 变量 | 观测值 | 最小值 | 最大值 | 平均值 | 标准差 |
| --- | --- | --- | --- | --- | --- |
| ln(Invention+1) | 537 | 0.00 | 4.38 | 1.42 | 0.93 |
| Number | 537 | 2.00 | 12.00 | 2.85 | 1.39 |
| SynShare | 537 | 0.84% | 99.21% | 16.50% | 13.48% |
| LeadVC | 537 | 0.42% | 73.82% | 9.71% | 8.72% |
| GovLVC | 155 | 0.42% | 35.11% | 9.56% | 7.35% |
| Non-GovLVC | 356 | 0.61% | 73.82% | 9.80% | 9.27% |
| SynIndex | 118 | 0.33 | 1.00 | 0.80 | 0.25 |
| Size | 537 | 18.35 | 23.20 | 20.33 | 0.77 |
| ROA | 537 | -12.57% | 46.90% | 9.86% | 6.63% |
| Lev | 537 | 1.78% | 77.01% | 30.73% | 17.52% |
| Hitech | 537 | 0.00 | 1.00 | 0.97 | 0.16 |
| Age | 537 | 1.08 | 23.67 | 11.09 | 3.87 |
| R&D | 537 | 0.00% | 46.50% | 3.62% | 5.19% |
| IPOdummy | 537 | 0.00 | 1.00 | 0.91 | 0.29 |

### 3. 相关性检验

通过各变量之间进行相关性检验，检验的结果如表 3.9 所示。从表中结果可见，联合风险投资成员的数量与被投资企业当年发明专利的申请数量之间存在 5% 显著性水平上的正相关关系；高新技术企业虚拟变量与被投资企业当年发明专利的申请数量之间存在 5% 显著性水平上的正相关关系；研发强度与被投资企业当年发明专利的申请数量之间存在 1% 显著性水平上的正相关关系。此外，联合风险投资成员数量与联合风险投资成员持股比例之和以及主导风险投资机构持股比例之间呈 1% 显著性水平上的正相关关系。说明联合风险投资成员数量和成员持股比例之和这两个变量衡量联合风险投资规模的指标相关性强，联合风险投资成员数量越多，其持股比例之和越高。联合风险投资持股比例之和与主导风险投资机构持股比例之间呈 1% 显著性水平上的正相关关系。说明联合风险投资成员持股比例之和越高，主导风险投资机构持股比例也越高，联合风险投资的规模越大，主导风险风险投资机构的作用也越重要。

### 4. 回归结果分析

1）联合风险投资对被投企业创新行为的影响

表 3.10 所列为联合风险投资对企业创新行为影响的回归结果。从表中可以发现，联合风险投资哑变量与被投资企业当年发明专利申请总量在 10% 的显著性水平上呈正向相关关系，回归系数为 0.168。说明联合风险投资的参与对企业创新行为有促进作用。因此，我们不能拒绝假设 1。

从控制变量来看，研发强度与被投资企业当年发明专利申请总量在 1% 的显著性水平上呈正相关关系，增大研发投入强度更有利于企业的创新产出。企业规模、盈利性和企业 IPO 虚拟变量均与被投资企业当年发明专利申请总量在 1% 的显著性水平上呈正向相关关系，资产负债率与被投资企业当年发明专利申请总量在 1% 的显著性水平上呈负相关关系。规模较大、盈利性较好、资产负债率较低的企业，其资金支持更加稳定，因此企业创新能力越强。

表 3.9 相关性检验结果

| 变量 | Number | SynShare | LeadVC | IPOdummy | ROA | Size | Lev | Hitech | Age | R&D | ln(Invention+1) |
|---|---|---|---|---|---|---|---|---|---|---|---|
| Number | 1 | | | | | | | | | | |
| SynShare | 0.382*** | 1 | | | | | | | | | |
| LeadVC | 0.154*** | 0.890*** | 1 | | | | | | | | |
| IPOdummy | 0.038 | 0.021 | 0.004 | 1 | | | | | | | |
| ROA | 0.123*** | 0.087** | 0.089** | 0.133*** | 1 | | | | | | |
| Size | -0.076* | -0.120*** | -0.094** | -0.205*** | -0.617*** | 1 | | | | | |
| Lev | 0.152*** | 0.253*** | 0.162*** | 0.062 | 0.004 | -0.126*** | 1 | | | | |
| Hitech | -0.422*** | -0.158*** | -0.037 | -0.012 | 0.047 | -0.039 | -0.122*** | 1 | | | |
| Age | 0.009 | 0.035 | -0.003 | 0.016 | 0.010 | -0.070 | 0.136*** | -0.032 | 1 | | |
| R&D | -0.095** | -0.118*** | -0.091** | -0.166*** | -0.324*** | 0.419*** | -0.406*** | 0.058 | -0.065 | 1 | |
| ln(Invention+1) | 0.085** | 0.055 | 0.057 | 0.081* | 0.132*** | 0.072* | -0.116*** | 0.090** | -0.016 | 0.144*** | 1 |

注：***、**、*分别表示在1%、5%和10%水平上显著。

表3.10　联合风险投资对被投资企业创新行为的影响

| 变量 | ln(Invention+1) |
|---|---|
| Syndication | 0.168* <br> (1.674) |
| Size | 0.314*** <br> (7.527) |
| ROA | 0.032*** <br> (6.019) |
| Lev | -0.005*** <br> (-2.959) |
| Hitech | 0.139 <br> (1.380) |
| Age | -0.009 <br> (-1.186) |
| R&D | 0.063*** <br> (4.852) |
| IPOdummy | 0.322*** <br> (4.600) |
| Constant | -5.627*** <br> (-6.135) |
| Observations | 1068 |
| Adj. $R^2$ | 0.104 |
| F值 | 16.494 |

注：***、**、*分别表示在1%、5%和10%水平上显著；括号中的数值为$t$值。

2）联合风险投资规模对被投资企业创新行为的影响

表3.11所列为联合风险投资规模对企业创新行为影响的回归结果。从表中可以发现，联合风险投资成员的数量与被投资企业当年发明专利申请总量在1%的显著性水平上呈正相关关系，回归系数为0.094。联合风险投资成员持股比例之和与被投资企业当年发明专利申请总量在5%的显著性水平上呈正相关关系，回归系数为0.007。这两个解释变量都代表了联合风险投资的规模，说明联合风险投资促进了被投资企业的创新行为，帮助企业提高了

创新能力,促使企业申请含金量更高的发明专利。即联合风险投资的规模越大,对企业创新行为促进作用越大,因此我们拒绝假设2b,不能拒绝假设2a。

从控制变量来看,研发强度均与被投资企业当年发明专利申请总量在1%的显著性水平上呈正相关关系,增大研发投入强度更有利于企业的创新产出。企业规模和企业盈利性也与被投资企业当年发明专利申请总量在1%的显著性水平上呈正相关关系,规模较大、盈利性较好的企业,其资金支持更加稳定,因此企业创新能力越强。

表 3.11 联合风险投资规模对被投资企业创新行为的影响

| 变量 | ln(Invention+1) | |
| --- | --- | --- |
| Number | 0.094*** <br> (3.018) | |
| SynShare | | 0.007** <br> (2.259) |
| Size | 0.255*** <br> (3.817) | 0.265*** <br> (3.952) |
| ROA | 0.038*** <br> (5.106) | 0.041*** <br> (5.418) |
| Lev | -0.002 <br> (-0.933) | -0.003 <br> (-1.084) |
| Hitech | 0.769*** <br> (2.874) | 0.507 <br> (2.061) |
| Age | 0.003 <br> (0.316) | 0.003 <br> (0.263) |
| R&D | 0.027*** <br> (3.036) | 0.027*** <br> (3.010) |
| IPOdummy | 0.359*** <br> (2.654) | 0.368** <br> (2.710) |
| Constant | -5.536*** <br> (-3.769) | -5.350*** <br> (-3.636) |

续表

| 变量 | ln(Invention+1) | |
|---|---|---|
| Observations | 537 | 537 |
| Adj. $R^2$ | 0.097 | 0.090 |
| F 值 | 7.482 | 7.624 |

注：***、**、* 分别表示在1%、5%和10%水平上显著；括号中的数值为 $t$ 值。

3）主导风险投资机构持股比例对被投资企业创新行为的影响

表3.12所列为主导风险投资机构持股比例对企业创新行为影响的回归结果。从表中可以发现，联合风险投资成员中主导风险投资机构与被投资企业当年发明专利申请总量在10%的显著性水平上呈正相关关系，回归系数为0.008。说明主导风险投资机构持股比例越高，对企业创新行为促进作用越大。因此，我们不能拒绝假设3。此外，研发强度、企业规模和企业盈利性的系数均为正并且在1%的显著性水平上显著，增大研发投入强度更有利于企业的创新产出，同时规模较大、盈利性较好的企业，其资金支持更加稳定，因此企业创新能力越强。

表3.12 主导风险投资机构持股比例对被投资企业创新行为影响

| 变量 | ln(Invention+1) |
|---|---|
| LeadVC | 0.008*<br>(1.758) |
| Size | 0.260***<br>(3.869) |
| ROA | 0.041***<br>(5.414) |
| Lev | -0.002<br>(-0.849) |
| Hitech | 0.440*<br>(1.800) |
| Age | 0.003<br>(0.300) |

续表

| 变量 | ln( Invention +1 ) |
|---|---|
| R&D | 0.028*** <br> (3.062) |
| IPOdummy | 0.369*** <br> (2.714) |
| Constant | -5.165*** <br> (-3.515) |
| Observations | 537 |
| Adj. $R^2$ | 0.087 |
| $F$ 值 | 7.346 |

注：***、**、*分别表示在1%、5%和10%水平上显著；括号中的数值为 $t$ 值。

4）联合风险投资背景对被投资企业创新行为的影响

根据主导风险投资机构的资本性质（政府背景和非政府背景）分组，表3.13所列为联合风险投资背景对企业创新行为影响的回归结果，表中第（1）列为假设4a1和假设4a2的结果，第（2）列为假设4b的结果。从表中可以发现，政府背景的主导风险投资机构持股比例与被投资企业当年发明专利申请总量无显著相关关系，非政府背景（民营背景和外资背景）的主导风险投资机构持股比例与被投资企业当年发明专利申请总量在10%的显著性水平上呈正相关关系，回归系数为0.010。

表3.13　联合风险投资背景对被投资企业创新行为的影响

| 变量 | ln( Invention +1 ) | |
|---|---|---|
| | （1） | （2） |
| GovLVC | 0.001 <br> (0.127) | |
| Non-GovLVC | | 0.010* <br> (1.820) |
| Size | 0.048 <br> (0.422) | 0.368*** <br> (4.161) |

续表

| 变量 | ln(Invention+1) | |
|---|---|---|
| | (1) | (2) |
| ROA | 1.374<br>(0.984) | 5.239***<br>(5.579) |
| Lev | -0.027<br>(-0.057) | -0.546*<br>(-1.724) |
| Hitech | 1.259<br>(1.420) | 0.375<br>(1.427) |
| Age | 0.021<br>(1.186) | -0.002<br>(-0.168) |
| R&D | 0.017<br>(0.689) | 0.021**<br>(2.084) |
| IPOdummy | 0.538**<br>(2.210) | 0.127<br>(0.705) |
| Constant | -1.884<br>(-0.677) | -6.986***<br>(-3.678) |
| Observations | 155 | 356 |
| Adj. $R^2$ | 0.008 | 0.122 |
| F 值 | 3.137 | 7.169 |

注：***、**、* 分别表示在1%、5%和10%水平上显著；括号中的数值为 $t$ 值。

政府背景的主导风险投资机构投资于企业的根本目的不在于盈利性，更多在于支持和扶持作用。从而政府背景的主导风险投资机构持股比例越高，其对企业创新行为无明显影响；非政府背景（民营和外资背景）的主导风险投资机构持股比例越高，其对企业创新行为促进作用越大。因此，我们拒绝假设4a1，不能拒绝假设4a2和假设4b。此外，研发强度的系数为正且在5%的显著性水平上显著，企业规模和企业盈利性的系数也均为正并且在1%的显著性水平上显著。表明增大研发投入强度更有利于企业的创新产出，同时规模较大、盈利性较好的企业，其资金支持更加稳定，因此企业创新能力越强。

5）联合风险投资稳定性对被投资企业创新行为的影响

表3.14所列为联合风险投资稳定性对企业创新行为影响的回归结果。从表中可以发现，联合风险投资成员组成指数与被投资企业当年发明专利申请总量在5%的显著性水平上呈正相关关系，回归系数为0.696。说明联合

风险投资内部成员越稳定，成员之间发挥的协作作用越大，对企业创新行为促进作用越大。因此，我们不能拒绝假设5。此外，被投资企业规模与当年发明专利申请总量在1%的显著性水平上呈正相关关系，研发强度与被资投企业当年发明专利申请总量在10%的显著性水平上呈正相关关系。

表3.14 联合风险投资稳定性对被投资企业创新行为的影响

| 变量 | ln(Invention+1) |
| --- | --- |
| SynIndex | 0.696** <br> (1.987) |
| Size | 0.627*** <br> (3.721) |
| ROA | -0.007 <br> (-0.190) |
| Lev | -0.018** <br> (-2.392) |
| Hitech | -0.938 <br> (-1.022) |
| Age | -0.004 <br> (-0.164) |
| R&D | 0.041* <br> (1.670) |
| IPOdummy | 0.202 <br> (0.308) |
| Constant | -11.175*** <br> (-2.968) |
| Observations | 118 |
| Adj. $R^2$ | 0.133 |
| F值 | 3.249 |

注：***、**、*分别表示在1%、5%和10%水平上显著；括号中的数值为$t$值。

**5. 稳健性检验**

本节采用更换企业的创新行为衡量指标和消除重大事件影响两种方法进

行稳健性检验。首先，前文采用发明专利的申请数量来衡量企业的创新行为，更换为采用发明专利的有效数量对企业的创新行为进行衡量。结合前面所述，从发明专利的数量和质量两个角度，对企业的创新行为进行衡量。有效发明专利，是指发明专利申请被授权后，仍然还在有效状态的发明专利。该发明专利权人既按照规定缴纳年费，同时发明专利仍处于法定保护期限中，该发明专利对所设计的技术使用还具有约束力。由于专利从申请至授权有一定的时间滞后，借鉴 Chemmanur 等（2014）的研究将本年与下一年有效发明专利数量之和作为被解释变量进行回归分析。由于假设 4 联合风险投资样本企业数据的限制，采用当年有效发明专利数量作为被解释变量进行回归分析。

更换为发明专利的有效数量对企业的创新行为进行衡量，其检验结果如表 3.15 所示，与前文研究结果一致，我们拒绝假设 2b 和假设 4a1，假设 2a、假设 3、假设 4a2 和假设 4b 及假设 5 都不能被拒绝，表明研究结果稳定。

表 3.15 稳健性检验结果——更换企业的创新行为衡量指标

| 变量 | ln( Effective_Inv + 1 ) | | | | | |
| --- | --- | --- | --- | --- | --- | --- |
| | (1) | (2) | (3) | (4) | (5) | (6) |
| Number | 0.108**<br>(1.987) | | | | | |
| SynShare | | 0.011**<br>(2.202) | | | | |
| LeadVC | | | 0.013*<br>(1.671) | | | |
| GovLVC | | | | 0.010<br>(0.595) | | |
| Non-GovLVC | | | | | 0.025**<br>(2.519) | |
| SynIndex | | | | | | 0.746*<br>(1.778) |
| Obs | 208 | 208 | 208 | 81 | 123 | 98 |
| Adj. $R^2$ | 0.092 | 0.096 | 0.087 | 0.027 | 0.270 | 0.146 |

注：***、**、*分别表示在1%、5%和10%水平上显著；括号中的数值为 $t$ 值。

表中第（1）列和第（2）列为假设2的结果，表明联合风险投资成员的数量、联合风险投资成员持股比例之和均与因变量有效发明专利的数量在5%的显著性水平上呈正相关关系，这两个解释变量都代表了联合风险投资的规模，说明联合风险投资的规模越大，对企业创新行为促进作用越大，假设2不能被拒绝。表中第（3）列为假设3的结果，表明联合风险投资成员中主导风险投资机构与因变量有效发明专利的数量在10%的显著性水平上呈正相关关系，说明主导风险投资机构持股比例越高，对企业创新行为促进作用越大，假设3不能被拒绝。表中第（4）列和第（5）列为假设4的结果，表明政府背景的主导风险投资机构持股比例与有效发明专利数量无显著相关关系，非政府背景（民营企业背景和外资企业背景）的主导风险投资机构持股比例与有效发明专利数量在5%的显著性水平上呈正相关关系，从而说明政府背景的主导风险投资机构持股比例越高，其对企业创新行为无明显影响；非政府背景（民营和外资背景）的主导风险投资机构持股比例越高，其对企业创新行为促进作用越大，我们拒绝假设4a1，不能拒绝假设4a2和假设4b。表中第（6）列为假设5的结果，表明联合风险投资成员组成指数与有效发明专利数量在10%的显著性水平上呈正相关关系，说明联合风险投资内部成员越稳定，对企业创新行为促进作用越大，假设5不能被拒绝。此外，其他控制变量结果与前面一致，因此这里只报告自变量的结果。

2012年11月—2014年1月，我国股票市场低迷，同时监管机构开展了史上最严格的IPO财务检查，IPO市场经历了漫长的暂停期。由于联合风险投资样本企业为创业板上市企业，前面采用是否通过IPO退出作为虚拟变量，更换为删除2013年联合风险投资样本企业进行回归分析，从而消除重大事件对结果的影响。

回归结果如表3.16所示，与前面结果一致，我们拒绝假设2b和假设4a1，假设2a、假设3、假设4a2和假设4b及假设5都不能被拒绝，表明研究结果稳定。表中第（1）列和第（2）列为假设2的结果，第（3）列为假设3的结果，第（4）列和第（5）列为假设4的结果，第（6）列为假设5的结果。

表3.16 稳健性检验结果——消除重大事件影响

| 变量 | ln(Invention+1) | | | | | |
| --- | --- | --- | --- | --- | --- | --- |
| | (1) | (2) | (3) | (4) | (5) | (6) |
| Number | 0.094*** (2.768) | | | | | |
| SynShare | | 0.007** (2.288) | | | | |
| LeadVC | | | 0.009* (1.827) | | | |
| GovLVC | | | | 0.016 (1.399) | | |
| Non-GovLVC | | | | | 0.011* (1.955) | |
| SynIndex | | | | | | 0.718** (2.103) |
| Obs | 469 | 469 | 449 | 139 | 313 | 118 |
| Adj. $R^2$ | 0.083 | 0.078 | 0.086 | 0.001 | 0.124 | 0.140 |

注：***、**、* 分别表示在1%、5%和10%水平上显著；括号中的数值为 $t$ 值。

## 五、研究结论

本节以创业板上市企业为研究对象，基于联合风险投资的视角，从联合风险投资规模和结构两个角度出发，研究联合风险投资对企业创新行为产生的影响，得出如下研究结论。

（1）联合风险投资能够促进被投资企业的创新行为。联合风险投资的规模（持股比例和成员数量）越大，对被投资企业创新行为的促进作用越大。

（2）主导风险投资机构的持股比例越大，对被投资企业创新行为的促进作用越大；非政府背景的主导风险投资机构对被投资企业创新行为的促进作用越大；联合风险投资的成员越稳定，对被投资企业创新行为的促进作用越大。

在双创背景下，结合本节的研究，提出如下政策建议。

（1）规范和支持风险投资机构的发展，鼓励风险投资机构以联合风险投资的投资策略，发挥联合风险投资成员的"协同作用"。一方面，大力完善风险投资行业相关法律法规，为风险投资机构提供良好的市场环境，引导其健康发展；另一方面，提供税收等优惠政策，积极发挥政府背景风险投资机构的引导作用，鼓励非政府背景的风险投资机构积极参与企业投资，帮助企业提高创新成果。

（2）对我国企业在引进战略投资者和长期战略规划方面有一定的启示，对企业提高创新能力选择合作伙伴的类型方面提供了参考意见。企业通过引入风险投资机构，不仅获得稳定的资金来源，而且有利于提高企业的创新水平，提升自身竞争力，有利于企业的长远规划和发展。

## 第二节　基于科创板上市企业的研究

### 一、研究背景及意义

**1. 研究背景**

2019年6月13日，科创板正式开板；随后，科创板的首批25家企业于同年7月22日开始上市交易。这标志着一个不同于主板、中小板和创业板的新市场板块正式建立。

科创板主要面向科技创新企业，对于企业的科创属性有着较高的要求，并明确颁布了"常规指标＋例外条款"的创新属性评价体系，重点考察企业的研发投入、发明专利数，以及发行人拥有的核心技术和奖项。

（1）科创板实施试点注册制，上市标准更加宽松。相比于主板和中小板，科创板对上市企业盈利绝对金额的要求则宽松得多，更强调公司的持续经营能力和核心技术优势，但仍保留了对企业盈利连续性的要求。

（2）审查企业是否符合上市标准的权力由证监会下放给证券交易所。目前，上海证券交易所负责对拟在科创板上市的企业进行上市资格审查，并在出具审计意见后报证监会进行注册。

(3) 信息披露规则体系更为完善。明确"信息披露内容完整"的具体要求，并首次将投资决策影响作为重大性判断标准之一。

(4) 科创板取消了直接定价方式，改为市场化的询价定价方式。此外，科创板有着相比主板、中小板和创业板更高的 VC/PE 渗透率。科创板首批上市企业里仅有 6 家未接受 VC/PE 投资，VC/PE 渗透率高达 90.77%。截至 2021 年 4 月，已上市的 265 家科创板企业中，共有 204 家接受过 VC/PE 投资，VC/PE 的 IPO 渗透率高达 76.98%，而且各年中 VC/PE 的 IPO 渗透率始终稳定在 76% 左右（图 3.1）。

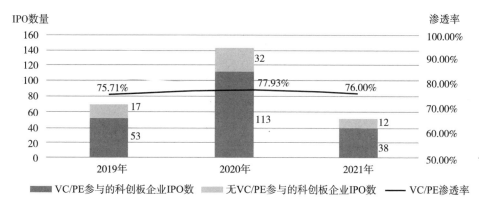

图 3.1 2019—2021 年科创板企业 VC/PE 的 IPO 渗透率

数据来源：CV Source 投中数据库。

综上所述，由于科创板与主板、中小板和创业板相比，有着其突出的特点和更高的 VC/PE 渗透率，因此选取科创板上市企业为样本，研究联合风险投资对企业创新的影响具有重大意义。

## 2. 研究意义

目前，已有研究普遍认可了接受风险投资会对企业的创新能力产生积极作用，同时随着风险投资中联合投资比例的不断攀升，学者们又进一步研究联合风险投资是否会对企业的创新能力产生积极影响。基于已有研究，提出如下研究意义。

(1) 丰富了联合投资与企业创新的相关研究。联合投资在当下风险投资案例中的比例不断攀升，但关于联合投资的相关研究尚不丰富，已有的研究也大多面向主板和创业板,以科创板上市企业为样本的相关研究还非常匮乏。因此,丰富了科创板企业在这一领域的相关研究。

(2) 融资是企业生存发展中的重要一环,尤其是对于初创企业来说更是如此。因此,对于企业的融资决策有着一定的借鉴意义,如企业是否应该接受联合投资;应该接受几家机构的联合投资;联合投资的存续期应保持在怎样的水平;同时还要考虑自身所处行业的影响。

(3) 创新能力是企业长期发展的关键,从创新投入、产出和效率三方面对企业的创新能力进行衡量,研究发现联合投资对于这三个方面的影响程度不尽相同。因此,企业在融资决策时可以参考本节的研究结果,首先评估自身哪一方面的创新能力急需提升;然后在此基础上谨慎做出融资决定。

## 二、研究假设

### 1. 联合投资与企业创新

对于企业而言,创新是一项周期较长、风险较高的投资活动,需要稳定的资金来源、专业全面的指导以及对研发失败风险的承受能力。与单独风险投资相比,联合投资在提高被投资企业创新能力方面的优势主要有以下三点。

(1) 从资金方面来看,一方面,联合投资本身为被投资企业提供了多个资金来源,提高了资金来源的充足性和稳定性;另一方面,联合投资能在更大程度上降低被投资企业与资本市场间的信息不对称性。相比于一般投资人来说,风险投资机构有着更强的专业能力和更广泛的信息来源,所以如果一家企业,尤其是初创企业同时获得了几家风险投资机构的投资,这就向市场传递了一种利好的信号,即多家风险投资都认可了该企业的发展潜力(Lerner,1994),从而使得企业可以较低的成本在市场上募集到更多的资金,作为研发活动的稳定资金来源。

(2) 从风险投资机构的角度来看,相比于单独投资,联合风险投资起到了分散风险的作用,从而提高了各联合投资成员对投资失败的承受能力和容忍程度。Tian 和 Wang(2014)发现,风险投资机构对失败的容忍度越大,越能促进企业创新。因此,从这个角度来看,联合风险投资更有助于提高被投资企业的创新能力。

（3）不同的风险投资机构可能在人力、行业经验和社会关系等不同方面具备其独有的优势，从而可以对被投资企业提供多方位的支持。陈思（2017）认为，风险投资进入企业之后，可以帮助被投资企业进行技术人才引进。Brander（2002）认为，联合投资能够实现风险投资管理经验的互补，从而显著提升被投资企业价值；詹正华等（2015）认为，联合风险投资可以提供咨询、管理等一系列增值服务，并且实现各投资者之间的信息共享和资源互补，从而降低投资风险，获取正的价值溢出。Hochberg（2007）认为，联合投资能够使风险投资建立强大的社会网络，并通过社会网络为被投资企业提供更多资源。

而且联合投资机构数越多，对被投资企业创新能力的促进作用越强。其原因主要在于以下三点：更有助于缓解融资约束；更有助于分散风险；更能实现优势互补。

（1）联合投资机构数越多，就意味着资金来源越多，同时认证作用更强，更能缓解信息不对称带来的融资约束。因此，联合投资机构数越多，越能为被投资企业提供充足稳定的资金来源，作为研发活动的基本保障。

（2）联合投资机构数的增加可以使得风险分担机制更好地发挥作用，提高每家风险投资机构对失败的容忍度，从而缓解委托代理问题，促进管理层的研发意愿。

（3）联合投资机构数越多，就越能实现优势互补，可以为被投资企业带来更多元化的增值服务，从而提高创新的成功率，即创新的产出。国内外的许多实证研究也证实了这种观点。Tian（2011）发现，联合风险投资中每增加一个风险投资者，被投资企业在 IPO 后 4 年内的专利申请数量将会增加 2.2%。陆瑶等（2017）也得到了类似结论，即联合投资机构数越多，被投资企业的创新能力越强。钱雯（2020）也发现，联合投资机构数越多，被投资企业的研发投入越多。

综合以上三点，提出第一个假设。

假设 1：与单独风险投资相比，联合风险投资对被投资企业的创新能力有着更强的促进作用；联合投资机构数越多，对被投资企业创新能力的促进作用越强。

### 2. 持股时间的调节作用

持股时间在一定程度上反映了联合投资的投资策略。其中短期持股反映了联合投资的一种"投机"策略，具体表现为以下三个方面：①短期持股的联合投资会更加注重被投资企业现有创新技术的商业化，加速创收（杨媛，2019），这就使得其通常会规避风险高、周期长的创新活动（温军，2012）；②短期持股会降低联合投资参与被投资企业经营管理的积极性，从而影响增值服务的质量，不利于企业创新；③短期持股的联合投资往往会在IPO后迅速退出，因此联合投资各成员均希望为自己谋取最大的利益，这会使得成员间的沟通合作成本攀升，不利于企业创新（陆瑶，2017）。

而长期持股使得联合投资机构与被投资企业拥有共同目标，致力于实现企业的可持续发展。在这种共同目标的驱动下：①由于创新是企业长期发展的关键动力，因此联合投资会从主观上更加重视企业的创新活动，促使企业增加研发投入；②持股时间较长的投资者往往更有动力参与被投资企业的经营管理活动，帮助公司做出更有远见的决策（伊志宏和李艳丽，2013）；③长期持股可以让风险共担机制得到更好的发挥，Francis（2009）认为，持股时间越长则代表对短期失败的容忍度越高。这有助于提高被投资企业的研发信心，使其专注于研究活动本身，避免企业因为担心创新失败带来的财务风险而放弃那些高风险高收益的研发项目（蒋蕴春，2019）。

许多实证研究也证实了持股时间对于被投资企业的创新能力有着显著影响。傅雷鸣等（2012）对创业板上市公司进行研究发现，第一大风险投资的存续时间越长，被投资企业的创新投入水平越高。杨胜刚（2017）认为，风险投资机构长时间地持有被投资企业的股份，有助于增强企业的研发强度，增加企业的创新产出，实现专利数量的显著增长，但是企业的创新效率并没有显著提高。

基于此，提出第二个假设。

假设2：持股时间越长，联合投资对被投资企业创新能力的促进作用越强。

### 3. 是否为高技术企业的调节作用

国内外学者普遍认为，行业因素对企业的创新能力有着较大的影响。因为处于不同行业的企业所拥有的创新资源和面临的创新机遇都有着较大差别（苟燕楠，2013）。学者们在考虑行业的调节作用时，主要有以下两种对样本企业进行行业划分的方法：①将样本企业划分为制造业和其他行业两大类，原因在于这些学者认为，与其他行业相比，制造业有着更强的技术创新能力（詹正华等，2015）；②将样本企业划分为高科技行业和其他行业。例如，刘伟（2013）在研究联合投资领投机构特质对投资绩效的影响时，将样本企业划分为高科技行业和传统行业。苟燕楠（2013）在研究风险投资进入时期对企业创新的影响时，将样本企业划分为高科技行业、传统制造业、服务业以及其他行业四大类；乔桂明（2014）也将创新能力极强的信息业单独归为一类。

为探究企业所处行业在联合投资与企业创新之间的调节作用，本节采用第二种行业划分方法。根据我国国家统计局于2017年发布的新版《国民经济行业分类》以及《高技术产业（制造业）分类（2017）》，将144家接受过联合投资的样本企业划分为高技术企业和其他企业，其中高技术企业共86家，其他企业58家。

联合投资之所以能够提高被投资企业的创新能力，其内在机理之一就是风险投资进入企业之后，可以帮助被投资企业进行技术人才引进（陈思，2017）。企业在人才引进中面对的主要是缺乏人才资源和"品牌效应"较弱，不足以吸引人才这两大问题。而风险投资可以利用自身的品牌和资源，帮助企业实现人才引进，从而促进创新，如红杉资本设置"内部猎头"以帮助被投资企业寻找最合适的人才。但是，相比于其他企业，高技术企业的突出特点就在于其拥有更多的技术人才、实力更强的研发团队以及更加丰富的研发经验，同时具有较强的"品牌效应"，更容易吸引和留住人才。因此高技术企业在人才引进中受到的约束较小，对联合投资的依赖程度也相对较低。反之，其他企业受到的人才引进约束很大，研发经验也相对匮乏，因此更依赖于联合投资所带来的增值效应，联合投资对其他企业创新能力的促进作用也就相对较大。

基于此，提出第三个假设。

假设3：与其他企业相比，高技术企业的创新能力受联合投资的正向影响更弱。

## 三、样本与变量

### 1. 样本

选取 2019 年 7 月 22 日—2021 年 4 月 30 日，在科创板成功挂牌上市且在上市前接受过风险投资的企业为研究样本。本节使用的数据包括企业创新能力指标、风险投资相关数据和样本企业相关财务数据三个部分。据整理，科创板的 265 家上市企业中有 204 家接受过风险投资，VC/PE 的渗透率高达 76.98%；其中有 166 家企业在上市前接受过联合风险投资，联合风险投资比率达到 81.37%，剩余 38 家公司仅接受过单独风险投资。在接受过风险投资的 204 家企业中，再进一步剔除创新能力数据和相关财务数据缺失的企业，得到 174 家企业作为最终的研究样本。

（1）所需的风险投资数据来源于 CV Source 投中数据库，包括风险投资发生的时间、轮次、投资机构名称和交易股权比例等数据。

（2）本节选用企业发明专利申请数和企业的研发费用分别衡量被投资企业的创新产出和投入情况。专利数据来源于 Incopat 专利检索数据库，同时用智慧芽数据库进行对照检验和补充，研发费用数据来源于 Wind 数据库，缺失部分根据年报和招股说明书手工补充。

（3）从 Wind 数据库获得样本企业的相关财务数据，缺失部分根据年报和招股说明书进行手工补充。

表 3.17 列出了在上市前接受过风险投资的科创板企业的行业分布情况。行业划分依据是国家统计局在 2017 年发布的新版国民经济行业分类。从表中可以看出，接受过风险投资的 204 家科创板上市企业分布在制造业，信息传输、软件和信息技术服务业，科学研究和专业技术服务业和水利、环境和公共设施管理业这四个行业。其中，制造业企业有 164 家，占比高达 80.39%；其次是信息传输、软件和信息技术服务业，共有 29 家接受过风险投资，比例达到 14.22%。此外，这 204 家企业中，有 81.37% 的企业接受过联合风险投资，反映出科创板企业极高的 VC/PE 渗透率。其中，科学研究和专业技术服务业的 VC/PE 渗透率甚至达到 100.00%。

表 3.18 列出了在上市前接受过风险投资的科创板企业的上市年份分布情况。由表中数据可知，自 2019 年 7 月 22 日科创板开板后，截至 2021 年 4

月 30 日，接受过联合投资的企业数量占总上市企业的比率基本稳定在 60% 左右。并且相比于 2019 年，2020 年度这一比例实现了较大幅度的上升。

表 3.17　样本企业行业分布

| 行业类型 | 接受过风险投资的企业数量 | 占比/% | 接受过联合投资的企业数量 | 联合投资占比/% |
| --- | --- | --- | --- | --- |
| 制造业 | 164 | 80.39 | 131 | 79.88 |
| 信息传输、软件和信息技术服务业 | 29 | 14.22 | 25 | 86.21 |
| 科学研究和专业技术服务业 | 5 | 2.45 | 5 | 100.00 |
| 水利、环境和公共设施管理业 | 6 | 2.94 | 5 | 83.33 |
| 合计 | 204 | 100.00 | 166 | 81.37 |

表 3.18　样本企业上市时间分布

| 上市年份 | 企业数量 | 无风险投资支持的企业数量 | 占比/% | 联合投资支持的企业数量 | 占比/% | 单独投资支持的企业数量 | 占比/% |
| --- | --- | --- | --- | --- | --- | --- | --- |
| 2019 | 70 | 17 | 24.29 | 38 | 54.29 | 15 | 21.43 |
| 2020 | 145 | 32 | 22.07 | 98 | 67.59 | 15 | 10.34 |
| 2021 | 50 | 12 | 24.00 | 30 | 60.00 | 8 | 16.00 |
| 合计 | 265 | 61 | 23.02 | 166 | 62.64 | 38 | 14.34 |

### 2. 变量选取

1）被解释变量

创新活动是一项复杂且周期较长的活动，是一个从投入到产出再到有效利用的完整过程。纵观国内外学者对创新能力的研究，大多使用投入和产出这两方面指标对企业的创新能力进行衡量。

投入指标主要衡量的是企业为研发活动所投入的各种资源，主要包括资金投入和人力投入，反映了企业对研发创新活动的重视程度和支持力度。关于资金投入指标的选取，国际经济合作组织于 2002 年发布了《Frascati 手册》，将 R&D 支出作为创新能力的唯一衡量指标。为减少数据的不确定性，学者们也会以研发支出与营业收入的比值作为衡量指标（苟燕楠，2014）。人力投入方面，大多学者选择企业研发人员数量作为衡量指标（李向，2011）。

产出指标主要衡量的是企业通过研发活动取得的最终成果，提供了有关创新的质和量两方面的信息，因此国内外众多学者选择以专利数量作为创新产出的主要衡量指标。并且我国专利法将专利分为发明专利、实用新型专利和外观设计专利三大类，其中发明专利的技术含量最高、审查过程最严，也最能反映企业真实的创新产出能力，一般需要 2~3 年才能获得正式授权。而且众多学者认为，相比于授权年份，申请年份更接近企业实际创新的时间，从而更能反映企业的创新产出能力（Tian，2011）。

综合上述学者的观点及数据的可得性，选用发明专利申请数（Invent_patent）和研发费用（lnRD）分别作为企业创新产出和投入的衡量指标，并对发明专利申请数加 1 后取对数，对研发费用直接取对数。表 3.19 所列是取对数之前的专利描述性统计结果。

表 3.19　专利描述性统计结果

| 专利数量 | 平均值 | 中位数 | 最小值 | 最大值 | 标准差 |
| --- | --- | --- | --- | --- | --- |
| 发明专利申请数 | 22.15 | 8 | 0 | 887 | 54.46 |
| 实用新型专利申请数 | 11.11 | 4 | 0 | 274 | 23.44 |
| 外观设计专利申请数 | 2.787 | 0 | 0 | 157 | 9.421 |
| 专利申请总数 | 36.05 | 16 | 0 | 961 | 67.69 |

2）解释变量

（1）联合投资哑变量（Syn）。联合风险投资具有狭义和广义两种定义方式。狭义联合投资是指在同一轮投资中，有两家及以上风险投资机构同时对该企业进行投资；如果被投资企业在每一轮都仅获得一家机构的投资，即使不同轮次的投资机构不同，仍属于非联合投资。广义联合投资则放松了对轮次的限制，只要公司获得一家以上风险投资机构的投资，即使发生在不同的轮次，仍属于联合投资。

考虑到联合风险投资在参与企业经营管理中的协同作用，采用狭义的联合投资定义。当被投资企业任意一轮融资的投资机构数大于一家时，联合投资哑变量为 1，否则为 0。

（2）联合投资机构数（Synnum）。本节还构建联合投资机构数这一解释变量。参考董静（2015）的研究，如果为非联合投资，即只接受过单独投资，则联合投资机构数为1；若为联合投资，如果企业只发生过一轮融资或只有一轮为联合投资，则以这一轮的机构数为准；如果接受过多轮联合投资，则以各轮中投资机构数的最大值为准。

3）调节变量

（1）持股时间。参考陈思（2017）的研究，本节对风险投资持股时间（Lnt_year）做如下定义：风险投资发生时间到被投资企业在科创板上市之间的时间间隔。如果某家企业在上市之前曾接受过多轮风险投资，则以第一次接受风险投资的时间与上市时间之间的时间间隔为持股时间。这里将持股时间精确到年份，同时对持股时间采用加1后取对数的处理方式。

（2）是否为高技术企业。本节引入是否为高技术企业（Hightech）这一调节变量，若为高技术企业，则 Hightech = 1，否则为 0。参考刘伟（2013）的研究，并根据我国国家统计局于2017年发布的新版《国民经济行业分类》以及《高技术产业（制造业）分类（2017）》，将144家接受过联合投资的样本企业划分为高技术企业和其他企业，其中高技术企业86家，其他企业58家。

4）控制变量

参考联合投资与企业创新以及企业创新方面的相关研究，选取净资产收益率、固定资产比率、独立董事比率、股权集中度、公司年龄、行业增长率6个指标作为控制变量（表3.20）。

（1）净资产收益率（ROE）。本节采用企业当年净利润与平均股东权益的比值这一计算方法计算企业当年的净资产收益率，用于度量企业当年的盈利能力。根据柴斌锋（2011）的研究，盈利能力是影响企业研发投入和创新产出的主要原因，盈利能力越强，企业创新投入的意愿越高。

（2）固定资产比率（PPE）。参考陈思（2015）的研究，选用固定资产比率这一指标反映企业的资产结构。本节采用企业当年年末固定资产与年末总资产的比值这一计算方法计算企业当年的固定资产比率。

（3）独立董事比率（Indirector_per）。根据杨建君（2007）的研究，外部董事的数量会显著影响企业的创新能力。据此，选取被投资企业IPO时的独立董事比率作为控制变量。

（4）股权集中度（Top3）。已有研究认为，股权集中程度会显著影响企业的创新能力。部分学者认为,股权越集中,企业决策效率越高,创新能力越强(Hosono,2004)。但是,也有学者认为过于集中的股权反而会因规避风险而抑制创新。根据已有研究,选取企业前三大股东的持股比例来衡量企业的股权集中程度。

(5)公司年龄(lnfirmage)。根据苟燕楠(2013)的研究,企业所处的发展阶段会对企业的创新能力产生显著影响。将公司成立时间到其在科创板上市时间之间的时间间隔作为公司年龄,本节的公司年龄精确到年份,并对其进行加1后取对数的处理(董静,2017;成果,2018)。

(6)行业增长率(igrowth)。由于企业创新能力会受到所在行业发展情况的影响,根据刘刚(2018)的研究,将行业增长率作为控制变量,数据来源于Wind数据库。

表3.20 变量说明

| 变量类型 | 变量名称 | 变量符号 | 变量说明 |
| --- | --- | --- | --- |
| 被解释变量 | 发明专利申请数 | Invent_patent | 企业发明专利申请数加1后取对数 |
| | 研发投入 | lnRD | 企业研发费用取对数 |
| 解释变量 | 联合投资哑变量 | Syn | 接受过联合投资为1,否则为0 |
| | 联合投资机构数 | Synnum | 各轮联合投资中,投资机构数的最大值 |
| 调节变量 | 风险投资持股时间 | lnt_year | 上市时间—首次接受风险投资的时间精确到年份,且加1后取对数 |
| | 是否为高技术企业 | Hightech | 高技术企业为1,其他企业为0 |
| 控制变量 | 净资产收益率 | ROE | 当年净利润/平均股东权益 |
| | 固定资产比率 | PPE | 当年年末固定资产/年末总资产 |
| | 独立董事比率 | Indirector_per | IPO时独立董事人数/董事会总人数 |
| | 股权集中度 | Top3 | 前三大股东的持股比例 |
| | 公司年龄 | lnfirmage | 上市时间—企业成立时间精确到年,且加1后取对数 |
| | 行业增长率 | igrowth | Wind数据库行业增长率 |

## 四、模型与结果

### 1. 研究模型

（1）联合投资与企业创新。针对假设 1，构建发明专利申请数（Invent_patent）以及研发投入（lnRD）与联合投资哑变量（Syn）和联合投资机构数（Synnum）的回归模型：

$$\text{Invent\_patent}(\text{lnRD}) = \beta_0 + \beta_1 \text{Syn} + \beta_2 \text{Control} + \text{Ind} + \text{Year} + \varepsilon \tag{3.7}$$

$$\text{Invent\_patent}(\text{lnRD}) = \beta_0 + \beta_1 \text{Synnum} + \beta_2 \text{Control} + \text{Ind} + \text{Year} + \varepsilon \tag{3.8}$$

（2）持股时间的调节作用。针对假设 2，构建回归模型，探究持股时间对联合投资与企业创新的调节作用：

$$\text{Invent\_patent}(\text{lnRD}) = \beta_0 + \beta_1 \text{Syn} + \beta_2 \text{Syn} * \text{lnt\_year} + \beta_3 \text{Control} + \text{Ind} + \text{Year} + \varepsilon \tag{3.9}$$

（3）是否为高技术企业的调节作用。针对假设 3，构建回归模型，探究行业（是否为高技术企业）的调节作用：

$$\text{Invent\_patent}(\text{lnRD}) = \beta_0 + \beta_1 \text{Syn} + \beta_2 \text{Syn} * \text{Hightech} + \beta_3 \text{Control} + \text{Ind} + \text{Year} + \varepsilon \tag{3.10}$$

### 2. 描述性统计

表 3.21 和表 3.22 分别列出了全样本和联合投资子样本的变量描述性统计结果。对表中变量的处理方式如下：对发明专利申请数（Invent_patent）、风险投资持股时间（lnt_year）和公司年龄（lnfirmage）采取加 1 后取对数的处理方式；对研发投入（lnRD）采取直接取对数的处理方式；且未进行缩尾处理。

表 3.21　全样本变量描述性统计结果

| 变量 | 观测数量 | 平均值 | 标准差 | 最小值 | 最大值 |
|---|---|---|---|---|---|
| Invent_patent | 690 | 2.203 | 1.383 | 0.000 | 6.789 |
| lnRD | 690 | 17.699 | 1.081 | 15.463 | 22.280 |

续表

| 变量 | 观测数量 | 平均值 | 标准差 | 最小值 | 最大值 |
|---|---|---|---|---|---|
| Syn | 690 | 0.826 | 0.379 | 0.000 | 1.000 |
| Synnum | 690 | 4.113 | 2.922 | 1.000 | 16.000 |
| lnt_year | 690 | 1.707 | 0.537 | 0.693 | 2.996 |
| Hightech | 690 | 0.612 | 0.488 | 0.000 | 1.000 |
| ROE | 690 | 0.131 | 0.490 | -7.748 | 1.973 |
| PPE | 690 | 0.144 | 0.132 | 0.003 | 0.598 |
| Indirector_per | 690 | 0.370 | 0.050 | 0.300 | 0.600 |
| Top3 | 690 | 0.547 | 0.166 | 0.169 | 0.988 |
| lnfirmage | 690 | 2.668 | 0.338 | 1.609 | 3.367 |
| igrowth | 690 | 0.065 | 0.277 | -0.344 | 0.646 |

表3.22 接受联合投资的子样本变量描述性统计结果

| 变量 | 观测数量 | 平均值 | 标准差 | 最小值 | 最大值 |
|---|---|---|---|---|---|
| Invent_patent | 570 | 2.251 | 1.391 | 0.000 | 6.789 |
| lnRD | 570 | 17.820 | 1.110 | 15.517 | 22.280 |
| Syn | 570 | 1.000 | 0.000 | 1.000 | 1.000 |
| Synnum | 570 | 4.768 | 2.805 | 2.000 | 16.000 |
| lnt_year | 570 | 1.688 | 0.512 | 0.693 | 2.996 |
| Hightech | 570 | 0.593 | 0.492 | 0.000 | 1.000 |
| ROE | 570 | 0.115 | 0.536 | -7.748 | 1.973 |
| PPE | 570 | 0.146 | 0.135 | 0.003 | 0.598 |
| Indirector_per | 570 | 0.369 | 0.051 | 0.300 | 0.600 |
| Top3 | 570 | 0.534 | 0.151 | 0.169 | 0.896 |
| lnfirmage | 570 | 2.651 | 0.336 | 1.609 | 3.367 |
| igrowth | 570 | 0.061 | 0.276 | -0.344 | 0.534 |

对于全样本来说，由于对发明专利申请数（Invent_patent）采取了加 1 后取对数的处理方法，因此从表 3.21 中可以看出，个别样本企业的个别年份存在没有申请发明专利的情况，而发明专利申请数的最大值达到 887，加 1 取对数后为 6.789。研发投入（lnRD）的最小值为 15.463，最大值为 22.280；而且发明专利申请数和研发投入的标准差都超过了 1，表明各企业的研发产出和投入情况相差较大。

联合投资哑变量（Syn）的平均值为 0.826，可见全样本中绝大部分企业接受过联合风险投资，仅有少部分企业只接受过单独风险投资。

联合投资机构数（Synnum）的最小值为 1，即那些只接受过单独风险投资的企业；最大值为 16，即有的企业在某一轮联合投资中接受过 16 家风险投资机构的联合投资。由联合投资机构数的平均值为 4.113，标准差为 2.922 可知，样本企业接受的联合投资中，联合投资机构数目差异较大。

样本企业净资产收益率（ROE）的最小值为 -7.748，最大值达到 1.973，反映出样本企业的盈利能力两极分化情况严重。同样，样本企业固定资产比率（PPE）也存在较大差异，最小值为 0.003，最大值达到 0.598。样本企业中有的企业前三大股东（Top3）持股比例达到 0.988，股权集中程度非常高。而且各行业之间的发展情况（igrowth）也存在着很大差异，正负差异明显。

对于联合投资子样本来说，发明专利申请数（Invent_patent）和研发投入（lnRD）的均值均大于全样本，可初步判断接受联合投资的企业的创新投入和产出都相对更多，但由标准差可知，仍存在各企业研发能力差异较大的情况。

### 3. 相关性检验

本节在进行相关性检验时主要通过测度 Pearson 相关系数来检验变量之间的相关性，相关系数的取值范围一般在 [-1, 1]，绝对值越大，则表明变量间的相关性越强，相关矩阵如表 3.23 所示。从该相关矩阵中可以看出，模型中所采用的变量间的相关系数均保持在合理范围内。

### 4. 回归结果分析

1）联合投资与企业创新

联合投资与企业创新回归结果如表 3.24 所示。

表 3.23　主要变量相关性检验

| 变量 | (1) | (2) | (3) | (4) | (5) | (6) | (7) | (8) | (9) | (10) | (11) | (12) |
|---|---|---|---|---|---|---|---|---|---|---|---|---|
| Invent_patent | 1.000 | | | | | | | | | | | |
| lnRD | 0.271*** | 1.000 | | | | | | | | | | |
| Syn | 0.076** | 0.245*** | 1.000 | | | | | | | | | |
| Synnum | 0.169*** | 0.418*** | 0.489*** | 1.000 | | | | | | | | |
| Int_year | 0.023 | 0.127*** | −0.079** | 0.019 | 1.000 | | | | | | | |
| Hightech | −0.125*** | 0.214*** | −0.083** | 0.084** | 0.079** | 1.000 | | | | | | |
| ROE | 0.053 | −0.246*** | −0.073* | −0.104*** | −0.002 | −0.108*** | 1.000 | | | | | |
| PPE | −0.098*** | −0.236*** | 0.027 | −0.086** | 0.014 | −0.152*** | −0.171*** | 1.000 | | | | |
| Indirector_per | −0.064* | −0.014 | −0.030 | −0.154*** | −0.071* | −0.116*** | 0.095** | −0.080** | 1.000 | | | |
| Top3 | −0.009 | −0.095*** | −0.168*** | −0.283*** | −0.202*** | −0.065* | 0.028 | 0.126*** | 0.276*** | 1.000 | | |
| lnfirmage | −0.062 | −0.106*** | −0.109*** | −0.073* | 0.023 | −0.043 | 0.022 | 0.150*** | 0.072* | 0.169*** | 1.000 | |
| igrowth | 0.049 | 0.209** | −0.029 | 0.021 | 0.044 | 0.145*** | −0.001 | −0.093*** | −0.052 | −0.018 | 0.027 | 1.000 |

*** $p<0.01$，** $p<0.05$，* $p<0.1$。

表3.24 联合投资与企业创新回归结果

| 变量 | (1) Invent_patent | (2) lnRD | (3) Invent_patent | (4) lnRD |
| --- | --- | --- | --- | --- |
| Syn | 0.267* (0.141) | 0.769*** (0.094) | | |
| Synnum | | | 0.072*** (0.018) | 0.145*** (0.012) |
| ROE | 0.075 (0.106) | -0.555*** (0.071) | 0.108 (0.106) | -0.501*** (0.067) |
| PPE | -0.817* (0.417) | -1.697*** (0.277) | -0.608 (0.415) | -1.248*** (0.263) |
| Indirector_per | -2.023* (1.091) | 1.417* (0.726) | -1.654 (1.085) | 2.158*** (0.689) |
| Top3 | 0.502 (0.333) | 0.0869 (0.222) | 0.676** (0.333) | 0.345 (0.212) |
| lnfirmage | -0.240 (0.157) | -0.166 (0.104) | -0.245 (0.155) | -0.204** (0.098) |
| igrowth | 0.131 (0.652) | 0.256 (0.433) | 0.116 (0.646) | 0.229 (0.410) |
| Constant | 2.884*** (0.593) | 16.420*** (0.395) | 2.605*** (0.579) | 16.190*** (0.367) |
| Year | Yes | Yes | Yes | Yes |
| Industry | Yes | Yes | Yes | Yes |
| Observations | 690 | 690 | 690 | 690 |
| $R^2$ | 0.114 | 0.359 | 0.130 | 0.426 |

注：*** $p<0.01$，** $p<0.05$，* $p<0.1$，括号中的数值是标准误差。

从表3.24中可以发现，在控制了行业和年份后，企业发明专利申请数（Invent_patent）与是否在上市前接受过联合投资（Syn）在10%的水平上显著正相关，标准化系数是0.267。企业研发投入（lnRD）与是否在上市前接受过联合投资（Syn）在1%的水平上显著正相关，标准化系数为0.769。这表明，相比于仅接受过单独风险投资的企业，接受过联合投资（Syn）的企业的发明专利申请数（Invent_Patent）和研发投入（lnRD）都会显著增加。

此外，根据表 3.24 第（3）和第（4）列可以发现，企业发明专利申请数（Invent_patent）和研发投入（lnRD）均与联合投资机构数（Synnum）在 1% 的水平上显著正相关，标准化系数分别是 0.072 和 0.145。这表明，随着联合投资机构数（Synnum）的增加，被投资企业的发明专利申请数（Invent_patent）和研发投入（lnRD）都会显著增加。因此，可以认为相比单独风险投资，联合风险投资对被投资企业的创新能力有着更强的促进作用，这种促进作用表现在投入和产出两方面；而且联合投资机构数（Synnum）越多，对被投资企业创新能力的促进作用越强。这与假设 1 保持一致，即假设 1 成立。

2）持股时间的调节作用

持股时间的调节作用如表 3.25 所示。

表 3.25　持股时间的调节作用

| 变量 | Invent_patent | lnRD |
| --- | --- | --- |
| Syn | 0.069<br>(0.235) | 0.266*<br>(0.155) |
| Syn * lnt_year | 0.118<br>(0.112) | 0.300***<br>(0.075) |
| ROE | 0.073<br>(0.106) | -0.560***<br>(0.070) |
| PPE | -0.827**<br>(0.417) | -1.721***<br>(0.274) |
| Indirector_per | -2.093*<br>(1.093) | 1.239*<br>(0.719) |
| Top3 | 0.569*<br>(0.339) | 0.257<br>(0.223) |
| lnfirmage | -0.252<br>(0.157) | -0.195*<br>(0.103) |
| igrowth | 0.132<br>(0.651) | 0.356**<br>(0.170) |
| Constant | 2.918***<br>(0.594) | 16.510***<br>(0.391) |

续表

| 变量 | Invent_patent | lnRD |
|---|---|---|
| Year | Yes | Yes |
| Industry | Yes | Yes |
| Observations | 690 | 690 |
| $R^2$ | 0.116 | 0.374 |

注：$^{***}p<0.01$，$^{**}p<0.05$，$^{*}p<0.1$，括号中的数值是标准误差。

从表 3.25 中可以发现，在控制了行业和年份后，当因变量为企业研发投入（lnRD）时，联合投资哑变量（Syn）的系数为 0.266，而且在 10% 的水平上显著；联合投资哑变量（Syn）与持股时间的交乘项（Syn * lnt_year）的系数为 0.300，且在 1% 的水平上显著为正。这表明随着持股时间的延长，联合投资对被投企业创新投入的正向影响会显著增强。但是，当因变量为发明专利申请数（Invent_patent）时，联合投资哑变量（Syn）以及交乘项（Syn * lnt_year）的系数都不显著，这表明持股时间的延长并不会显著增强联合投资对被投企业创新产出能力的影响。

上述结果说明，持股时间显著增强的是联合投资对被投资企业创新投入的影响程度，而非创新产出能力。其原因在于持股时间的延长显著提高的是投资机构对企业短期失败的容忍程度（Francis，2009），从而缓解委托代理问题，避免管理层因害怕创新失败影响自己任期内的经营业绩而规避高风险的研发活动，即显著增强了管理层进行研发投入的意愿。但是，主观上对失败容忍度的提高并不代表客观上研发水平的提高，即对创新产出没有显著影响。李梦雅（2019）的研究也发现风险投资可以显著促进被投资企业的创新投入，但对创新产出并无显著影响。进一步分析后她认为这是由于发明专利对研发环境和研发资源的配置效率要求更高，因此其对知识产权保护以及市场化水平的要求和敏感程度也更高。引入知识产权保护、对外开放水平和地区市场化进程的调节变量后，发现风险投资可以显著促进被投资企业的专利产出。

3）是否为高技术企业的调节作用

是否为高技术企业的调节作用如表 3.26 所示。

表 3.26 是否为高技术企业的调节作用

| 变量 | Invent_patent | lnRD |
| --- | --- | --- |
| Syn | 0.676*** <br> (0.165) | 0.678*** <br> (0.111) |
| Syn * Hightech | -0.621*** <br> (0.135) | 0.139 <br> (0.0908) |
| ROE | 0.0189 <br> (0.105) | -0.543*** <br> (0.0711) |
| PPE | -1.184*** <br> (0.418) | -1.614*** <br> (0.282) |
| Indirector_per | -1.881* <br> (1.075) | 1.385* <br> (0.725) |
| Top3 | 0.509 <br> (0.328) | 0.0853 <br> (0.221) |
| lnfirmage | -0.302* <br> (0.155) | -0.152 <br> (0.105) |
| igrowth | 0.148 <br> (0.642) | 0.253 <br> (0.433) |
| Constant | 2.813*** <br> (0.585) | 16.44*** <br> (0.394) |
| Year | Yes | Yes |
| Industry | Yes | Yes |
| Observations | 690 | 690 |
| $R^2$ | 0.141 | 0.361 |

注：***$p<0.01$，**$p<0.05$，*$p<0.1$，括号中的数值是标准误差。

表 3.26 是根据模型（3.10），对是否为高技术企业（Hightech）的调节作用进行检验的结果。当因变量为发明专利申请数（Invent_patent）时，联合投资哑变量（Syn）的系数为 0.676，而且在 1% 的水平上显著；联合投资哑变量（Syn）与是否为高技术企业的交乘项（Syn * Hightech）的系数为 -0.621，而且在 1% 的水平上显著负相关。这表明与其他企业相比，高技术企业创新产出能力受联合投资的正向影响更弱。但是，当因变量为研发投

入（lnRD）时，交乘项（Syn * Hightech）的系数并不显著。这表明高技术企业和其他企业在创新投入方面，受联合投资正向影响的程度并无显著区别。

上述结果说明行业因素显著增强的是联合投资对被投资企业创新产出的影响程度，而非创新投入水平。其原因在于高技术企业的突出特点是其拥有更多的技术人才、实力更强的研发团队以及更加丰富的研发经验，而这些恰好是研发成功率，即研发产出的重要影响因素。高技术企业的自身特点决定了其具有较高的研发产出水平，因此在创新产出方面对联合投资的依赖程度就相对较低。然而，其他企业由于人才经验匮乏，就会更依赖于联合投资为企业创新产出带来的增值效应。因此，与其他企业相比，高技术企业的创新产出能力受联合投资的正向影响更弱。

但是，高技术企业和其他企业同作为刚刚上市的初创企业，都面临着较大的融资约束，因此在资本方面，二者对联合投资的依赖程度没有显著差别。因此，高技术企业和其他企业在创新投入方面，受联合投资正向影响的程度并无显著区别。

### 5. 稳健性检验

1) 替换被解释变量

本节首先采用替换主要变量的方法对前面的回归结果进行稳健性检验。前面采用发明专利申请数和研发投入分别衡量被投资企业的创新产出和投入能力，在稳健性检验中，本节选取研发效率（Effi）作为替代因变量，该指标的计算方法为企业专利申请总数/ln（研发费用），该指标反映了被投企业每单位研发投入的产出情况（表3.27）。

表3.27 稳健性检验——专利申请总数/研发费用

| 变量 | Effi | Effi |
| --- | --- | --- |
| Syn | 0.640 * <br> (0.361) | |
| Synnum | | 0.263 *** <br> (0.0465) |

续表

| 变量 | Effi | Effi |
|---|---|---|
| ROE | 0.017<br>(0.273) | 0.151<br>(0.268) |
| PPE | -2.344**<br>(1.068) | -1.626<br>(1.051) |
| Indirector_per | -2.339<br>(2.797) | -1.000<br>(2.749) |
| Top3 | 1.113<br>(0.854) | 1.872**<br>(0.844) |
| lnfirmage | -0.848**<br>(0.403) | -0.825**<br>(0.392) |
| igrowth | 0.230<br>(1.671) | 0.171<br>(1.636) |
| Constant | 4.186***<br>(1.522) | 2.703*<br>(1.466) |
| Year | Yes | Yes |
| Industry | Yes | Yes |
| Observations | 690 | 690 |
| $R^2$ | 0.074 | 0.112 |

注：*** $p<0.01$，** $p<0.05$，* $p<0.1$，括号中的数值是标准误差。

当替代因变量为研发效率（Effi）时，联合投资哑变量（Syn）的系数在10%的水平上显著为正；联合投资机构数（Synnum）的系数在1%的水平上显著为正，这表明接受联合投资，而且联合投资机构数越多，被投资企业的创新效率越高。这与前面假设1的回归结果相一致，即假设1的结论是稳健的。

2）倾向得分匹配法

前面的回归结果表明相比于单独投资，联合投资对被投资企业的创新能力有着更强的促进作用。但由于投资偏好的存在，即投资机构可能更倾向于对创新能力较强的企业进行联合投资，使得样本存在一定的选择性偏差。

为解决这种选择性偏差造成的内生性问题，本节采用倾向得分匹配法

（PSM）对前文的回归结果进行进一步的稳健性检验，并消除内生性。倾向得分匹配法的基本思想在于，通过找到与处理组尽可能相似的控制组，来有效降低样本的选择偏差，从而更准确地探究因变量与自变量之间的关系。本节将受联合投资支持的作为处理组，仅受单独投资支持的作为控制组。并参考邹双等（2017）以及陆瑶等（2017）的研究，选择企业年龄、资产负债率、总资产周转率、固定资产比率和营业利润作为协变量，将处理组与控制组进行匹配，以检验联合投资对企业创新能力的影响。表3.28列出了采用最近邻匹配、半径匹配和核匹配三种匹配方法后，分别得到的联合投资对发明专利数和研发投入的平均处理效果（ATT）。对于发明专利产出而言，ATT均在5%及以上的水平上显著为正；对于研发支出而言，ATT均在1%的水平上显著为正。这表明相比于单独投资，联合投资显著促进了被投资企业的研发投入和创新产出，与前面的回归结果相一致。如表3.29所示，匹配后各协变量的标准偏差均小于10%，t检验相伴概率均大于0.1。这表明处理组与控制组在协变量上不存在显著差异，匹配满足了平衡性假设，倾向得分匹配估计可靠。因此，假设1成立。

表3.28 三种匹配方法的结果

| 变量 | 匹配方法 | 处理组 | 控制组 | 参与者平均处理效果 | 标准差 | T值 |
|---|---|---|---|---|---|---|
| Invent_patent | 最近邻匹配 | 442 | 111 | 0.61*** | 0.19 | 3.14 |
| | 半径匹配 | 464 | 111 | 0.42** | 0.17 | 2.51 |
| | 核匹配 | 494 | 111 | 0.34** | 0.16 | 2.13 |
| lnRD | 最近邻匹配 | 442 | 111 | 0.56*** | 0.10 | 5.52 |
| | 半径匹配 | 464 | 111 | 0.55*** | 0.09 | 5.98 |
| | 核匹配 | 494 | 111 | 0.51*** | 0.09 | 5.89 |

注：*** $p<0.01$，** $p<0.05$，* $p<0.1$。

表3.29 倾向得分匹配法的平衡性检验

| 变量 | 处理 | 平均值 | | 标准偏差/% | 标准偏差较少幅度/% | t统计量 | t检验相伴概率 |
|---|---|---|---|---|---|---|---|
| | | 处理组 | 控制组 | | | | |
| lnfirmage | 匹配前 | 2.6781 | 2.7578 | -24.3 | 81.4 | -2.40 | 0.017 |
| | 匹配后 | 2.6988 | 2.684 | 4.5 | | 0.69 | 0.489 |

续表

| 变量 | 处理 | 平均值 | | 标准偏差/% | 标准偏差较少幅度/% | t统计量 | t检验相伴概率 |
|---|---|---|---|---|---|---|---|
| | | 处理组 | 控制组 | | | | |
| Lev | 匹配前 | 0.328 51 | 0.250 29 | 45.1 | 89.9 | 4.17 | 0.000 |
| | 匹配后 | 0.288 56 | 0.280 68 | 4.5 | | 0.74 | 0.459 |
| PPE | 匹配前 | 0.140 88 | 0.134 42 | 5.2 | 84.1 | 0.49 | 0.624 |
| | 匹配后 | 0.140 49 | 0.139 46 | 0.8 | | 0.13 | 0.900 |
| TAT | 匹配前 | 0.695 22 | 0.666 71 | 8.6 | 78.6 | 0.76 | 0.450 |
| | 匹配后 | 0.681 87 | 0.675 78 | 1.8 | | 0.27 | 0.789 |
| lnprofit | 匹配前 | 18.264 | 18.085 | 18.7 | 79.9 | 1.79 | 0.088 |
| | 匹配后 | 18.183 | 18.219 | -3.8 | | 1.47 | 0.548 |

### 五、研究结论

本节选取在上市前接受过风险投资的科创板上市企业为样本，探究联合风险投资对被投资企业创新能力的影响。最终得出研究结论如下。

（1）无论是从创新的投入、产出还是效率来看，接受过联合投资的科创板上市企业的创新能力都要显著高于仅接受过单独投资的企业，而且联合投资机构数越多，联合投资对企业创新能力的促进作用越强。

（2）随着持股时间的延长，联合投资对被投资企业创新投入的正向影响会显著增强，但并不会显著增强联合投资对被投资企业创新产出能力的影响。

（3）行业因素会显著影响被投资企业的创新产出情况。相比于其他企业，高技术企业的创新产出水平受联合投资正向影响的强度更弱；但创新投入方面，两类企业受到的正向影响的强度并无显著差异。

基于上面的研究，提出如下建议。

（1）企业在融资时，可以优先考虑联合投资，并且增加联合投资机构数，尤其是在行业经验、人才、社会关系、资本等方面具有各自不同优势的风险投资机构，从而提高企业自身的创新能力，以及其他各方面的综合实力。

（2）企业在进行融资决策前，首先要对自身情况进行全面的评估。如果企业面临的主要问题是资金来源较少，无法保证较高水平的研发投入，那么这类企业应该尽可能延长联合投资的持股时间，以显著增加本企业的研发投入水平。如果企业面临的主要问题是缺乏技术人才和研发经验，那么这类企业就应该积极寻找人力和专业资源丰富的风险投资机构，以显著提高本企业的创新成功率。

## 第三节　结论

本章关注风险投资的联合投资策略，深入研究这种投资策略对于企业创新的影响，从而为风险投资、企业、政府提供相应建议。研究发现，联合风险投资能够促进被投资企业的创新行为。

本章实证研究结果发现联合风险投资的规模（持股比例和成员数量）越大，对被投资企业创新行为的促进作用越大；主导风险投资机构的持股比例越大，对被投资企业创新行为的促进作用越大；非政府背景的主导风险投资机构对被投资企业创新行为的促进作用越大；联合风险投资的成员越稳定，对被投资企业创新行为的促进作用越大。特别地，对于科创板企业来说，随着持股时间的延长，联合投资对被投资企业创新投入的正向影响会显著增强，但并不会显著增强联合投资对被投企业创新产出能力的影响。行业因素会显著影响被投资企业的创新产出情况，与其他企业相比，高技术企业的创新产出水平受联合投资正向影响的强度更弱；但创新投入方面，两类企业受到的正向影响的强度并无显著差异。

本章丰富了联合风险投资和企业创新等相关理论，尤其丰富了以科创板企业为样本的相关研究。本章的研究结果对企业的融资决策有一定的参考价值，对企业如何提高创新能力也具有一定启示。企业在融资时，要对自身情况进行全面的评估，可以优先考虑联合投资，并且增加联合投资机构数与持股时间，尤其是在行业经验、人力、社会关系、资本等方面具有各自不同优势的风险投资机构，从而提高企业自身的创新能力，以及其他各方面的综合实力。

# 第四章 分阶段投资策略与企业创新

风险投资的投资策略可以按投资企业的轮数分为分阶段投资与一次性投资。采取分阶段投资策略的风险投资在进行下一轮投资前，会对项目前期的业绩进行考核，只有发展前景良好的项目才能继续获得其资金支持，因此企业会更注重长期利益从而重视创新（沈维涛，胡刘芬，2013）。但是，这种方式却也可能会促进经理人的短视行为（Hellmann，1994），为吸引风险投资下一阶段的继续投资，经理人会降低研发费用，注重短期利益甚至进行财务舞弊来迎合投资者的期待。针对这一问题，本章聚焦分阶段投资策略，主要研究风险投资是否采取分阶段投资策略以及投资轮数对企业创新投入的影响。

# 第一节　分阶段投资对企业创新的影响研究

## 一、研究背景及意义

### 1. 研究背景

创新引领发展，要保证国家的经济长期繁荣并具有竞争优势，从微观上来看，需提升我国企业的创新能力。现有文献发现，机构投资者这类特殊的金融机构通过参与公司治理、发挥股东积极主义作用的方式可抑制经理人的短视行为，促进企业进行创新活动（Shleifer，Vishny，1986；Black，1992），而且不同法律类型的机构投资者的影响作用不同（王宇峰，2012）。但现有文献大部分集中于研究活跃于二级市场的机构投资者对企业创新的影响，而对于一级市场上以签订协议方式投资企业的机构投资者的分析较为少见。因此，本章选取一级市场机构投资者——风险投资基金进行深入研究。

### 2. 研究意义

本章的研究意义主要有三点：①国内外对风险投资与企业创新之间的关系研究尚少，研究结论也存在分歧，从风险投资的投资策略差异性角度给出解释；②国内对于风险投资的分阶段投资策略研究起步较晚，大部分集中在理论分析层面，目前鲜有学者专门探讨采取分阶段投资策略的风险投资对企业创新投入的影响，本章以创业板上市企业为样本，实证检验了分阶段投资与企业创新之间的关系；③尽管有些学者提出风险投资进入企业的时机会影响企业的创新投入，早期进入会促进创新，中后期进入则对创新有抑制作用，但是通过将风险投资进行分组研究发现这一结论并不具有普遍适用性，在分阶段投资的子样本里这一结论成立，而在一次性投资的子样本里这一结论并不成立。

## 二、研究假设

### 1. 风险投资持股与企业创新投入

关于风险投资持股与企业创新投入的关系,现有研究存在两种不同的观点。第一种观点认为风险投资是积极的投资者,风险投资持股与企业创新投入呈正相关关系。Kaplan 和 Stromberg(2003)指出,风险投资是创新型企业的孵化器,他们会监督企业的创新并且为企业的创新方向提出专业的修正意见。Gompers 和 Lerner(2005)发现,风险投资筛选目标企业时会关注企业的创新水平和企业家的创意,而风险投资介入后又更能有效提升企业的创新投入水平。付雷鸣等(2012)以创业板企业为研究对象,也表明风险投资的持股与企业的创新投入存在正相关关系。

然而,其他学者则认为,风险投资是否持股对企业创新水平并不存在显著影响,这一研究结论在我国尤为突出。谭毅等(2009)以深圳证券交易所(简称深交所)中小板的公司为样本发现,风险投资投资的企业在研发投入方面并未比其他企业表现更优。沈丽萍(2015)的研究则发现,风险投资不能为企业提供支持资源,并未对企业创新产生显著的积极影响,分时段来看,只有早期进入企业的风险投资能够显著提升企业技术创新水平,在中后期进入企业的风险投资的影响力十分薄弱。

一般来说,风险投资的进入,一方面可以解决企业在进行创新投入时的资金短缺问题,消除企业进行研发活动的资金忧虑;另一方面风险投资可以运用自身的市场资源、管理经验等专业知识对企业进行指导,降低企业创新的风险,因此风险投资支持的企业应该更有动力去开展创新活动。基于以上分析,提出假设1。

假设1:风险投资持股会提升企业创新投入的水平。

### 2. 风险投资分阶段投资策略与企业创新投入

在筛选投资项目时,分阶段投资策略可以帮助风险投资筛选出具有发展潜力的创新型企业。Gompers(1995)研究发现,在无形资产比率高、创新水平较高的企业当中,风险投资更倾向于采取分阶段投资策略。分阶段投资策略使风险投资拥有了一项选择是否继续投资的期权,可以选择放弃差的项目，只对发展前景良好的企业进行后续投资，这种期权的筛选权会促使企业放弃短视行为而选择增加创新投入（沈维涛，胡刘芬，2013）。在每一轮新的投资之前，风险投资会重新考察项目的最新进展情况、经理人工作的勤勉程度以及企业内外部形势的变化，随着投资轮数增加，每轮间间隔缩短，风险投资对企业的监视会逐步加强，企业的代理问题也因而得到缓解（Fluck，2007）。基于以上分析，提出假设2和假设3。

假设2：风险投资的分阶段投资策略会提升企业的创新投入水平。

假设3：分阶段投资的投资轮数越多，企业创新投入水平越高。

### 3. 主导风险投资的首次进入时机与企业创新投入

风险投资进入企业的时间分为"初创期""扩张期"和"成熟期"。根据周期论的观点，在企业发展早期进入企业的风险投资，其投资周期相对较长，这在一定程度上会缓解风险投资为追求短期高回报而看重企业短期收益的行为，更有可能促使投资者重视技术创新的潜在和长期价值，并积极支持在技术创新上的投入（苟燕楠，董静，2012）。然而，在企业发展的成熟时期进入企业的风险投资，通常是以支持企业上市获得超额回报为目的，因而对企业创新投入水平并无正面影响。基于此，提出假设4。

假设4：风险投资进入企业的时期越早，对企业创新投入的积极影响越大。

但是，采取分阶段投资策略的风险投资与采取一次性投资策略的风险投资在进入企业后对于企业的影响力也存在差别。在首次投资后，分阶段拨付资金可培育和监控企业，在多轮投资后，风险投资的资金资本与企业家的人力资本已经融合，此时风险投资更倾向于用自身的经验来帮助企业，指导企业创新投入的力度与投向，注重企业的后续长期发展。而一次性拨付全部资金的风险投资缺少牵制经理人的筹码，希望通过自身的影响使得经理人放弃短视行动增加创新投入的力量十分有限。因此，在假设4的基础上，进一步将整体样本分为一次性投资和分阶段投资两个子样本研究进入时机与企业创新投入的关系。

## 三、样本与变量

### 1. 样本

本章的研究样本为2015年12月31日以前所有在创业板上市的企业。

截至 2015 年 12 月 31 日，创业板共有 497 家上市企业，剔除有缺失值（19）、财务数据不合理（26）、IPO 前一年末主导风险投资尚未进入企业（4）的样本，剩余 448 家企业作为研究样本，其中在上市招股时有风险投资持股的企业有 270 家。因此，通过手工收集和查阅这些公司的招股说明书获得企业 IPO 前一年的研发投入数据和招股时的风险投资持股数据。对照清科数据库，获得风险投资进入企业的时期与投资策略的数据。企业的上市信息、财务数据通过国泰安 CSMAR 数据库获得。

**2. 变量选取**

1）被解释变量

创新的衡量标准可分为创新投入与创新产出。创新投入通常以研发费用和研发强度作为评价指标，由于研发费用的绝对量与企业的规模大小有关，在不同企业间可比性不强。因此，在苟燕楠（2012）和许昊（2015）等学者的研究中，均采取相对指标，即研发强度 = 研发费用/销售额作为因变量。同时，风险投资对于企业创新的影响更多地体现在投入方面，至于创新产出的专利数量则受到更多因素的影响。因此，选择研发强度作为因变量。考虑到风险投资的投资周期通常是在企业上市之前进入企业，通过 IPO 退出企业，因此本章选择了企业上市前一年的研发费用占主营业务收入的比重来衡量。

2）解释变量

（1）风险投资持股相关变量。根据付雷鸣等（2012）的研究，选取虚拟变量 DumVC 来衡量风险投资是否持股。如果该公司有风险投资持股，则 DumVC 等于 1，否则为 0。在研究风险投资持股比例对企业创新投入水平的影响时，VCH 表示企业在招股时所有风险投资持有股份的比例之和，Top1VCH 表示企业在招股时持股比例最大的风险投资（主导风险投资）持有股份的比例。

（2）分阶段投资相关变量。在研究风险投资的分阶段投资策略对企业创新投入水平的影响时，风险投资分阶段投资策略虚拟变量 DumStage = 1 表示风险投资采取分阶段投资策略，DumStage = 0 表示风险投资采取一次性投资策略。在研究风险投资的投资轮数对企业创新投入水平的影响时，自变量为投资轮数 Rounds，其中风险投资采取一次性投资策略，Rounds = 1，风险投资采取分阶段投资策略，Rounds > 1。

（3）主导风险投资首次进入企业时期。风险投资进入企业时期用主导风险投资首次进入企业的时期来衡量,划分为初创期(Early)、扩张期(Expansion)和成熟期(Mature),设立虚拟变量(Stage)。其中,初创期是指企业创建时间不久,产品、市场尚在开发过程中的阶段;扩张期是指产品已推向市场,企业已经具有一定的市场份额,收入幅度增加的阶段;成熟期是指企业的利润和规模大幅增加,基本具备了上市条件的阶段。另外,还选取主导风险投资持股时间(Time)作为自变量,代表主导风险投资首次进入企业至 IPO 退出的时间,以年衡量。

3)控制变量

根据 Tian(2011)、苟燕楠和董静(2012)、付雷鸣等(2012)和许昊等(2014)的研究,构建了以下控制变量:资产负债率(Lev)、企业规模(Size)、成长性(Growth)、成立年限(Age)、加权平均净资产收益率(ROE)和行业(Industry)。

表 4.1 列出了本章各变量的符号、含义与计算方法。

表 4.1 变量说明

| 变量类型 | | 符号 | 含义 | 计算方法 |
| --- | --- | --- | --- | --- |
| 被解释变量 | | R&D | 企业 IPO 前一年研发强度 | IPO 前一年研发费用/IPO 前一年主营业务收入×100% |
| 解释变量 | 风险投资持股 | DumVC | 风险投资持股虚拟变量 | 企业有风险投资持股取 1,否则取 0 |
| | | VCH | 风险投资持股比例 | 前十大股东中风险投资持股比例总和 |
| | | Top1VCH | 主导风险投资持股比例 | 主导风险投资持股的比例 |
| | 分阶段投资 | DumStage | 分阶段投资虚拟变量 | 主导风险投资采取分阶段投资策略取 1,否则取 0 |
| | | Rounds | 投资轮数 | 主导风险投资的总投资轮数 |
| | 主导风险投资首次进入时间 | Stage | 主导风险投资进入时期虚拟变量 | Early:主导风险投资首次进入时期为初创期取 1,否则取 0;Expansion:主导风险投资首次进入时期为扩张期取 1,否则取 0;Mature:主导风险投资首次进入时期为成熟期取 1,否则取 0。 |
| | | Time | 主导风险投资持股时间 | 主导风险投资首次进入企业至 IPO 退出的时间,以年衡量 |

续表

| 变量类型 | 符号 | 含义 | 计算方法 |
|---|---|---|---|
| 控制变量 | Size | 企业规模 | 企业 IPO 前一年总资产的对数 |
| | Age | 成立年限 | 企业自成立至 IPO 的年份,以年衡量 |
| | Industry | 行业 | 高科技行业虚拟变量,若为高科技行业则取 1,否则取 0。 |
| | Growth | 成长性 | 企业 IPO 时的总资产较前一年的资产增长率 |
| | Lev | 资产负债率 | 企业 IPO 前一年资产负债率 |
| | ROE | 加权平均净资产收益率 | IPO 前一年的净资产收益率 |

注：高科技行业包括信息、电子、医药、机械设备行业，非高科技行业包括传统制造业、服务业和其他行业。

## 四、模型与结果

### 1. 研究模型

（1）为验证假设 1，构建了回归模型式（4.1）、式（4.2）和式（4.3）：

$$R\&D = \beta_0 + \beta_1 DumVC + \beta_2 Controls + \varepsilon \quad (4.1)$$

$$R\&D = \beta_0 + \beta_1 VCH + \beta_2 Controls + \varepsilon \quad (4.2)$$

$$R\&D = \beta_0 + \beta_1 Top1VCH + \beta_2 Controls + \varepsilon \quad (4.3)$$

（2）为验证假设 2 和 3，构建了回归模型式（4.4）和式（4.5）：

$$R\&D = \beta_0 + \beta_1 DumStage + \beta_2 Controls + \varepsilon \quad (4.4)$$

$$R\&D = \beta_0 + \beta_1 Rounds + \beta_2 Controls + \varepsilon \quad (4.5)$$

（3）为验证假设 4，构建了回归模型式（4.6）和式（4.7）：

$$R\&D = \beta_0 + \beta_1 Stage + \beta_2 Controls + \varepsilon \quad (4.6)$$

$$R\&D = \beta_0 + \beta_1 Time + \beta_2 Controls + \varepsilon \quad (4.7)$$

### 2. 描述性统计

表 4.2 所列为各变量的描述性统计结果，为消除变量极端值的影响，这里缩尾处理了 1% 和 99% 的极端值。从表 4.2 中可以看出，创业板上市企业

的平均创新投入水平为 5.98%，此比例与付雷鸣等（2012）的结论基本一致。在 448 家企业中，在 IPO 时有风险投资持股的占 60.27%，有 270 家企业。在 270 家企业中，风险投资的平均总持股比例为 13.39%，主导风险投资的平均持股比例为 9.49%，与美国的风险投资平均持有创业企业 46.7% 的比例相比（Kaplan&Stromberg，2003），我国的风险投资在所投资企业的持股比例较低。在投资策略上，14.44% 的风险投资选择了分阶段投资策略，所有风险投资的平均投资轮数约为 1.2 轮。行业虚拟变量的平均值为 0.78，表明样本中 78% 的企业为高科技企业。样本中的企业平均经过 9.4 年得以成功上市。

表 4.2　各变量的描述性统计结果

| 变量 | 观测数量 | 平均值 | 标准差 | 最小值 | 最大值 |
| --- | --- | --- | --- | --- | --- |
| R&D | 448 | 0.059 8 | 0.041 9 | 0.006 6 | 0.340 5 |
| DumVC | 448 | 0.602 7 | 0.489 9 | 0 | 1 |
| VCH | 270 | 0.133 9 | 0.095 2 | 0.003 3 | 0.520 7 |
| Top1VCH | 270 | 0.094 9 | 0.067 2 | 0.003 3 | 0.360 6 |
| DumStage | 270 | 0.144 4 | 0.352 2 | 0 | 1 |
| Rounds | 270 | 1.196 3 | 0.560 8 | 1 | 5 |
| Growth | 448 | 0.370 5 | 0.300 1 | 0.013 6 | 2.081 7 |
| Age | 448 | 9.399 6 | 4.712 2 | 1 | 22 |
| ROE | 448 | 0.322 5 | 0.126 3 | 0.112 7 | 0.740 7 |
| Lev | 448 | 0.378 3 | 0.153 2 | 0.040 3 | 0.762 5 |
| Size | 448 | 10.439 7 | 0.639 5 | 9.029 3 | 12.404 5 |
| Industry | 448 | 0.776 8 | 0.416 9 | 0 | 1 |

### 3. 回归结果分析

1）风险投资持股与企业创新投入

如表 4.3 模型式（4.1）的结果所示，风险投资虚拟变量（DumVC）与企业创新投入关系不显著。由此得出，风险投资持股并没有显著影响企业的创新投入。模型式（4.2）和式（4.3）分别以风险投资的总持股比例（VCH）与主导风险投资的持股比例（Top1VCH）为自变量，研究风险投资持股量与企业创新投入的关系,得出风险投资的持股量对企业创新的投入也无明显的影响。

因此,风险投资持股与研发强度的回归未通过显著性检验,拒绝假设1。这一结论与国内大部分研究保持一致(谭毅等,2009;沈丽萍,2015)。关于这一结果产生的原因,是由于未考虑风险投资投资策略的差异,将所有风险投资视为同质机构一起讨论而导致的。实际上风险投资机构存在多样性,不同风险投资对于企业选取的投资策略和期待获得投资回报的方式存在差异,因此接下来将风险投资进行细化分类研究。从控制变量来看,行业虚拟变量(Industry)的系数显著为正,这表明高新技术企业的创新力度明显强于非高新技术企业,规模(Size)和资产负债率(Lev)为显著的负值,这表明在规模较大和资产负债率高的企业中,创新投入会比较低。

表4.3 风险投资持股与企业创新投入之间的回归结果

| 变量 | (4.1) R&D | (4.2) R&D | (4.3) R&D |
| --- | --- | --- | --- |
| DumVC | -0.003 7 (-0.96) | | |
| VCH | | 0.007 5 (0.34) | |
| Top1VCH | | | -0.008 6 (-0.28) |
| Size | -0.003 1 (-0.90) | -0.009 4** (-2.38) | -0.009 4** (-2.37) |
| Age | 0.000 1 (0.18) | -0.000 1 (-0.16) | -0.000 1 (-0.14) |
| Lev | -0.068 6*** (-5.10) | -0.042 7*** (-2.81) | -0.043 2*** (-2.84) |
| Growth | 0.012 5* (1.67) | 0.003 6 (0.48) | 0.004 1 (0.55) |
| ROE | -0.024 4 (-1.31) | -0.011 6 (-0.60) | -0.013 6 (-0.71) |

续表

| 变量 | (4.1)<br>R&D | (4.2)<br>R&D | (4.3)<br>R&D |
| --- | --- | --- | --- |
| Industry | 0.021 9*** <br>(4.77) | 0.021 7*** <br>(4.35) | 0.021 7*** <br>(4.36) |
| _cons | 0.105 6*** <br>(2.98) | 0.159 4*** <br>(3.84) | 0.161 4*** <br>(3.89) |
| Obs | 448 | 270 | 270 |
| Adj. $R^2$ | 0.122 6 | 0.143 3 | 0.143 2 |

注：***、**、*分别表示在1%、5%和10%的水平上显著；括号中的数值为$t$值。

(2) 风险投资的分阶段投资策略与企业创新投入

针对模型式（4.4）和式（4.5）的回归结果见表4.4。分阶段投资虚拟变量（DumVC）的系数在1%的显著性水平下为正，这说明风险投资采取分阶段投资策略对企业的创新投入有明显的正向影响作用。这是因为风险投资将企业需要的资金按照项目的进展程度分批投入企业，每次增加投资时都需要检查项目的达标情况，这会形成对企业的监督，使企业更加注重长期发展，增加创新投入，注重研发产出，限制了经理人的短视行为。

投资轮数（Rounds）的系数显著为正，说明当投资轮数增加时，企业的创新投入水平也会增加，并且每增加一轮投资，企业投入的研发费用约上升1.25%。首先，风险投资在选择是否继续投资一家企业时，它本身具有的选择权就可筛选掉发展前景较差的企业，剩下创新水平高且预期前景较好的企业。其次，在多次投资的过程中，风险投资会逐渐深入了解被投资企业，运用自身的专业知识、技能和拥有的市场资源来引导这家企业的创新投入水平与方向。同时，在分阶段的投资过程中，由于风险投资具有是否继续投资的选择权，在每轮继续投资之前会审查前期项目的进展情况，为吸引风险投资的继续投资，经理人会放弃追求短期效益的短视行为，而更加注重企业的长期发展，这种监督和督促会随着投资轮数的增加不断提升企业的创新水平。因此，本章的假设2和假设3得到验证。

表4.4 风险投资的分阶段投资策略与企业创新投入的回归结果

| 变量 | (4.4) R&D | (4.5) R&D |
| --- | --- | --- |
| Dumstage | 0.015 1*** (2.61) | |
| Rounds | | 0.012 5*** (3.46) |
| Size | −0.010 2** (−2.58) | −0.010 9*** (−2.78) |
| Age | −0.000 1 (−0.18) | −0.000 1 (−0.15) |
| Lev | −0.039 2** (−2.60) | −0.038 2*** (−2.56) |
| Growth | 0.002 9 (0.40) | 0.002 5 (0.35) |
| ROE | −0.010 1 (−0.54) | −0.006 9 (−0.37) |
| Industry | 0.021 6*** (4.39) | 0.021 0*** (4.31) |
| _cons | 0.164 4*** (4.03) | 0.158 3*** (3.91) |
| Obs | 270 | 270 |
| Adj. $R^2$ | 0.164 7 | 0.180 3 |

注：***、**、*分别表示在1%、5%和10%的水平上显著；括号中的数值为$t$值。

(3) 主导风险投资首次进入企业的时期与企业创新投入

表4.5运用模型式（4.6）对整体样本进行分析。从表中可以看出，在初创期（4.6-1列）进入企业的风险投资与企业创新投入水平在1%的水平上呈现出正相关关系，而在扩张期（4.6-2列）进入企业的风险投资与企业创新投入水平在10%的水平上呈现出显著负相关关系。主导风险投资首次进入时期为初创期的企业，创新投入水平比非初创期进入的高2.46%。主导风险投资首次进入时期为扩张期的企业，创新投入水平比非扩张期进入的低0.85%。当风险投资首次进入的时期为成熟期（4.6-3列）时，该虚

拟变量与企业创新投入水平并不具有统计上的显著性，这是因为成熟期的企业创新投入已经相对稳定，风险投资并不关注企业的研发投入，而更热衷于帮助企业尽快实现 IPO，因此对创新投入水平无明显影响。模型式（4.7）分析了风险投资首次进入企业后持股的时间与企业创新投入水平之间的关系，结果显示，主导风险投资的持股时间与企业创新投入水平在 5% 的水平上呈现出正相关关系。

从以上统计结果分析可见，风险投资只有在初创期进入企业并存续到企业上市前，才对企业的创新投入有积极的影响。而风险投资在扩张期进入企业，对企业的创新投入有抑制作用。即风险投资进入企业的时期越早，对企业创新投入的影响越积极。假设 4 得到验证。

表 4.5　主导风险投资首次进入企业的时期与企业创新投入水平的回归结果——全样本

| 变量 | (4.6-1) R&D | (4.6-2) R&D | (4.6-3) R&D | (4.7) R&D |
| --- | --- | --- | --- | --- |
| Early | 0.024 6*** (2.94) | | | |
| Expansion | | -0.008 5* (-1.94) | | |
| Mature | | | 0.002 8 (0.61) | |
| Time | | | | 0.002 4** (2.48) |
| Size | -0.009 5** (-2.51) | -0.008 5** (-2.22) | -0.009 0** (-2.32) | -0.011 3*** (-2.91) |
| Age | 1.04e-06 (0.00) | -0.000 4 (-0.84) | -0.000 2 (-0.42) | -0.000 3 (-0.62) |
| Lev | -0.038 4*** (-2.67) | -0.042 6*** (-2.94) | -0.042 5*** (-2.91) | -0.038 8*** (-2.68) |
| Growth | 0.007 1 (1.17) | 0.005 9 (0.98) | 0.005 1 (0.83) | 0.006 3 (1.05) |
| ROE | -0.013 7 (-0.78) | -0.018 5 (-1.04) | -0.015 5 (-0.86) | -0.004 7 (-0.26) |

续表

| 变量 | (4.6-1) R&D | (4.6-2) R&D | (4.6-3) R&D | (4.7) R&D |
| --- | --- | --- | --- | --- |
| Industry | 0.020 1*** (4.25) | 0.021 3*** (4.47) | 0.021 6*** (4.37) | 0.020 0*** (4.20) |
| _cons | 0.157 2*** (4.00) | 0.160 3*** (4.05) | 0.150 1*** (4.51) | 0.169 8*** (4.28) |
| Obs | 270 | 270 | 270 | 270 |
| Adj. $R^2$ | 0.177 5 | 0.162 5 | 0.151 6 | 0.169 9 |

注：***、**、*分别表示在1%、5%和10%的水平上显著；括号中的数值为$t$值。

表4.6将整体样本划分为两组子样本，一组为主导风险投资采取一次性投资策略的企业；另一组为主导风险投资采取分阶段投资策略的企业。在采取一次性投资策略的子样本中，本章分别验证了进入时期虚拟变量以及主导风险投资持股时间与企业创新投入的关系，发现时间变量与企业创新投入水平并不具有统计上的显著性。这说明当风险投资采取一次性投资策略对企业进行投资时，即使进入时间较早，但由于资金已经一次性全部付清，缺少后续谈判的筹码，因而对企业的后期经营缺少话语权，不能通过自身的影响来提升企业创新。

而在采取分阶段投资策略的子样本中，模型则显示在初创期进入企业的风险投资与企业创新投入水平在5%的水平上呈现正相关关系，在扩张期进入企业的风险投资与企业创新投入水平在5%的水平上呈现显著负相关关系。风险投资持股时间的相关系数为正，但是不显著。分阶段投资子样本的回归结果与整体样本保持一致，这说明整体样本的结果主要是受到分阶段投资子样本的影响。尽管分阶段投资在整个样本中占比较小，但是经研究发现，采取分阶段投资的风险投资的平均持股量为21.61%，远远大于一次性投资的风险投资的平均持股量12.06%。综合上面分析可知，采取分阶段投资策略的风险投资进入企业的时间越早，对企业创新投入的影响越积极。相比非初创期进入，在初创期进入企业会提升3.93%的创新投入；相比非扩张期进入，在扩张期进入企业则会降低4.67%的创新投入。

表 4.6 主导风险投资首次进入企业的时期与企业创新投入水平的回归结果——分组回归

| 变量 | 一次性投资 | | | | 分阶段投资 | | | |
| --- | --- | --- | --- | --- | --- | --- | --- | --- |
| | (4.6-1) R&D | (4.6-2) R&D | (4.6-3) R&D | (4.7) R&D | (4.6-1) R&D | (4.6-2) R&D | (4.6-3) R&D | (4.7) R&D |
| Early | 0.0093 (1.06) | | | | 0.0393* (1.73) | | | |
| Expansion | | -0.0008 (-0.22) | | | | -0.0467** (-2.41) | | |
| Mature | | | -0.0003 (-0.07) | | | | 0.0297 (1.04) | |
| Time | | | | 0.0015 (1.52) | | | | 0.0024 (0.85) |
| Size | -0.0116*** (-3.32) | -0.0116*** (-3.30) | -0.0118*** (-3.34) | -0.0128*** (-3.61) | -0.0171 (-1.17) | -0.0161 (-1.16) | -0.0108 (-0.73) | -0.0154 (-1.01) |
| Age | 0.0003 (0.72) | 0.0002 (0.50) | 0.0002 (0.59) | 0.0001 (0.37) | -0.0024 (-1.23) | -0.0038** (-1.87) | -0.0027 (-1.24) | -0.0024 (-1.14) |

续表

| 变量 | 一次性投资 | | | | 分阶段投资 | | | |
|---|---|---|---|---|---|---|---|---|
| | (4.6-1) R&D | (4.6-2) R&D | (4.6-3) R&D | (4.7) R&D | (4.6-1) R&D | (4.6-2) R&D | (4.6-3) R&D | (4.7) R&D |
| Lev | -0.0422*** (-3.26) | -0.0432*** (-3.34) | -0.0433*** (-3.35) | -0.0427*** (-3.31) | 0.0300 (0.52) | -0.0365 (-0.59) | 0.0097 (-0.14) | 0.0400 (0.67) |
| Growth | 0.0078** (1.25) | 0.0068* (1.10) | 0.0068* (1.09) | 0.0082** (1.32) | -0.0080 (-0.35) | 0.0135 (0.57) | 0.0086 (0.32) | -0.0082 (-0.34) |
| ROE | -0.0053 (0.34) | 0.0059 (0.38) | 0.0064 (0.41) | -0.0103 (0.65) | -0.0689 (-0.73) | -0.1693* (-1.81) | -0.1708 (-1.48) | -0.0722 (-0.70) |
| Industry | 0.0157*** (3.70) | 0.0161*** (3.80) | 0.0162*** (3.80) | 0.0154*** (3.62) | 0.0338* (1.78) | 0.0325** (1.78) | 0.0357* (1.83) | 0.0346** (1.76) |
| _cons | 0.1735*** (4.85) | 0.1760*** (4.91) | 0.1766*** (4.89) | 0.1818*** (5.08) | 0.2592 (1.57) | 0.3449* (2.08) | 0.2311 (1.37) | 0.2323 (1.37) |
| Obs | 231 | 231 | 231 | 231 | 39 | 39 | 39 | 39 |
| Adj. $R^2$ | 0.2285 | 0.2248 | 0.2246 | 0.2326 | 0.1100 | 0.1778 | 0.0570 | 0.0467 |

注：***、**、*分别表示在1%、5%和10%的水平上显著；括号中的数值为 $t$ 值。

### 五、研究结论

本章研究发现,当风险投资采取分阶段投资策略时,会对企业创新活动具有显著促进作用,随着投资轮数的增多,企业研发投入的水平也会上升。另外,研究结果显示,主导风险投资进入企业的时期越早,对企业的创新投入促进作用越强,并且主导风险投资首次进入后持股的时间与企业创新投入呈显著的正相关关系;但是将样本进行细分后发现,选择一次性投资的风险投资进入企业时间的早晚并不影响创新投入水平;而选择分阶段投资策略的风险投资,仅有在初创期进入企业才会显著提升企业创新投入水平。风险投资是一类追求高风险高收益的机构投资者,他们对于我国企业的创新具有积极的促进作用。然而,通过对风险投资持股与深圳创业板企业的创新投入进行回归分析发现,风险投资持股整体对企业进行创新活动并不具有显著的积极影响,这是由于风险投资机构的多样性以及各种风险投资机构投资策略存在差异性。

研究结果对于引导我国风险投资的健康发展具有积极意义,对于政策制定者和企业管理者有一定的借鉴意义。风险投资机构采取分阶段投资策略既能降低自身的风险,也能为企业创新做出积极贡献,但我国目前采取这种投资策略的风险投资机构仍为少数。本章对于风险投资机构的建议是,选择处于早期发展阶段的企业作为投资对象,投资前先调查,投资后监督引导,采用分阶段投资策略抑制经理人短视行为,利用自身丰富的资源对企业发展产生积极影响。对于政府部门,应考虑通过税收减免、投资补偿的政策,充分发挥政府引导基金的带领作用,引导风险投资机构采取合理的投资政策,更多地投向处于初创期的企业,推动整个社会的创新。对于计划吸引投资的企业,应注意结合自身的发展前景与战略方向,选择投资偏好与企业自身战略导向一致的风险投资,注重企业的长期发展。

## 第二节 结论

本章关注风险投资的分阶段投资策略,深入研究这种投资策略对于企业创新的影响。

本章研究发现当风险投资机构采取分阶段投资策略时，会对企业创新活动具有显著促进作用，随着投资轮数的增多，企业研发投入的水平也会上升。主导风险投资进入企业的时期越早，对企业的创新投入促进作用越强，并且主导风险投资首次进入后持股的时间与企业创新投入呈显著的正相关关系；但是将样本进行细分后发现，选择一次性投资的风险投资进入企业时间的早晚并不影响创新投入水平；而选择分阶段投资策略的风险投资，仅有在初创期进入企业才会显著提升企业创新投入水平。

本章研究结论对政策制定者和企业管理者都具有一定的借鉴意义，对于引导我国风险投资的健康发展具有积极意义。风险投资采取分阶段投资策略既能降低自身的风险，也能为企业创新做出积极贡献。风险投资机构可以选择处于早期发展阶段的企业作为投资对象，利用自身丰富的资源对企业发展产生积极影响。对于政府部门，应考虑通过税收减免、投资补偿的政策，充分发挥政府引导基金的带领作用，引导风险投资采取合理的投资政策，更多地投向处于初创期的企业，推动整个社会的创新。对于计划吸引投资的企业，应注意结合自身的发展前景与战略方向，选择投资偏好与企业自身战略导向一致的风险投资，注重企业的长期发展。

# 第五章 专业化投资策略与企业创新

本章关注风险投资的专业化投资策略，从行业、投资阶段、地理位置三个角度衡量风险投资专业化私募通程度并研究其对于企业创新的影响。

第一节以清科数据库2009—2018年风险投资支持的中国创业板上市公司为研究对象，分别用赫芬达尔指数从行业、投资阶段、地理位置三个角度衡量风险投资专业化程度，研究风险投资专业化投资对于被投资企业创新的影响。研究通过描述性统计及相关性分析初步掌握数据形态，通过多元回归结果分析前面建立的假设是否得到验证，利用熵指数衡量风险投资的专业化投资水平进行稳健性检验以确保研究结果的稳健性。

第二节在已有研究的基础上，从主导风险投资（简称主导风投）行业专长的视角探索联合风险投资与企业创新的关系，并对联合投资声誉和联盟稳定性的调节作用进行分析。研究2009—2018年在创业板上市的企业中选取联合风险投资支持的样本，从创新投入衡量联合投资中风险投资行业专长对企业创新的影响，以及对联合投资声誉和联盟稳定性的调节作用。

# 第一节　专业化投资对企业创新的影响研究

## 一、研究背景及意义

### 1. 研究背景

专业化投资近年来成为风险投资注重的一大能力，对于风险投资的绩效提升有重要作用。具体而言，专业化投资分为行业专业化投资、阶段专业化投资、地理位置专业化投资三大策略，分别代表了风险投资对于投资项目所处的行业、阶段与地理位置的不同偏好（Gupta & Sapienza，1992）。本节将关注风险投资的三种专业化策略对被投资企业创新投入及产出的影响。

### 2. 研究意义

（1）本节拓展了风险投资专业化投资这一投资策略对于企业创新影响方面的研究。专业化投资作为风险投资的一种投资策略，不仅能够提升风险投资机构自身绩效，而且能够通过发挥专业化优势为被投资企业提供优质的增值服务。因此，进一步探究风险投资专业化投资策略对企业创新的影响具有重要意义。

（2）本节综合考虑行业、投资阶段、地理位置三个方面的专业化投资策略，探究不同的专业化投资策略对于企业创新的影响。相较于只关注于某一角度专业化的研究，得出的结论较为全面，方便比较与分析三种专业化对于企业创新影响的异同。

（3）本节的研究成果对于政府政策制定提供了参考建议，对于风险投资机构的投资选择带来了一定的启示作用。政府及监管部门一方面要鼓励风险投资机构专业化能力体系打造；另一方面要督促风险投资中后台与各大业务线的专业化思路匹配发展。风险投资机构要及时调整自身发展战略，深化专业化投资能力。被投资企业应选择专业化的风险投资机构，重视自身创新水平。

## 二、研究假设

### 1. 行业专业化与企业创新

行业专业化的风险投资机构具有行业专业知识与资源方面的优势。

（1）风险投资的行业专业化使得投资机构对行业知识的理解更加系统、全面，相应的行业研究更加深入，因此可以缩短风险投资机构获取行业信息的时间，提升风险投资机构自身的效率及管理能力，显著提高风险投资成功率（Dimov，2006）。风险投资机构通过行业专业化投资策略不断丰富与积累专业化的行业投资经验，有助于减少企业与风险投资机构之间的协调成本（沈维涛和胡刘芬，2014）。

（2）行业专业化投资使得风险投资机构产业深耕的同时不断整合圈层资源。对风险投资来说行业专业化可以使其积累纵向资源，不断了解产业上下游的情况，积累行业内大量的专家资源，这些权威专家形成的专家顾问团队，有利于自身做出下一步的投资决策；同时，行业专业化投资可以使风险投资积累横向资源，给被投资企业带来优质的增值服务，行业专业化给风险投资带来的优势能够进一步对被投资企业创新带来影响。具有专业化知识或经验的投资机构能在投资前对企业的未来发展状况准确预测，及时识别企业所面对的外部风险并调整企业战略应对风险（Matusik & Fitza，2012）。

（3）行业专业化为风投机构所带来的行业知识积累能够通过信息传递，为被投资企业研发创新提供更具价值的建议以及技术引导（邓超，2017）。研究表明，优秀的行业和技术专家能够更灵活地应用被投资企业的研发活动软信息，准确评估研发活动的质量，从而帮助企业解决技术创新上的专业性难题（Matusik & Fitza，2012）。

（4）专业化于不同行业的风险投资机构具有不同的资源支持，因此擅长投资不同行业的风险投资具备差异化的内部能力与外部资源，可以为与其专业化相匹配的被投资企业提供更有利的增值服务（Ughetto，2010）。一些风险投资机构为了防止自身利益受到被投资企业经理人短视行为的侵害，可能会向被投资企业派驻董事参与企业的管理和运营决策，通过参与公司治理的方式带来丰富的管理经验与行业知识，利用强大的社会网络资源为被投资企业增加价值（Fried，1998）。基于上述分析，风险投资行业专业化投资策略会对企业创新带来积极的影响，由此提出假设1。

假设1：风险投资行业专业化程度越高，对企业创新的促进作用越显著。

### 2. 阶段专业化与企业创新

风险投资阶段专业化指风险投资机构专注于投资处于某一特定发展阶段的企业。风险投资不同的投资阶段对应着不同的企业发展阶段，阶段专业化有利于风险投资自身发展。

（1）阶段专业化有利于风险投资机构建立专业的投资团队。处于早期阶段的企业急需进入资本市场，提升自身的知名度以及吸引更多资本的认可，更需要擅长于IPO业务或者企业并购业务的风险投资团队；而处于中后期投资阶段的企业则更加需要管理支持与经营方面的技巧（党兴华，张晨和王育晓，2014）。因此，专业于不同投资阶段的风险投资机构为了迎合各类业务发展，往往会打造相应的投资经验、擅长此类资本市场路径规划的项目团队。

（2）阶段专业化也有利于风险投资机构积累相应投资阶段的外部资源，建立良好的社会关系，阶段专业化给风险投资机构带来的优势能够进一步对被投资企业创新带来影响。黄广福等（2016）研究表明阶段专业化能够强化行业专业化对企业技术创新的影响，阶段专业化程度越高，越能为行业专业化提供丰富的资源支持，从而促进企业技术创新。风险投资机构可以利用其专业化的投资团队向被投资企业传递信息，通过改善公司内部的治理环境发挥股东积极主义作用，让被投资企业适时调整适应现阶段的发展战略，从而改善创新环境。风险投资机构通过与社会中其他个体的互动，可能更有能力为被投资企业提供充足的资金、资源及有效的增值服务来支持企业创新。因此，阶段专业化投资策略，可以有针对性地提升被投资企业的创新水平。基于上述分析，提出假设2。

假设2：风险投资阶段专业化程度越高，对企业创新的促进作用越显著。

### 3. 地理位置专业化与企业创新

地理位置专业化指风险投资机构倾向于在某一地理区域内进行投资。一些风险投资机构选择在固定的的地理范围内进行投资；而另一些风险投资机构会刻意分散投资地理区域（Petty & Gruber，2011）。地理专业化投资策略对于风险投资有很多优势。

（1）风险投资的地理位置专业化可以方便风险投资机构对被投资企业进行现场管理和监督，从而使得风险投资机构更多地执行"教练"角色（Luukkonen, Deschryvere & Bertoni, 2013）。

（2）地理位置专业化使风险投资机构对于固定区域的本地政策更加熟悉，能够使风险投资对于当地的投资情况更加了解，对于被投资企业在当地的发展情况更加熟悉。由于地理临近性，风险投资机构能够在这一地区能够快速建立起良好的社会网络关系及良好的声誉，与当地的投资银行、事务所等机构保持良好的关系（李严，庄新田和罗国锋，2012）。

（3）地理位置专业化给风险投资机构带来的优势能够进一步对被投资企业创新带来影响。Brown 和 Duguid（1991）认为同一社会环境有助于知识或经验的分享，因为相同的环境意味着人们的语言以及对事物的看法是相通的。位于同一地理区域内的社会环境更加类似，风险投资机构在某一地理范围内所积累的知识或经验对于同一处在地理区域的被投资企业来说具有更大的价值。

（4）地理位置专业化的风险投资机构能够更方便地通过对被投资企业的监督和管理传递有效信息，从而帮助企业提升内部创新环境，制定适合的发展战略。风险投资机构能够通过在地理区域内建立起良好的社会网络关系更便利地获取资源，从而提升其对被投资企业的增值服务水平（Hochberg, et al., 2007）。研究表明，非资本的增值服务能够显著促进企业创新的高效发展（龙勇和王陆鸽，2010）。

（5）地理位置专业化带来的非资本的增值服务能够在风险投资进入企业后通过风险投资的声誉资源、融资关系、监督职能为被投资企业提供外部资源支持，解决信息不对称问题，从资金和技术两方面提升被投资企业的创新水平，使其创新决策更为合理。

综上所述，风险投资地理位置专业化有利于风险投机构资对于固定地理位置的资源进行打磨并且方便对被投资企业面对面的监督和管理，因此能够提升对被投资企业的增值服务水平，从而促进其创新。基于以上分析，提出假设3。

假设3：风险投资地理位置专业化程度越高，对企业创新的促进作用越显著。

## 三、样本与变量

### 1. 样本

本节使用的主要数据分为三部分：风险投资事件数据、企业创新数据以及创业板上市公司的相关信息数据。

具体的数据筛选步骤如下：由于 2009 年创业板的成立，为高成长性的创业型企业融资提供了良好的平台环境，因此将研究对象限定为创业板上市企业。从清科数据库获得 2009 年 1 月 1 日—2018 年 12 月 31 日所有风险投资投资事件，包括被投资企业注册地、投资时间、投资方全称等数据。风险投资进入被投资企业时间的数据参照清科数据库的投资事件年份确认。企业的财务数据、公司治理数据、研发投入及企业专利数据通过国泰安 CSMAR 数据库、RESSET 金融研究数据库、佰腾网获得，企业上市前 3 年的财务数据从招股说明书中手工收集。非上市企业的创新数据及上市公司上市前的数据无法从可靠的渠道获得，因此剔除缺失数据的投资事件。为消除文中变量极端值的影响，对于连续型变量缩尾处理了 1% 的极端值，共获得样本 382 个。将风险投资当年投资次数最多的行业、阶段、地理位置作为风险投资最专业化的投资领域，并与被投资企业所在的行业、投资阶段、地理位置相比对，剔除掉风险投资机构与被投资企业专业化不一致的样本 18 个。剔除缺失值后共获得 55 家创业板上市企业的 364 条观测值，涉及 254 家风险投资机构。

### 2. 变量选取

#### 1）被解释变量

企业研发投入（R&DP）及专利数量（PATENT）。企业创新离不开资金的支持，因此研究开发是企业技术创新的重要组成要素，反映了企业对于创新的主观意愿。现有研究也大多以研发投入水平作为评价企业创新的计算指标。但是，也有学者以专利产出作为衡量企业创新能力的指标，因为专利数量反映了企业创新的客观产出情况。在研究企业创新时，不仅关注风险投资机构的专业化投资策略能否促使被投资企业提升创新水平的主观意识，而且注重企业实际的创新产出结果。因此，选取研发投入的相对指标企业研发强度以及企业专利数量作为因变量。企业研发投入＝研发费用/营业总收入，企业专利数量为被投资企业发明专利数量与实用新型专利数量之和加1后取对数处理。

2）解释变量

对于风险投资专业化程度的衡量，目前已有研究主要采用熵指数、赫芬达尔指数或主导风投机构的投资经验值权重与其行业专业化投资比例的乘积来衡量。从已有的文献来看，这些思路都得到了广泛应用，最后一种方法中对于联合投资与非联合投资事件有不同的标准，对于联合投资事件的主导风投认定较为主观，所以本参考 Gompers 等（2009）的做法，采用赫芬达尔指数来衡量风险投资专业化程度；参考宋砚秋等（2018）的做法，用熵指数衡量风险投资专业化程度做稳健性检验。赫芬达尔指数的具体计算公式为

$$HHI = \sum p_i^2 \quad (5.1)$$

这里按年份计算风险投资赫芬达尔指数。例如，计算风险投资行业赫芬达尔指数，$p_i$ 为风险投资当年在该投资事件所属行业该年的投资次数占风险投资该年度投资事件总数的比例。HHI 越接近于 1，则专业化程度越高。因为风险投资机构的投资策略相对固定，因此以风险投资各年赫芬达尔指数的平均值作为最终算得的风险投资赫芬达尔指数，再匹配至对应被投资企业和对应年份，研究风险投资专业化对被投资企业创新的影响。

依照清科数据库分类，将风险投资项目发展阶段分为种子期、初创期、扩张期、成熟期四个阶段。风险投资项目所属行业按照证监会行业标准划分。风险投资项目地理位置根据被投资企业的注册地，按照我国四大经济区域划分为东部、西部、中部和东北部共四大区域，表5.1列出了我国四大经济区域的划分标准。

表5.1 我国四大经济区域的划分

| 四大经济区域 | 各省、市、自治区 |
| --- | --- |
| 东部地区 | 北京市、天津市、河北省、上海市、江苏省、浙江省、福建省、山东省、广东省、海南省、台湾省、香港特别行政区、澳门特别行政区 |
| 西部地区 | 内蒙古自治区、广西壮族自治区、贵州省、云南省、重庆市、四川省、陕西省、甘肃省、青海省、西藏自治区、宁夏回族自治区、新疆维吾尔自治区 |

续表

| 四大经济区域 | 各省、市、自治区 |
|---|---|
| 中部地区 | 山西省、湖南省、安徽省、江西省、河南省、湖北省 |
| 东北地区 | 辽宁省、吉林省、黑龙江省 |

3）控制变量

参考黄广福等（2016）的做法，构造的控制变量包括企业规模（Size）、总资产收益率（ROA）、资产负债率（Lev）、营业总收入增长率（Growth）、企业成立年限（Age）、年份（Year）和行业（Industry）。本节的所有变量说明如表5.2所示。

表5.2 变量说明

| 变量类型 | 变量名称 | 变量说明 |
|---|---|---|
| 被解释变量 | 研发投入（R&DP） | 报告期内，公司研发费用占营业总收入百分比的自然对数 |
| | 专利数量（PATENT） | 报告期内，公司实用新型专利与发明专利数量之和加1后取自然对数 |
| 解释变量 | 行业专业化（IndHHI） | 风险投资行业赫芬达尔指数：行业划分采取证监会行业划分标准 |
| | 地理位置专业化（GeoHHI） | 风险投资地理位置赫芬达尔指数：按照我国四大经济区域划分 |
| | 投资阶段专业化（StageHHI） | 风险投资阶段赫芬达尔指数：清科数据库投资阶段划分为 $j$ |
| 控制变量 | 企业规模（Size） | 企业在报告期的资产总额的自然对数 |
| | 资产负债率（Lev） | 企业在报告期的资产负债率 |
| | 总资产收益率（ROA） | 企业在报告期的净利润/总资产 |
| | 营业总收入增长率（Growth） | 企业在报告期的总收入相对上一年的增长率 |
| | 成立年限（Age） | 企业自成立至报告期的时间间隔的自然对数 |
| | 年份（Year） | 虚拟变量，2009—2018共10年 |
| | 行业（Industry） | 虚拟变量，按证监会行业标准分类 |

## 四、模型与结果

### 1. 研究模型

本节建立三个多元回归模型,分别验证风险投资行业专业化、投资阶段专业化、地理位置专业化对于被投资企业创新的影响。以企业投入(R&DP)及企业专利数量(PATENT)为因变量,以风险投资专业化赫芬达尔指数为自变量,Controls 为控制变量,包括企业规模(Size)、资产负债率(Lev)、总资产收益率(ROA)、营业总收入增长率(Growth)、成立年限(Age)、年份(Year)、行业(Industry),构建多元回归模型如下:

$$R\&DP/PATENT = \alpha_0 + \beta_1 IndHHI + \beta_2 Controls + \varepsilon \quad (5.2)$$

$$R\&DP/PATENT = \alpha_0 + \beta_1 StageHHI + \beta_2 Controls + \varepsilon \quad (5.3)$$

$$R\&DP/PATENT = \alpha_0 + \beta_1 GeoHHI + \beta_2 Controls + \varepsilon \quad (5.4)$$

### 2. 描述性统计

主要变量的描述性统计结果见表 5.3,从表中可以看出,研发强度自然对数的均值为 1.900,最大值为 3.045。说明样本企业研发投入占营业总收入的平均比例为 6.69%,而企业研发投入占营业总收入最高的企业研发强度为 21.01%,创新投入最高的企业创新强度为创新投入最低的企业的 3 倍多,企业间创新投入水平有较大差异。同样,企业间专利数量也具有较大的差异,有的企业没有专利,而专利数量最多的企业拥有 355 件。风险投资行业、阶段、地理位置专业化赫芬达尔指数平均值分别为 0.978、0.983、0.981,均接近于 1,这表明风险投资机构倾向于采用专业化投资策略。从风险投资专业化最大值与最小值的差来看,不同风险投资机构的专业化程度具有很大的差异性。

表 5.3 描述性统计结果

| 变量名称 | 变量符号 | 平均值 | 标准差 | 最小值 | 最大值 | 观测值 |
| --- | --- | --- | --- | --- | --- | --- |
| 研发投入 | R&DP | 1.900 | 0.575 | 0.637 | 3.045 | 364 |
| 专利数量 | PATENT | 2.271 | 1.522 | 0 | 5.871 | 364 |
| 行业专业化 | IndHHI | 0.978 | 0.075 | 0.556 | 1 | 364 |

续表

| 变量名称 | 变量符号 | 平均值 | 标准差 | 最小值 | 最大值 | 观测值 |
|---|---|---|---|---|---|---|
| 阶段专业化 | StageHHI | 0.983 | 0.067 | 0.556 | 1 | 364 |
| 地理位置专业化 | GeoHHI | 0.981 | 0.075 | 0.556 | 1 | 364 |
| 企业规模 | Size | 13.137 | 4.267 | 7.376 | 22.742 | 364 |
| 总资产收益率 | ROA | 0.106 | 0.053 | 0.014 | 0.260 | 364 |
| 资产负债率 | Lev | 0.254 | 0.105 | 0.034 | 0.480 | 364 |
| 营业总收入增长率 | Growth | 0.606 | 1.137 | -0.070 | 7.357 | 364 |
| 成立年限 | Age | 2.242 | 0.528 | 1.099 | 3.135 | 364 |

### 3. 相关性检验

表5.4所列为相关性检验数值，皮尔逊系数取值范围为 -1~1，其绝对值越接近于1代表两变量之间的相关性越高。总体而言，不同变量之间的相关性系数较小，因此可以认为变量间不存在严重的多重共线性问题。风险投资地理位置专业化（GeoHHI）与企业研发投入（R&DP）的相关系数在5%的水平上显著为正，风险投资地理位置专业化（GeoHHI）与企业专利数量（PATENT）的相关系数在10%的水平上显著为正，表明风险投资地理位置专业化对企业创新有显著的促进作用，初步验证了假设3。另外，上市公司的专利数量（PATENT）和公司规模（Size）相关，公司规模（Size）大的上市公司的专利数量（PATENT）相对较高。

### 4. 回归结果分析

本节采用多元回归，控制年度和行业效应，回归结果见表5.5。表中第（1）列是风险投资行业专业化与企业创新投入的回归结果，风险投资行业专业化与企业创新投入的回归系数为0.537，而且在10%的置信水平上显著，表明风险投资行业专业化程度越高，对于被投资企业创新投入的促进作用越显著，假设1得到了证明。表中第（2）列是风险投资行业专业化与企业专利数量的回归结果，风险投资行业专业化与企业创新强度的回归系数为0.578，但不显著。因此，风险投资行业专业化对企业专利产出无显著影响，可能的原因是行业知识及信息传递到被投资企业内部被接受需要一定的时间，

表 5.4 相关性检验数值

| 变量 | R&DP | IndHHI | StageHHI | GeoHHI | Age | Size | ROA | Lev | PATENT | Growth |
|---|---|---|---|---|---|---|---|---|---|---|
| R&DP | 1.000 | | | | | | | | | |
| IndHHI | 0.078 | 1.000 | | | | | | | | |
| StageHHI | -0.011 | 0.663*** | 1.000 | | | | | | | |
| GeoHHI | 0.115** | 0.557*** | 0.245*** | 1.000 | | | | | | |
| Age | -0.273*** | 0.094 | 0.068 | 0.000 | 1.000 | | | | | |
| Size | -0.279*** | -0.079 | 0.020 | -0.101* | 0.214*** | 1.000 | | | | |
| ROA | -0.075 | -0.140*** | -0.174*** | -0.053 | 0.071 | -0.133*** | 1.000 | | | |
| Lev | -0.172*** | 0.014 | -0.031 | 0.027 | 0.195*** | 0.155*** | 0.040 | 1.000 | | |
| PATENT | 0.320*** | 0.024 | -0.032 | 0.087* | -0.370*** | 0.156*** | -0.040 | -0.075 | 1.000 | |
| Growth | 0.056 | -0.011 | 0.017 | 0.008 | -0.355*** | -0.108** | -0.082 | -0.003 | -0.184*** | 1.000 |

注：***、**、* 分别表示在1%、5%和10%水平上显著。

风险投资行业专业化对于被投资企业专利产出的影响具有一定的滞后性。表中第（3）列和第（4）列分别检验风险投资阶段专业化对企业创新投入的影响，结果表明风险投资阶段专业化对企业创新投入及专利数量均无显著影响，因此拒绝假设2。另外，可以解释的原因是风险投资机构更倾向于对被投资企业进行分阶段投资，这种持续性的监督与管理对于企业创新有更好的促进作用，阶段专业化的风险投资机构相较于分阶段投资的风险投资机构对被投资企业的创新活动监管的持续性和强度都较弱，因此对于企业创新没有显著影响。表中第（5）列是风险投资地理位置专业化与企业创新投入的回归结果，风险投资地理位置专业化与企业创新投入的回归系数为0.731，而且在10%的置信水平上显著，表明风险投资地理位置专业化程度越高，对于被投资企业创新投入的促进作用越显著。表中第（6）列是风险投资地理位置专业化与企业专利数量的回归结果，风险投资地理位置专业化与企业专利数量的回归系数为1.564，而且在10%的置信水平上显著。因此，风险投资地理位置专业化对企业专利产出有显著的促进作用，假设3成立。控制变量的回归结果显示，企业成立年限越长，企业创新水平越低，可能的原因是企业成立时间越长，发展就越稳定，从而缺乏创新动力，因此企业研发投入也越少，相应的企业拥有的专利数量也越少。

表5.5 风险投资专业化对企业创新影响的多元回归结果

| 变量 | (1) | (2) | (3) | (4) | (5) | (6) |
| --- | --- | --- | --- | --- | --- | --- |
| IndHHI | 0.537*<br>(0.296) | 0.578<br>(0.736) | | | | |
| StageHHI | | | -0.066<br>(0.270) | -0.050<br>(0.831) | | |
| GeoHHI | | | | | 0.731*<br>(0.426) | 1.564*<br>(0.909) |
| Age | -0.325***<br>(0.061) | -2.051***<br>(0.127) | -0.312***<br>(0.062) | -2.037***<br>(0.125) | -0.318***<br>(0.060) | -2.049***<br>(0.124) |
| Size | -0.031***<br>(0.007) | 0.072***<br>(0.014) | -0.032***<br>(0.006) | 0.071***<br>(0.013) | -0.031***<br>(0.007) | 0.073***<br>(0.014) |

续表

| 变量 | (1) | (2) | (3) | (4) | (5) | (6) |
|---|---|---|---|---|---|---|
| ROA | -1.110*<br>(0.633) | 3.269**<br>(1.325) | -1.192*<br>(0.640) | 3.184**<br>(1.326) | -1.123*<br>(0.633) | 3.317**<br>(1.340) |
| Lev | 0.282<br>(0.318) | 3.973***<br>(0.563) | 0.285<br>(0.318) | 3.977***<br>(0.566) | 0.275<br>(0.320) | 3.952***<br>(0.567) |
| Growth | -0.052***<br>(0.020) | -0.533***<br>(0.051) | -0.050**<br>(0.020) | -0.531***<br>(0.051) | -0.052***<br>(0.020) | -0.535***<br>(0.051) |
| Year | 控制 | 控制 | 控制 | 控制 | 控制 | 控制 |
| Industry | 控制 | 控制 | 控制 | 控制 | 控制 | 控制 |
| _cons | 2.582***<br>(0.347) | 3.813***<br>(0.781) | 3.122***<br>(0.379) | 4.375***<br>(0.935) | 2.382***<br>(0.465) | 2.878***<br>(0.938) |
| Obs. | 364 | 364 | 364 | 364 | 364 | 364 |
| Adj. $R^2$ | 0.260 | 0.598 | 0.256 | 0.597 | 0.265 | 0.602 |

注：\*\*\*、\*\*、\*分别表示在1%、5%和10%的水平上显著；括号中的数值为标准误差。

**5. 稳健性检验**

宋砚秋、张玉洁和王瑶琪（2018）利用熵指数探究企业风险投资的多元化投资策略，参考其做法采用熵指数衡量风险投资的专业化程度来进行稳健性检验，如表5.6所示。熵指数也称E指数，借用了信息理论中熵的概念。与赫芬达尔指数相反，熵指数越接近于1，代表风险投资专业化程度越低；熵指数越接近于0，代表风险投资专业化程度越高。熵指数的计算公式为

$$\mathrm{EI} = \sum \frac{S_i}{S} \left( \ln \frac{S}{S_i} \right) \tag{5.5}$$

式中，$S_i$为该风险投资机构在某一投资行业（阶段或区域）的投资事件数；$S$为该风险投资机构的全部投资事件数。

表 5.6 风险投资专业化对企业创新影响的稳健性检验

| 变量 | (1) | (2) | (3) | (4) | (5) | (6) |
| --- | --- | --- | --- | --- | --- | --- |
| Ind EI | -0.323*<br>(0.175) | -0.397<br>(0.454) | | | | |
| Stage EI | | | 0.028<br>(0.176) | -0.028<br>(0.551) | | |
| Geo EI | | | | | -0.483*<br>(0.279) | -1.055*<br>(0.600) |
| Age | -0.324***<br>(0.061) | -2.052***<br>(0.127) | -0.312***<br>(0.061) | -2.038***<br>(0.125) | -0.318***<br>(0.060) | -2.049***<br>(0.124) |
| Size | -0.031***<br>(0.006) | 0.072***<br>(0.014) | -0.032***<br>(0.006) | 0.071***<br>(0.013) | -0.031***<br>(0.007) | 0.073***<br>(0.014) |
| ROA | -1.110*<br>(0.633) | 3.279**<br>(1.323) | -1.188*<br>(0.641) | 3.200**<br>(1.325) | -1.119*<br>(0.633) | 3.327**<br>(1.338) |
| Lev | 0.284<br>(0.318) | 3.974***<br>(0.563) | 0.286<br>(0.319) | 3.980***<br>(0.565) | 0.277<br>(0.320) | 3.957***<br>(0.567) |
| Growth | -0.051***<br>(0.020) | -0.533***<br>(0.051) | -0.050**<br>(0.020) | -0.531***<br>(0.051) | -0.052***<br>(0.020) | -0.535***<br>(0.051) |
| Year | 控制 | 控制 | 控制 | 控制 | 控制 | 控制 |
| Industry | 控制 | 控制 | 控制 | 控制 | 控制 | 控制 |
| _cons | 3.115***<br>(0.336) | 4.396***<br>(0.628) | 3.057***<br>(0.334) | 4.329***<br>(0.613) | 3.113***<br>(0.334) | 4.446***<br>(0.627) |
| Obs. | 364 | 364 | 364 | 364 | 364 | 364 |
| Adj. $R^2$ | 0.260 | 0.598 | 0.256 | 0.597 | 0.264 | 0.602 |

注：***、**、*分别表示在1%、5%和10%的水平上显著；括号中的数值为标准误差。

模型式（5.2）是风险投资行业专业化与企业创新投入的回归结果，风险投资行业专业化与企业创新投入的回归系数显著为负，表明风险投资行业专业化程度越高，对于被投资企业创新投入的促进作用越显著，假设1得到了证明。模型式（5.3）是风险投资行业专业化与企业专利数量的回归结果，风险投资行业专业化与企业创新强度的回归系数不显著，因此风险投资行业专业化对企业专利产出无显著影响。模型式（5.4）和模型式（5.5）分别检验风险投资阶段专业化对企业创新投入的影响，结果表明风险投资阶段专业化对企业创新投入及专利数量均无显著影响，因此拒绝假设2。模型式（5.6）是风险投资地理位置专业化与企业创新投入的回归结果，风险投资地理位置专业化与企业创新投入的回归系数在10%的置信水平上显著为负，表明风险投资地理位置专业化程度越高，对于被投资企业创新投入的促进作用越显著。模型式（5.7）是风险投资地理位置专业化与企业专利数量的回归结果，风险投资地理位置专业化与企业专利数量的回归系数为-1.055，而且在10%的置信水平上显著。因此，风险投资地理位置专业化对企业专利产出有显著的促进作用，假设3成立。稳健性检验与主研究结果一致，因此本节的实证研究结果较为稳健。

### 五、研究结论

本节侧重于关注风险投资专业化投资策略对于创业板上市公司创新的影响，通过实证研究分别探究风险投资行业专业化、投资阶段专业化、地理位置专业化对于被投资企业创新的影响。本节的主要结论如下。

（1）风险投资的行业专业化程度越高，对企业创新投入的促进作用越显著。但风险投资的行业专业化对被投资企业的专利数量产出并无显著影响。

（2）风险投资的阶段专业化对被投资企业的创新投入及专利数量产出并无显著影响。

（3）风险投资的地理位置专业化程度越高，对企业创新投入的促进作用越明显；风险投资的地理位置专业化程度越高，对企业专利数量产出的促进作用越明显。

基于以上研究结论，提出以下三个方面的建议。

（1）政府及监管部门制定政策引导风险投资专业化发展。一方面，政府可以鼓励风险投资机构在各大业务线进行专业化能力体系打造，通过对于风险投资的引导，可以进一步完善与改进我国的产业布局、进一步促进国家创新发展；另一方面，政府可以督促风险投资中后台与各大业务线的专业化思路匹配发展，使二者形成强大的支撑体系。

（2）被投资企业应选择专业化的风险投资机构，重视企业创新。风险投资机构所带来的增值服务不仅能够更加有效地提升被投资企业创新能力等核心竞争力以加快企业成长速度，而且能够促进企业整合周围资源、拓宽发展平台。

（3）风险投资机构要及时调整发展战略，深化专业化投资能力。风险投资机构无论何时，都要始终保持对市场发展细微变化的敏锐洞察力，根据变化做出相应调整。然而，在激烈的竞争环境中，这种应变能力和战略眼光已远远不够，选择专业化投资策略对于风险投资机构的长久发展具有重要意义。

## 第二节 联合投资行业专业化对企业创新的影响研究

### 一、研究背景及意义

**1. 研究背景**

为加大企业创新促进力度，监管层在资本市场也开展了积极的探索。本着服务高科技企业融资和促进风险投资资源流动的初衷，监管层于2009年推出创业板。在这一背景下，创业企业如雨后春笋，催生了资本市场中旺盛的需求。深圳证券交易所2009—2019年数据显示，创业板上市公司数目由36家增至791家，总发行股本由34.60亿股增至4 097.11亿股，总市值由1 610.08亿元增至61 347.61亿元。与此同时，风险投资大量涌现，业内格局发生了翻天覆地的变化，给风险投资带来机遇与挑战。一方面，科技进步的日新月异，创新成果的层出不穷，使企业所处环境日益复杂，越来越多的创业企业开始寻求风险投资提供专业服务；另一方面，行业零散化的格局加剧了风险投资间的竞争，单独风险投资获取项目的机会减少。项目的复杂性不断升级，单独风险投资的资源影响了专业服务质量，也限制了风险承担能力。为抓住发展机遇，积极应对挑战，越来越多的风险投资机构采取了联合的策略。联合风险投资能够克服行业零散化的劣势，获取更多的交易机会，并在谈判中提升议价能力，降低获取创业企业股权的成本，对联盟成员产生激励作用。联合风险投资通过资源共享，不但分散了联盟成员的投资风险，提高了对于不确定性的容忍度，为企业创新营造了宽松的氛围；而且能够通过资源整合为企业提供更高质量的增值服务，增加企业创新成功的可能性。

联合风险投资的兴起，开始受到学者们的关注，相关领域的研究也不断深入。Lockett 和 Wright（2001）对英国的 60 家风险投资机构进行调研，研究结果表明风险投资机构进行联合投资的动机优先顺序为：分散投资风险、获取交易机会、实现资源互补。Dimov 和 Milanov（2010）指出，风险投资的伙伴选择因素包括拟联合各方基于自身资源和拟投项目产生的联合需求匹配度。罗吉等（2014）发现，风险投资机构倾向选择具有项目合作历史的合作伙伴，增强相互信任，获取更佳的绩效。近年来，联合风险投资与企业创新的关系逐渐进入学者们的研究视野，研究成果主要从监督和融资的角度探讨联合风险投资对企业创新的作用机理。本节则从增值服务的视角出发，探究联合风险投资对企业创新的作用机理。选取联合投资声誉和联盟稳定性对联合投资特征进行刻画。对于企业创新的衡量，以研发投入强度作为投入指标，对创新进行评价。

综上所述，从 2009—2018 在创业板上市的企业中选取联合风险投资支持的样本，通过如下三个问题探究联合风险投资与企业创新的关系：①行业专长与企业创新的关系；②联合投资声誉如何影响行业专长与企业创新的关系；③联盟稳定性如何影响主导风投行业专长与企业创新的关系。

### 2. 研究意义

（1）拓展了行业专长在风险投资领域的研究。将行业专长视为风险投资具备的行业知识与经验，从投入和产出两方面研究行业专长作为自变量对企业创新的影响，是对行业专长在风险投资领域研究的补充。

（2）丰富了联合风险投资与企业创新的研究。研究对象仅包含联合风险投资，从辅导视角探究联合风险投资中行业专长对企业创新的影响，并分别考察了联合投资对声誉和联盟稳定性的调节作用，有助于丰富联合风险投资与企业创新的研究成果。

（3）为创新驱动发展战略的实施提供了新思路。从行业专长的视角研究联合风险投资对企业创新的影响，为创业企业展示风险投资行业专长的重要性，以此提醒创业企业寻求适当的投资方助力企业持续创新，避免逆向选择的情况。其研究结果对于创业企业、风险投资机构和监管者决策都具有参考性。

## 二、研究假设

### 1. 行业专长与企业创新

在联合投资中，主导风投的贡献程度远在其他成员之上，项目投后管理参与度最高，在增值服务中发挥着关键性作用（李波，2017）。增值服务是风险投资影响创业企业的主要方式（Chemmanur et al.，2014），而行业专长与资源的协同作用决定了增值服务的质量，进而影响到企业的创新活动。增值服务贯穿创新活动始终，行业专长在各个阶段也发挥着不同的作用。

在市场进入阶段，联合投资通过行业专长协助企业完成综合调研。创业企业所处的行业背景涉及方方面面，从整体发展趋势到局部竞争情况，从制度约束到市场规则，都伴随着不确定性。作为新生者的创业企业，短时间内难以对行业全景深入了解，而创新活动脱离行业环境无法进行，全面熟悉行业情况成为创业企业的迫切需求。在长期的投资过程中，风险投资获得了丰富的行业知识，对行业情况了如指掌，并在此基础上形成独到的见解，建立了行业专长。联合投资的行业专长，缓解了创业企业洞悉外部环境的燃眉之急。通过前期专业知识的积累，风险投资的理解吸收能力不断强化（党兴华等，2014）。行业专长有助于联合投资对企业的信息资料进行深度分析，从专业视角审视创新活动的资源储备，助力创业企业整合内部资源扬长避短。

在研发决策阶段，联合投资通过行业专长提升企业创新决策能力。企业创新活动离不开研发决策，参与研发项目决策是风险投资提供增值服务的一部分。行业专长使风险投资形成敏锐的洞察力，对市场、技术前瞻性具有更准确的判断，对项目的发展前景进行预测。同行业项目的投资经验具有可借鉴性，以往经验能够提升风险投资的项目甄别能力（Dirk De Clercq，2006），对项目的可行性作出评价。依靠行业专长，联合投资能够帮助创业企业选择更优质的研发项目，把握研发支出的方向性，提升研发决策的效果。行业专长也能够引入前期项目的决策经验，为决策过程中的分歧处理提供参考,提升研发决策的效率。

在研发进行阶段,联合投资通过行业专长助力企业在创新过程攻坚克难。行业专长有助于风险投资提升学习效率,加快行业新知识的理解吸收速度(Sahlman,1990)。一方面,联合投资运用行业专长深入挖掘企业研发活动所隐含的信息,通过解读相关信息对研发活动进行专业评价,帮助企业突破技术瓶颈,降低技术引起的不确定性(Matusik & Fitza,2012);另一方面,联合投资能够密切关注行业动向,及时了解掌握业内先进实践,对技术和产品改良提出建设性意见,指导创业企业优化创新活动。

基于以上分析,提出如下假设。

假设1:主导风投行业专长对企业创新具有促进作用。

假设2:联合投资行业专长对企业创新具有促进作用。

### 2. 声誉与企业创新

声誉是历史业绩和未来前景的综合反映,能够增强企业对其利益相关者的吸引力(Fombrun,2006)。对于风险投资而言,声誉能够引起潜在伙伴和创业企业的关注,增加获取资源和项目的机会。风险投资介入创业企业,以退出获取超额收益为最终目标。成本与收益此消彼长,成为风险投资决策中不可忽视的重要因素。声誉有助于增加风险投资的议价能力,在与创业企业谈判中以更低的成本获得股权。声誉从初始建立到后期维护乃至完全消失,每个阶段都伴随着巨额成本的产生,风险投资机构会据此做出相应的策略调整。成员声誉的差异性引起联合投资行为的异质性,不可避免地影响到主导风投行业专长对企业创新的效果。具体而言,声誉的调节作用应从积极和消极两方面加以区分。

联合投资声誉的积极作用,主要有如下两种表现。

(1)从资源角度考虑,声誉提升了优质资源的可得性。为获得更多的交易机会,风险投资倾向与高声誉的伙伴合作(Lerner,1994)。因此,风险投资机构的声誉越高,对于具有联合意愿的对象越有吸引力,可供选择的潜在合作伙伴越多。不同的风险投资机构拥有的资源具有差异性,而资源的质量也有天壤之别。联盟成员的选择范围越大,优质资源的来源越广,联合投资获取资源的能力越强,越容易匹配所投资企业的创新需求。资源是行业专长得以施展的基础,优质资源的引入为主导风投行业专长的充分发挥提供了有力支持。

（2）从成本角度考虑，声誉调动联盟成员的积极性。风险投资机构声誉的形成和维护，离不开各类资本的投入。声誉积累曲线具有连续波动的特征，并非呈现直线上升趋势。如果得不到及时强化，既有声誉会发生衰减现象（Lange et al., 2011）。由于强化的作用幅度小见效缓，衰减的发生幅度大节奏快，声誉的维持也产生了大量的时间成本。如果不能保持以往业绩水平，企业前期声誉将会消失（Basdeo et al., 2006），而声誉丧失意味着前期投入付诸东流。风险投资声誉越高，前期发生的投入越多，丧失声誉的成本越高，越有动力继续努力维持声誉。声誉尚未建立的成员，为获取与高声誉伙伴日后合作的机会，加速声誉积累进程，也愿意付出更多努力。因此，联合投资声誉对成员的激励产生协同效应，有助于提升主导风投行业专长对企业创新的效果。

联合投资声誉的消极作用，主要体现在以下两个方面。

（1）在声誉形成阶段，联合投资侧重短期业绩，忽视企业长期发展。对于风险投资机构而言，声誉带来的明显优势贯穿项目资金募集到退出的各个环节，最终转化为可观的投资收益。因此，风险投资机构都具有强烈的愿望建立良好的声誉。为加速声誉的形成，风险投资机构急于通过推进所投资企业的上市进程来表现自身能力（Gompers, 1996）。合格的财务业绩是企业上市的重要前提，也成为联合投资辅导企业决策的指引。研发活动涉及大量的支出，但是并不总能形成创新成果，带来可观的收益。考虑到上述不确定性，为保障财务业绩，联合投资对企业研发支出严格约束，造成企业研发投入总量不足。在项目决策时，联合投资倾向选择研发周期短成果转化快的项目，以期改善企业的短期财务绩效。这类项目往往规模较小，对企业的影响无论在时间还是空间的维度都极其有限。企业的整体优势难以在研发活动中充分体现，零散化的创新活动制约了企业的长期发展。

（2）在声誉维护阶段，联盟成员强调降低风险，联合投资贡献不足。①风险投资介入创业企业，并不总能获得超额收益，但常伴随着失败的风险，而投资绩效是评价声誉的重要参考。为分散投资风险，风险投资机构往往同时涉入多家创业企业。受客观条件约束，风险投资机构能够提供的增值服务总量有限，同期所投企业数目不断增加，风险投资机构对每家企业的投后管理参与度均有所下降。对联合投资而言，客观因素的制约表现为联盟整体对所投资企业的参与程度受限。基于主观判断，风险投资机构对投资组合内的不同企业预期收益贡献度不尽相同，因而在各家机构企业的投入分配方面具有不均等性。预期收益贡献的差异，导致了风险投资对不同企业的参与程度呈现两极分化倾向。联盟所投标的企业在不同成员各自的投资组合中对预期收益的贡献度并不一致，预期收益激励不足的成员出现"搭便车"行为，导致联盟整体未能充分发挥作用为标的企业提供增值服务。②为巩固现有声誉，风险投资机构需要保持良好的业绩，对于风险的容忍度有限。由于项目的新颖性意味着较高的不确定性，为避免投资业绩水平下滑，联合投资在辅导所投资企业进行研发决策时，出于规避风险的考虑限制了企业对新颖性较强的项目尝试，不利于企业创新取得突破性进展。

基于以上分析，提出如下对立假设。

假设 3a：声誉强化主导风投行业专长对企业创新的促进作用。

假设 3b：声誉弱化主导风投行业专长对企业创新的促进作用。

假设 4a：声誉强化联合投资行业专长对企业创新的促进作用。

假设 4b：声誉弱化联合投资行业专长对企业创新的促进作用。

### 3. 联盟稳定性与企业创新

联合投资的联盟稳定性，从知识和信息两方面影响主导风投的行业专长对企业创新的作用。联盟稳定性是指联合投资在同一项目所有轮次中成员保持不变的程度。联盟稳定性加快了知识的转移速度，提升了信息的流动效率（Gulati，1995；Hansen，1999）。随着联盟稳定性的增加，联合投资中的互信基础逐渐强化，成员间的资源承诺不断升级（Capaldo，2007），隐藏知识和信息的倾向逐渐降低。由于知识和信息的受益者不同，联盟稳定性的调节作用应当一分为二予以看待。

联盟稳定性强化行业专长对企业创新的促进作用，主要表现在联盟内部知识转移层面。联盟稳定性越低，成员间的信任基础越薄弱，转移知识的意愿越低，由此产生两类不良后果：①主导风投在联合投资中的付出远高于其他成员，成员变动引起的知识流失对主导风投的影响也最大。知识流失隐患的存在，使主导风投发挥行业专长的意愿受到抑制。②采取"搭便车"策略的成员，不但消极吸收其他成员的知识，而且吝于贡献自身的互补性知识。因此，内部知识转移在数量和质量上都大打折扣。高联盟稳定性减少了成员更迭造成的知识流失，解决了主导风投的后顾之忧，提高了主导风投充分发挥行业专长的积极性。高联盟稳定性也减少了伙伴的搜寻成本，提升了成员未来行为的可预见性，降低了合作过程中沟通协调的交易成本，激发了成员发挥协同作用的意愿。联合投资内部知识转移效率和效果显著上升，加快了行业专长发挥作用的速度，能够更全面高效提供增值服务，助力企业进行自主创新。

联盟稳定性弱化行业专长对企业创新的促进作用，主要体现在竞争企业信息泄露层面。联合投资的合作，离不开成员间的信息交换，而信息交换的深度和广度取决于彼此信任的程度（Zhelyazkov，2018）。随着联合投资的介入，联盟成员充当了信息中介，在创业企业与竞争对手建立了间接联结。间接联结的形成，为创业企业的信息泄露留下隐患（董建卫等，2019）。为避免企业发生信息泄露，低联盟稳定性的联合投资中，成员间进行信息交换时更容易出现故意扭曲事实的情形（Sorenson & Stuart，2008）。高联盟稳定性促进成员的相互了解，弱化了各自隐藏信息的动机，加快了信息沿间接联结在竞争企业中传播的速度。一方面，竞争企业中的后来者能够以更少的资金和时间投入获取创新信息，从而降低甚至免于承担创新失败的风险，严重损害了创新先驱企业的积极性。为避免未来的创新信息向竞争者泄露，创业企业加强了对于间接联结的防范意识。高联盟稳定性引起创业企业警惕性的提高，弱化了创业企业在联合投资介入期间的创新意愿。另一方面，竞争企业也获取了联合投资的相关信息，主导风投通过行业专长为所投资企业建立的优势逐渐消失。

基于上述分析，提出以下对立假设。

假设 5a：联盟稳定性强化主导风投行业专长对企业创新的促进作用。

假设 5b：联盟稳定性弱化主导风投行业专长对企业创新的促进作用。

假设 6a：联盟稳定性强化联合投资行业专长对企业创新的促进作用。

假设 6b：联盟稳定性弱化联合投资行业专长对企业创新的促进作用。

## 三、样本与变量

### 1. 样本

选取 2009—2018 年在创业板上市且获得联合投资的企业作为研究对象。

本节数据来源分为两个部分：风险投资机构数据和上市公司财务信息。其中，风险投资样本数据的处理步骤如下。

从清科私募通数据库（简称清科私募通）批量下载 2018 年 12 月 31 日之前的所有创业板上市企业投融资事件，依次剔除如下记录：①上市定增、新三板定增的记录；②上市前已退出的记录；③上市公司所属行业为金融类的记录；④机构名称缺失的记录；⑤招股说明书股东中风险投资机构少于两家的记录。

对于拥有上级机构的记录，将上级机构作为机构名称，将投资项目名称、投资轮次、机构名称首次出现的不同记录整理为轮次记录。将投资项目名称相同而机构名称不同的记录整理为联合投资记录，最终获得 336 家符合联合投资定义的样本。查找招股说明书，确定持股比例最高的机构名称即为主导风投。

将各主导风投参与的所有轮次记录按时间升序排列，以证监会一级行业为标准，按主导风投分别统计行业轮次和总轮次序数，并标记该风投在各项目中参与的最初与最末轮次，按后附变量定义公式计算行业专长。

声誉榜单来自清科私募通年度私募和创投榜单，上市公司财务信息主要来自国泰安 CSMAR 数据库，缺失财务数据从巨潮资讯网补充。

### 2. 变量选取

1）被解释变量

现有文献中，对于企业创新水平的衡量，主要分为创新投入、创新产出和创新绩效三类。每类标准具有各自的优越性，但是也存在不同程度的局限性。参考付雷鸣等（2012）研究，以研发投入强度衡量创新投入水平。

研发投入强度（RDS）：上市当年研发投入占营业收入的比值。研发投入能够直观体现企业创新的努力程度，但受到诸多客观因素的影响，难以用于不同企业之间的比较。研发强度作为一种相对指标，在一定上降低了外部其他因素的干扰，增强不同企业创新投入的可比性。

2）解释变量

行业专长（$Spec_{i,k}$）：参考董静等（2017）的研究，采用被投资企业所处行业投资次数来计算风险投资的行业专长，具体计算公式为

$$\text{Spec}_{i,k} = \left( \sum_{t=0}^{n} S_{itk} \right)^{1+\text{IPS}} \quad (5.6)$$

式中，$i$ 表示风险投资；$t$ 表示时期；$n$ 为当前样本首次获得投资发生日期；$k$ 为当前样本对应的行业（取证监会行业一级分类代码）；$S_{itk}$ 表示风险投资 $i$ 在 $t$ 时期对 $k$ 行业进行投资的轮次数；累加形式反映了行业专长随日期变化的积累过程；IPS 测量风险投资对 $k$ 行业的专注程度，等于当前样本首次获得投资日期之前风险投资在 $k$ 行业的投资轮次占其同期全部投资轮次的比例，而 1+IPS 体现了行业专注度对经验积累的强化效果。其中，主导风投行业专长（Spec）根据上面的标准先确定主导风投再完成行业专长计算，考虑到联盟成员贡献水平差异，本节以联盟各成员累计投资金额作为权重，以加权平均值计算联合投资行业专长（sp_syn）。

3）调节变量

（1）联合投资声誉（RP）。参考陈见丽（2012）的研究，采用清科私募通年度私募和创投榜单上榜情况衡量联合投资各成员声誉。该榜单从风险投资运行的投资、管理、募资、退出等多个环节考量，涉及多项衡量指标，评价结果具有综合性，也因其独立性在业界得到广泛认可。同时，考虑到声誉形成的积累性，选取创业板开板截至样本企业上市当年累计上榜次数衡量联盟成员各自声誉。借鉴 Tian（2012）衡量联合投资声誉的方法，通过计算联盟成员声誉的平均值确定联合投资声誉。

（2）联合投资指数（SI）。参考 Tian（2012）的研究，采用联合投资指数 SI（$0 < \text{SI} \leq 1$）计算联盟稳定性，具体计算公式为

$$\text{SI} = \frac{\sum_{i=1}^{n} \sum_{j=1}^{t} \text{VC}_{ij}}{\text{NVC} \cdot \text{NRD}} \quad (5.7)$$

式中，$i$ 表示联盟成员；$j$ 表示轮次；$\text{VC}_{ij}$ 表示联盟成员 $i$ 参与第 $j$ 轮融资；NVC 表示投资于该企业的风险投资机构总数；NRD 表示该企业的融资总轮次。

当所有轮次联盟成员均保持不变时，SI 取最大值 1，此时联盟稳定性最高。

4）控制变量

参考黄福广等（2016）的研究，引入如下控制变量。

（1）资产负债率（Lev）。企业当年负债与资产总额的比值。企业举债

规模越大，在资产总额占比越高，偿债压力越大。为避免破产，企业需要预留资金及时偿债，可用于研发投入的资金也变得紧张。Fried（1999）研究发现，企业资产负债率越高，研发投入水平越低。就创业板的企业而言，李媛渊和余学斌（2015）曾引入资产负债率作为控制变量，对研发投入进行研究。

（2）企业成长（Growth）。营业收入增长率。处于成长阶段的企业，需要通过源源不断的创新获得持续的竞争优势。收入的高增速是企业迅速成长的表征，营业收入增长率可以有效评价企业的成长能力。

（3）资产报酬率（ROA）。企业当年净利润与资产总额的比值。企业的高盈利往往伴随着巨额资金流入，为开展研发活动提供了充足的资金保障。研发成果的市场化能够转化为高额的利润，激励企业加大研发投入。

（4）企业规模（Size）。企业当年资产总额的自然对数。根据"熊彼特假说"，企业创新活动受到规模的制约。规模在一定程度上体现了企业的风险抵抗力，规模越大意味着资金融通能力越强，可用于研发活动的资金越充足。

（5）企业年限（Age）。企业成立年份与上市年份的时间差取自然对数。随着企业年限增加，资源的储备不断积累，为创新活动奠定了坚实的基础（饶静等，2017）。因此，选择企业IPO与成立年份的间隔作为控制变量。

（6）行业（Ind）。行业属性决定了技术的重要程度，从而影响到企业对创新的态度。不同行业的技术水平并不处于相同的高度，会改变一些外部因素，间接影响到企业的创新水平（黄志勇，2013）。按照证监会一级分类，将样本企业分为13类进行控制，具体分类结果见表5.7。

（7）年份（Year）。上市年份不同，意味着宏观经济环境发生变化，对企业创新的影响不可忽略。选择了2009—2018年的创业板上市企业作为样本，按上市年份对样本企业进行分类控制，具体分类结果见表5.8。

表5.7 样本企业行业分布

| 所属行业 | 样本数 | 所占比重/% | 行业类别 |
| --- | --- | --- | --- |
| A | 3 | 0.89 | 农、林、牧、渔业 |
| B | 2 | 0.60 | 采矿业 |
| C | 234 | 69.64 | 制造业 |
| D | 1 | 0.30 | 电力、热力、燃气及水的生产和供应业 |

续表

| 所属行业 | 样本数 | 所占比重/% | 行业类别 |
|---|---|---|---|
| E | 5 | 1.49 | 建筑业 |
| F | 2 | 0.60 | 批发和零售业 |
| I | 67 | 19.94 | 信息传输、软件和信息技术服务业 |
| L | 2 | 0.60 | 租赁和商务服务业 |
| M | 6 | 1.79 | 科学研究和技术服务业 |
| N | 5 | 1.49 | 水利、环境和公共设施管理业 |
| O | 1 | 0.30 | 居民服务、修理业 |
| Q | 2 | 0.60 | 卫生和社会工作业 |
| R | 6 | 1.79 | 文化、体育和娱乐业 |

表5.7列出了336家联合投资样本企业按照证监会最新行业分类的分布情况。在样本企业中，制造业企业共计234家，占总数比例高达69.64%；其次为信息传输、软件和信息技术服务业，共计67家企业，占总数比例19.94%；其余企业的行业分布相对分散，占总数比例较小。本节所有假设均据此控制行业效应。

表5.8 样本企业年份分布

| 上市年份 | 样本数 | 所占比重/% |
|---|---|---|
| 2009 | 13 | 3.87 |
| 2010 | 47 | 13.99 |
| 2011 | 46 | 13.69 |
| 2012 | 33 | 9.82 |
| 2014 | 20 | 5.95 |
| 2015 | 41 | 12.20 |
| 2016 | 39 | 11.61 |
| 2017 | 78 | 23.21 |
| 2018 | 19 | 5.65 |

表 5.8 列出了 336 家联合投资样本企业在 2009—2018 年上市的年份分布情况。由于 2013 年创业板 IPO 暂停，样本企业上市分布于 8 年。2017 年上市企业占总数比例最高，达到 23.21%；紧随其后的 2010 年和 2011 年比例接近，分别占比 13.99% 和 13.69%；2015 年和 2016 年的占比也超过 10%，其余年度占比均低于 10%。本节所有假设均据此控制年份效应。

各种变量的类型、名称如表 5.9 所示。

表 5.9 变量说明

| 变量类型 | 变量名称 | 变量说明 |
| --- | --- | --- |
| 被解释变量 | 研发投入强度（RDS） | 上市当年研发投入占营业收入的比值（%） |
| 解释变量 | 主导风投行业专长（Spec） | 主导风投在被投资企业所处行业累计投资次数 |
| | 联合投资行业专长（sp_syn） | 联盟所有成员行业专长加权平均数 |
| 调节变量 | 联合声誉（RP） | 截至上市当年联盟成员累计上榜次数均值 |
| | 联盟稳定性（SI） | 联合风险投资指数 |
| 控制变量 | 资产负债率（Lev） | 企业当年负债与资产总额的比值 |
| | 营业收入增长率（Growth） | 企业报告期营业收入相对上一年度的增长率 |
| | 总资产收益率（ROA） | 企业当年净利润与资产总额的比值 |
| | 企业规模（Size） | 企业当年资产总额的自然对数 |
| | 企业年限（Age） | 企业成立年份与上市年份的时间差取自然对数 |
| | 行业（Ind） | 虚拟变量，按证监会标准分类 |
| | 年份（Year） | 虚拟变量，按上市年份分类 |

四、模型与结果

**1. 研究模型**

进行实证分析的具体思路如下：研究联合风险投资中，分别研究主导风投行业专长与联合投资行业专长对企业创新的影响，均从投入方面来衡量；分析联合声誉在主导风投行业专长以及联合投资行业专长影响企业创新的关系中发挥的调节作用；分析联盟稳定性在主导风投行业专长影响企业创新的关系中发挥的调节作用。根据上面的基本假设，本节建立以下模型：

$$RDS_{i,t} = \beta_0 + \beta_1 Spec_{i,t} + \beta_2 \sum Controls + \varepsilon_{i,t} \quad (5.8)$$

$$RDS_{i,t} = \beta_0 + \beta_1 Spec_{i,t} + \beta_2 RP_{i,t} + \beta_3 Spec_{i,t} * RP_{i,t} + \beta_4 \sum Controls + \varepsilon_{i,t} \quad (5.9)$$

$$RDS_{i,t} = \beta_0 + \beta_1 Spec_{i,t} + \beta_2 SI_{i,t} + \beta_3 Spec_{i,t} * SI_{i,t} + \beta_4 \sum Controls + \varepsilon_{i,t} \quad (5.10)$$

式中，$Spec_{i,t}$ 指主导风投行业专长 Spec 与联合投资行业专长 sp_syn。

### 2. 描述性统计

主要变量描述性统计结果如表 5.10 所示，从表中分析结果如下。

（1）被解释变量。研发投入强度（RDS）的平均值为 0.068，说明样本企业的研发投入与营业总收入的比值平均为 6.80%。

（2）解释变量。主导风投行业专长（Spec）的平均值为 1.163，说明主导风投介入联合投资样本企业之前，在样本企业所处行业累计投资平均次数为 1.163。联合投资行业专长（sp_syn）的平均值为 1.240，说明联合投资介入样本企业之前，在样本企业所处行业累计投资平均次数为 1.163。

（3）调节变量。联合投资声誉（RP）的平均值为 1.429，说明截至样本企业上市年份，联合投资各成员入选清科私募风投排行榜的平均次数为 1.429；最小值为 0，说明样本企业中存在联合投资所有成员均从未上榜的情形。联合风险投资指数（SI）的平均值为 0.678，说明样本企业中风险投资机构具有一定的稳定性。

（4）控制变量。资产负债率（Lev）的平均值为 0.206，说明样本企业上市当年的资产负债率的平均值为 20.6%。企业成长（Growth）的平均值为 0.237，说明样本企业营业收入年增长率平均为 23.7%。资产报酬率（ROA）的平均值为 0.068，说明样本企业上市当年资产报酬率的平均值为 6.8%。企业规模（Size）的最值差异明显，说明不同企业之间资产规模相差较大。企业年限（Age）的平均值为 2.335，说明样本企业自成立到上市的平均间隔 11.8 年；最小值为 0，说明样本企业中存在成立 1 年即上市的情形；最大值为

3.219，说明样本企业中成立至上市最久长达 25 年。

表 5.10　描述性统计结果

| 变量名称 | | 变量符号 | 观测值 | 平均值 | 标准差 | 最小值 | 最大值 |
| --- | --- | --- | --- | --- | --- | --- | --- |
| 被解释变量 | 研发投入强度 | RDS | 336 | 0.068 | 6.095 | 0 | 75.620 |
| 解释变量 | 主导风投行业专长 | Spec | 336 | 1.163 | 0.831 | 1 | 11.629 |
| | 联合投资行业专长 | sp_syn | 336 | 1.240 | 0.945 | 1 | 13.482 |
| 调节变量 | 联合投资声誉 | RP | 336 | 1.429 | 1.681 | 0 | 9 |
| | 联合投资指数 | SI | 336 | 0.678 | 0.280 | 0.153 | 1 |
| 控制变量 | 资产负债率 | Lev | 336 | 0.206 | 0.139 | 0.012 | 0.678 |
| | 企业成长 | Growth | 336 | 0.237 | 0.303 | -0.689 | 1.875 |
| | 资产报酬率 | ROA | 336 | 0.068 | 0.033 | -0.014 | 0.238 |
| | 企业规模 | Size | 336 | 20.673 | 0.596 | 19.470 | 24.954 |
| | 企业年限 | Age | 336 | 2.335 | 0.590 | 0 | 3.219 |

### 3. 相关性检验

为避免多重共线性对模型的影响，本节采用 Pearson 相关性检验，主要变量的检验结果如表 5.11 所示。

研发投入强度（RDS）与主导风投行业专长（Spec）、联合投资行业专长（sp_syn）呈显著正相关，意味着主导风投以及联合投资行业专长越高，越有能力支持企业研发活动，促进企业加大研发投入。研发投入强度（RDS）与资产负债率（Lev）呈显著负相关，意味着资产负债率越高，企业可用于研发投入的资金越少。研发投入强度（RDS）与企业成长（Growth）呈显著负相关，意味着发展速度越快，企业可用于研发的投入越受到限制。研发投入强度（RDS）与资产报酬率（ROA）呈显著正相关，意味着盈利能力越强，企业用于支持研发投入的资源越充裕。

通过分析样本，可以发现主要变量之间不存在多重共线性，可以对样本进行回归分析。

表 5.11 相关性分析结果

| 变量 | RDS | Spec | sp_syn | RP | SI | Lev | Growth | ROA | Size | Age |
|---|---|---|---|---|---|---|---|---|---|---|
| RDS | 1.000 | | | | | | | | | |
| Spec | 0.268*** | 1.000 | | | | | | | | |
| sp_syn | 0.256*** | 0.503*** | 1.000 | | | | | | | |
| RP | 0.093* | 0.040 | 0.025 | 1.000 | | | | | | |
| SI | −0.056 | 0.029 | 0.038 | −0.065 | 1.000 | | | | | |
| Lev | −0.110** | −0.062 | −0.035 | 0.108** | −0.156*** | 1.000 | | | | |
| Growth | −0.130** | 0.015 | 0.022 | −0.014 | 0.007 | 0.123** | 1.000 | | | |
| ROA | 0.118** | −0.007 | 0.024 | 0.037 | 0.078 | −0.268*** | 0.132** | 1.000 | | |
| Size | −0.056 | −0.034 | −0.060 | −0.013 | −0.165*** | 0.202*** | 0.181*** | −0.013 | 1.000 | |
| Age | 0.006 | −0.009 | −0.011 | 0.108** | −0.075 | 0.229*** | −0.124** | 0.131** | −0.079 | 1.000 |

注：$p<0.01$，$*p<0.05$，$**$，$***p<0.001$。

### 4. 回归结果分析

1) 行业专长对企业创新的影响分析

表 5.12 研究了行业专长对企业创新的影响,表中列出了模型式(5.8)以研发投入强度(RDS)作为因变量的回归结果,其中,第(1)列为主导风投行业专长,第(2)列为联合投资行业专长,回归均包含所有控制变量。

表 5.12 行业专长对企业创新水平的影响

| RDS | (1) | (2) |
| --- | --- | --- |
| Spec | 1.748*** <br> (4.62) | |
| sp_syn | | 1.223*** <br> (3.58) |
| Lev | -4.347 <br> (-1.44) | -4.560 <br> (-1.50) |
| Growth | -2.468* <br> (-2.07) | -2.472* <br> (-2.04) |
| ROA | 13.7 <br> (1.15) | 13.22 <br> (1.09) |
| Size | 0.362 <br> (0.58) | 0.412 <br> (0.66) |
| Age | -0.562 <br> (-0.92) | -0.504 <br> (-0.81) |
| _cons | -6.995 <br> (-0.52) | -7.734 <br> (-0.56) |
| Ind | 控制 | 控制 |
| Year | 控制 | 控制 |
| Adj. $R^2$ | 0.1589 | 0.1366 |
| N | 336 | 336 |

注:***、**、*分别表示在1%、5%和10%的水平上显著;括号中的数值为 $t$ 值。

分析表 5.12 中第(1)列可知,研发投入强度作因变量时,主导风投行业专长系数 1.748,主导风投行业专长与研发投入强度在 1% 水平上显著正相关，说明主导风投行业专长越高，被投资企业研发投入强度越高，假设1得到验证，主导风投行业专长对企业创新水平具有正向促进作用。

分析表5.12第（2）列可知，研发投入强度作因变量时，联合投资行业专长与研发投入强度在1%水平上显著正相关，假设2得到验证，行业专长对企业创新水平具有正向促进作用。

作为联合风险投资中发挥关键作用的成员，主导风投有能力通过行业专长降低企业创新活动中的不确定性，联盟整体专长能为企业创新提供所需的资源，助力企业加大研发投入。在控制变量中，企业成长对研发投入强度有影响，在10%水平上显著负相关，即企业发展速度越快，越有可能缩减研发投入。

2) 联合投资声誉的调节作用分析

表5.13第（1）列中列示了模型式（5.9）以研发投入强度（RDS）作为因变量的回归结果，回归均包含主导风投行业专长和联合投资声誉的交乘项以及所有控制变量。当研发投入强度为因变量时，主导风投行业专长和联合投资声誉的交乘项系数在1%水平上显著为负，表明联合投资声誉越高，越不利于主导风投行业专长对企业创新的促进作用。回归结果不支持假设3a，假设3b得到验证。综上所述，联合投资声誉弱化了主导风投行业专长对企业创新的正向促进作用。

表5.13第（2）列中列示了模型式（5.9）以研发投入强度（RDS）作为因变量的回归结果，当研发投入强度为因变量时，联合投资行业专长和联合投资声誉的交乘项系数在10%水平上显著为负，表明联合投资声誉越高，越不利于联合投资行业专长对企业创新的促进作用。回归结果不支持假设4a，假设4b得到验证。综上所述，联合投资声誉弱化了联合投资行业专长对企业创新的正向促进作用。

表5.13 联合投资声誉的调节作用

| RDS | （1） | （2） |
| --- | --- | --- |
| Spec | 3.692 *** <br> (5.70) | |
| RP | 1.778 *** <br> (3.98) | 1.257 * <br> (2.44) |

续表

| RDS | (1) | (2) |
|---|---|---|
| Spec * RP | -1.307*** <br> (-3.74) | |
| sp_syn | | 2.349*** <br> (3.51) |
| sp_syn * RP | | -0.811* <br> (-2.00) |
| Lev | -4.987 <br> (-1.69) | -4.353 <br> (-1.44) |
| ROA | 13.39 <br> (1.14) | 14.24 <br> (1.18) |
| Size | 0.183 <br> (0.30) | 0.363 <br> (0.58) |
| Age | -0.442 <br> (-0.73) | -0.420 <br> (-0.68) |
| _cons | -5.545 <br> (-0.42) | -8.321 <br> (-0.61) |
| Ind | 控制 | 控制 |
| Year | 控制 | 控制 |
| Adj. $R^2$ | 0.195 3 | 0.148 6 |
| N | 336 | 336 |

注：***、**、*分别表示在1%、5%和10%的水平上显著；括号中的数值为 $t$ 值。

3）联盟稳定性的调节作用分析

表5.14第（1）列中列出了模型式（5.10）以研发投入强度（RDS）作为因变量的回归结果，回归均包含主导风投行业专长和联合风险投资指数的交乘项以及所有控制变量。当研发投入强度为因变量时，主导风投行业专长和联合风险投资指数的交乘项系数在1%水平上显著为正，意味着联盟稳定性越高，越能够强化主导风投行业专长对企业创新的正向促进作用。回归结果不支持假设5b，假设5a得到验证。

综上所述，联盟稳定性强化了主导风投行业专长对企业创新的正向促进作用。

表5.14第（2）列中列出了模型式（5.10）以研发投入强度（RDS）作为因变量的回归结果，当研发投入强度为因变量时，联合投资行业专长和联合风险投资指数的交乘项系数在5%水平上显著为正，意味着联盟稳定性越高，越能够强化行业专长对企业创新的正向促进作用。回归结果不支持假设6b，假设6a得到验证。

综上所述，联盟稳定性强化了联合投资行业专长对企业创新的正向促进作用。

表5.14 联盟稳定性的调节作用

| RDS | (1) | (2) |
| --- | --- | --- |
| Spec | -5.573*** (-5.66) | |
| SI | -14.37*** (-7.53) | -7.305*** (3.46) |
| Spec * SI | 10.82*** (7.93) | |
| sp_syn | | -2.303* (-1.97) |
| sp_syn * SI | | 4.198** (3.16) |
| Lev | -4.706 (-1.72) | -4.109 (-1.37) |
| Growth | -1.596 (-1.46) | -2.539* (-2.13) |
| ROA | 19.03 (1.74) | 18.17 (1.51) |
| Size | -0.032 8 (-0.06) | 0.303 (0.48) |
| Age | -0.688 (-1.23) | -0.422 (-0.69) |

续表

| RDS | (1) | (2) |
|---|---|---|
| _cons | 11.26<br>(0.88) | -0.0523<br>(-0.00) |
| Ind | 控制 | 控制 |
| Year | 控制 | 控制 |
| Adj. $R^2$ | 0.3027 | 0.1644 |
| N | 336 | 336 |

注：***、**、* 分别表示在1%、5%和10%水平上显著；括号中的数值为 $t$ 值。

在实证部分，以研发投入强度为因变量，假设1、假设2、假设3b、假设4b、假设5a、假设6a得到验证。

**5. 稳健性检验**

考虑到上市前股权变化对主导风投判定的影响，采用累计投资金额最多的风险投资重新计算行业专长 Spec_ 作为替代变量对上述假设进行检验。对于联合投资行业专长，采用累计获得股权比例作为权重，计算加权平均数（SP_syn）代入相关模型完成稳健性检验。

表5.15列出了行业专长对企业创新的影响，分析表5.15第（1）列可知，研发投入强度作因变量时，主导风投行业专长与研发投入强度在1%水平上显著正相关，假设1得到验证，主导风投行业专长对企业创新水平具有正向促进作用，与原变量回归结果一致。

分析表5.15第（2）列可知，研发投入强度作因变量时，联合投资行业专长与研发投入强度在1%水平上显著正相关，假设2得到验证，联合投资行业专长对企业创新水平具有正向促进作用，与原变量回归结果一致。

表5.15 行业专长对企业创新水平的影响

| RDS | (1) | (2) |
|---|---|---|
| Spec_ | 1.223***<br>(3.51) | |
| SP_syn | | 1.173***<br>(3.78) |

续表

| RDS | (1) | (2) |
|---|---|---|
| Lev | -5.233<br>(-1.71) | -4.295<br>(-1.41) |
| Growth | -2.422*<br>(-2.00) | -2.481*<br>(-2.05) |
| ROA | 13.20<br>(1.09) | 13.96<br>(1.16) |
| Size | 0.352<br>(0.56) | 0.432<br>(0.69) |
| Age | -0.569<br>(-0.92) | -0.531<br>(-0.86) |
| _cons | -6.425<br>(-0.47) | -8.077<br>(-0.59) |
| Ind | 控制 | 控制 |
| Year | 控制 | 控制 |
| Adj. $R^2$ | 0.1354 | 0.1406 |
| N | 336 | 336 |

注：***、**、*分别表示在1%、5%和10%水平上显著；括号中的数值为 $t$ 值。

表5.16第（1）列中列出了模型式（5.9）以研发投入强度（RDS）作为因变量的回归结果，当研发投入强度为因变量时，主导风投行业专长和联合投资声誉的交乘项系数在1%水平上显著为负，表明联合投资声誉越高，越不利于主导风投行业专长对企业创新的促进作用。回归结果不支持假设3a，假设3b得到验证。

综上所述，联合投资声誉弱化了主导风投行业专长对企业创新的正向促进作用，与原变量回归结果整体一致。

表5.16第（2）列中列出了模型式（5.9）以研发投入强度（RDS）作为因变量的回归结果，当研发投入强度为因变量时，联合投资行业专长和联合投资声誉的交乘项系数在10%水平上显著为负，表明联合投资声誉越高，越不利于联合投资行业专长对企业创新的促进作用。回归结果不支持假设4a，假设4b得到验证。

综上所述，联合投资声誉弱化了联合投资行业专长对企业创新的正向促进作用，与原变量回归结果整体一致。

表5.16 联合投资声誉的调节作用

| RDS | (1) | (2) |
|---|---|---|
| Spec_ | 1.952*** <br> (3.58) | |
| RP | 1.013* <br> (2.32) | 1.608** <br> (2.76) |
| Spec_*RP | -0.592*** <br> (-1.76) | |
| SP_syn | | 2.637*** <br> (3.78) |
| SP_syn*RP | | -1.135* <br> (-2.38) |
| Lev | -5.048 <br> (-1.66) | -4.821 <br> (-1.59) |
| Growth | -2.550* <br> (-2.12) | -2.339* <br> (-1.95) |
| ROA | 14.42 <br> (1.19) | 13.00 <br> (1.08) |
| Size | 0.300 <br> (0.48) | 0.321 <br> (0.52) |
| Age | -0.480 <br> (-0.78) | -0.487 <br> (-0.79) |
| _cons | -6.600 <br> (-0.48) | -7.431 <br> (-0.55) |
| Ind | 控制 | 控制 |
| Year | 控制 | 控制 |
| Adj. $R^2$ | 0.146 0 | 0.157 0 |
| N | 336 | 336 |

注：***、**、*分别表示在1%、5%和10%水平上显著；括号中的数值为$t$值。

表 5.17 第（1）列列出了模型式（5.10）以研发投入强度（RDS）作为因变量的回归结果，当研发投入强度为因变量时，主导风投行业专长和联合风险投资系数的交乘项系数在 1% 水平上显著为正，意味着联盟稳定性越高，越能够强化主导风投行业专长对企业创新的正向促进作用。回归结果不支持假设 5b，假设 5a 得到验证。

综上所述，联盟稳定性强化了主导风投行业专长对企业创新的正向促进作用，与原变量回归结果一致。

表 5.17 第（2）列列出了模型式（5.10）以研发投入强度（RDS）作为因变量的回归结果，当研发投入强度为因变量时，联合投资行业专长和联合风险投资系数的交乘项系数在 5% 水平上显著为正，意味着联盟稳定性越高，越能够强化联合投资行业专长对企业创新的正向促进作用。回归结果不支持假设 6b，假设 6a 得到验证。

综上所述，联盟稳定性强化了联合投资行业专长对企业创新的正向促进作用，与原变量回归结果一致。

表 5.17 联盟稳定性的调节作用

| RDS | （1） | （2） |
| --- | --- | --- |
| Spec_ | -5.115*** <br> (-5.79) | |
| SI | -13.52*** <br> (-7.24) | -6.272*** <br> (-3.40) |
| Spec_ * SI | 9.640*** <br> (7.69) | |
| SP_syn | | -1.655 <br> (-1.75) |
| SP_syn * SI | | 3.644** <br> (3.15) |
| Lev | -4.946 <br> (-1.77) | -4.191 <br> (-1.40) |
| Growth | -2.308* <br> (-2.08) | -2.559* <br> (-2.15) |

续表

| RDS | (1) | (2) |
|---|---|---|
| ROA | 20.76<br>(1.86) | 17.50<br>(1.46) |
| Size | 0.0905<br>(0.16) | 0.310<br>(0.50) |
| Age | -0.608<br>(-1.07) | -0.440<br>(-0.72) |
| _cons | 8.725<br>(0.67) | -0.964<br>(-0.07) |
| Ind | 控制 | 控制 |
| Year | 控制 | 控制 |
| Adj. $R^2$ | 0.275 8 | 0.168 1 |
| N | 336 | 336 |

注：\*\*\*、\*\*、\*分别表示在1%、5%和10%水平上显著；括号中的数值为 $t$ 值。

## 五、研究结论

本节从创新投入方面衡量联合投资中主导风投以及联合投资行业专长对企业创新的影响，以及主导风投和联盟稳定性的调节作用。通过实证检验，得到以下结论。

（1）主导风投以及联合投资行业专长对企业创新水平具有正向促进作用。究其原因，作为联合风险投资中发挥关键作用的成员，主导风投有能力通过行业专长降低企业创新活动中的不确定性，联合投资行业专长为企业创新提供所需的资源，助力企业创新。

（2）联合投资声誉弱化了行业专长对企业创新的正向促进作用。一方面，在声誉维护阶段，联盟成员强调降低风险，联合投资贡献不足；另一方面，在声誉形成阶段，联合投资侧重短期业绩，忽视企业长期发展，给企业创新带来不利影响。

（3）联盟稳定性强化了行业专长对企业创新的正向促进作用。高联盟稳定性减少了成员流动造成的知识流失，解决了主导风投的后顾之忧，提高了主导风投充分发挥行业专长的积极性。高联盟稳定性也减少了伙伴的搜寻成本，提升了成员未来行为的可预见性，降低了合作过程中沟通协调的交易成本，激发了成员发挥协同作用的意愿，联合投资内部知识转移效率显著上升，加快了行业专长发挥作用的速度，能够更全面高效提供增值服务，助力企业自主创新。

## 第三节 结论

本章关注风险投资的专业化投资策略，深入研究行业专业化、地理位置专业化、阶段专业化投资策略对于企业创新的影响，从而为风险投资、企业、政府提供相应的建议。

第一节与第二节从实证研究的角度探究风险投资专业化对企业创新的影响。研究发现，风险投资的行业专业化程度越高，对企业创新投入的促进作用越显著。风险投资的地理位置专业化程度越高，对企业创新投入和企业专利数量产出的促进作用越明显。联合投资对企业创新的促进作用受到联盟成员特征的影响，主导风投以及联合投资行业专长对企业创新水平具有正向促进作用；联合投资声誉弱化了行业专长对企业创新的正向促进作用；联盟稳定性强化了行业专长对企业创新的正向促进作用。

本章通过实证分析从行业、投资阶段、地理位置三个方面全方面衡量了风险投资的专业化程度，并聚焦于联合风险投资行业专业化研究其对于企业创新的影响，扩展了增值服务理论及企业创新理论。本章的研究结果对于创业企业、风险投资和监管者决策都具有参考价值。创业企业可将行业专长作为选择联合投资的参考指标。风险投资机构可以充分发挥行业专长与地理位置专业化，为被投资方提供质量更高的增值服务，在建立声誉过程中不宜急功近利，在遴选联盟成员时，可谋求长期合作，在互信的基础上实现共赢。监管者应当加强信息披露管理，提升市场的有效性。

# 第六章 风险投资背景与企业创新

国家科技创新依赖于企业创新，对于企业的创新而言，风险投资的支持非常重要，已经有众多学者从不同的角度进行了深刻研究。相对而言，关于企业创新是否会受到风险投资背景影响的研究不够全面，而且所得的结论也并不一致。本章将从企业风险投资、独立风险投资、政府风险投资三个维度深入探讨风险投资背景对企业创新的影响。

第一节将研究两种不同的风险投资形式，即企业风险投资（CVC）和独立风险投资（IVC）对企业创新的不同影响。本节采用创业板数据，首先分析了风险投资股东持股比例对企业创新的影响；然后分析了不同种类的风险投资向被投资公司派驻高管对企业创新的影响。

第二节将聚焦于政府风险投资与企业创新之间的关系，通过收集2009—2016年我国创业板当中有风险投资背景的上市企业的相关信息，研究政府风险投资与非政府风险投资对企业创新的影响效果差异，并从有政府风险投资参与企业的资本背景是否单一和政府风险投资的投资目标的差异性两个维度做了进一步探索。

# 第一节　企业风险投资与独立风险投资对企业创新的影响研究

## 一、研究背景及意义

### 1. 研究背景

风险投资者在投资目标、筛选评估投资企业方法、治理机制等多个维度存在差异,因此不同类型的风险投资者不太可能对被投资企业的业绩和行为产生同样的影响。CVC 和 IVC 之间的区别是受学者关注的问题之一。CVC 是主营业务为非金融的企业直接或通过成立投资公司、投资基金的方式对其他企业进行的风险投资。IVC 是专业风险投资机构、风险投资基金或专业风险投资人对其他企业进行的投资,是风险投资的主要形式。典型的 IVC 公司是一个管理公司负责管理机构和个人提供的几个资金池,由管理公司作为普通合伙人(GP),投资者作为有限合伙人(LP)。Sahlman(1990)指出,有限合伙人往往不参与投资管理。相反,Dushnitsky & Lenox(2006)指出,CVC 的投资者为非金融公司的投资或业务部门。CVC 与 IVC 对企业的影响存在以下不同:CVC 是一种战略上的投资,往往从长期发展角度引导被投资企业的发展;而 IVC 更加注重被投资企业的财务状况。Gompers、Kovner 和 Lerner(2009)指出,IVC 的基金经理薪酬与投资收益挂钩。

主流观念认为,CVC 在培育创新方面可能优于 IVC:①CVC 比 IVC 有更长的投资期限。CVC 的资金是由非金融公司提供,不受盈利和投资期限的限制,而 IVC 由普通合伙人运营,受投资期限的限制。②CVC 受投资公司的限制,在选择投资对象时会考虑投资公司的战略目标和财务目标,而 IVC 公司往往只关注财务收益。③二者的薪酬绩效结构不同,IVC 的基金经理薪酬与投资收益挂钩,而 CVC 的基金经理薪酬不单单与投资收益挂钩。基于上述三个特点,从理论上分析,CVC 比 IVC 更加能够容忍失败,本节从实践角度验证该理论在我国创业板市场是否具有适应性。

**2. 研究意义**

（1）丰富了 CVC 和 IVC 的对比研究。中国对 CVC 和 IVC 的对比研究尚处起步和探索阶段，主要是对欧美学者研究文献的总结和归纳，缺乏自主性成果，已有的研究基本都是以美国投资为研究情景，对中国投资缺乏关注。

（2）丰富了派驻高管对企业创新影响的相关理论研究。我国已经制定了一系列政策促进企业创新改革，以往针对企业创新的研究表明创新与多种因素相关。丰富了不同种类的投资方式对企业创新的影响，从派驻高管角度出发，研究了不同种类的风险投资派驻高管对企业创新绩效产生的影响，丰富了企业创新的影响因素研究。

（3）对于政策制定者来说，可以帮助政策制定者了解 CVC 与 IVC 这两种不同的投资方式对企业创新发展的影响，同时更充分地了解企业创新机制。对于投资人来说，可以为投资者在管理被投资企业时提供更多思路，帮助被投资企业良性发展，帮助投资者获得更多收益。对于企业管理层来说，可以帮助管理层在选择接受风险投资时考虑未来对企业的影响，帮助企业在不同发展时期和不同发展战略下，合理选择接受不同种类的风险投资。

## 二、研究假设

鲁桐和党印（2012）通过研究上市公司股东的性质和持股比例，发现股东持股比例影响企业的研发投入和创新绩效。王雷和周方召（2017）等通过研究 A 股市场发现风险投资机构持股比例与企业创新绩效呈倒 U 形关系（图 6.1）。通过文献综述，CVC 往往具有较长的投资视野，较少的绩效驱动补偿方案，并且 CVC 往往会提供行业技术支持，使得被投资企业能够获得更好的互补性资产的支持，这种投资方式更能容忍短期的失败，因而 CVC 能够有效地促进企业创新。

与 CVC 不同，IVC 的加入往往注重短期财务效益的增长，因此会在一定程度上将企业资产配置于能够快速盈利的项目，不利于被投资企业的创新发展。但是，CVC 的持股比例过高时，企业的资产倾向于增加研发投入、开设创新项目，企业现金流受到影响，正常经营活动受限，企业发展出现风险，此时企业会减少创新活动。相反地，IVC 持股比例过高时，IVC 对被投资企业的控制权增加,退出成本也随之增加,IVC 为规避风险,从长期考虑会适当增加企业创新投入以提升企业市场竞争力,以期未来获得更高的财务收益。

通过上面分析,给出以下假设。

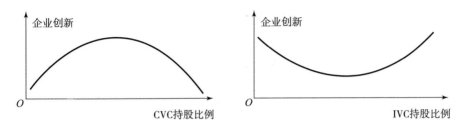

图 6.1　CVC 和 IVC 持股比例与企业创新关系示意图

假设 1：CVC 的持股比例与被投资企业技术创新之间存在倒 U 形关系。

假设 2：IVC 的持股比例与被投资企业技术创新之间存在 U 形关系。

Masulis 和 Nahata（2009）指出,CVC 支持的公司往往是该公司的竞争对手,或者是技术互补的公司。因此,CVC 公司可能为被投资企业提供一系列技术支持,所以更具培育创新的能力。Steensma（2011）研究了 1990—2003 年美国半导体、计算机、无线通信等高科技行业接受 CVC 的创业公司,得出创业公司在有 CVC 支持时对首次公开募股更为有利,CVC 通过提供互补性资产促进被投企业发展。当某公司接受 CVC 的投资之后,该公司除了获得发展资金外,还有可能获得投资者的市场份额、专业技术人员的指导、管理层的规范管理,另外还可能获得设备共享、厂房租借等优势资源。因此,接受 CVC 在理论上能够提升企业市场竞争能力和技术创新能力。已有资料显示,CVC 公司一般是行业内有一定发展优势的公司,往往有一定的行业经验、市场资源和经营经验,因此,当 CVC 向被投资企业派驻高管时,高管自身的技术优势、经营经验能够帮助被投资企业创新发展。另外,高管对企业的经营策略也有更为成熟的经验,所以对公司长期发展有正向促进作用。所以推测 CVC 在被投资企业中派驻高管更有助于促进创新。与此相反,IVC 的股东注重财务收益,高管席位的增加可能会使被投资企业注重短期财务收益,从而影响创新投入和产出。在此做出如下假设。

假设 3：CVC 持股比例越高,派驻高管对被投资企业创新有正向积极作用。

假设 4：IVC 持股比例越高,派驻高管对被投资企业创新有负向消极作用。

## 三、样本与变量

### 1. 样本

根据 CVC 与 IVC 的特点和已有文献研究,本节从 2010 年至 2017 年间,在创业板 IPO 的 695 家企业的招股说明书中筛选出公司前十大股东中有其他非金融类公司或非金融类公司下设的投资公司(或投资基金)持股的 93 家企业,定义其为 CVC 的公司;筛选出 IPO 时前十大股东中有专业投资机构或金融机构投资的企业 207 家,定义其为 IVC 的公司。

数据样本来源于国泰安中国股票市场交易数据库(CSMAR),缺少数据由上市公司年报、招股说明书手动补全。专利数据主要来源于国家知识产权局官方网站、佰腾专利检索网(简称佰腾网)和上市公司年报。高管信息主要来源于国泰安 CSMAR 数据库和高管个人简历。

### 2. 变量选取

1) 被解释变量

对创新绩效的衡量,采用创新投入和创新产出两个方面表示。

技术创新投入指标如下。

(1) R&D1:IPO 第一年被投资企业当年研发投入与营业收入之比;使用上市公司的招股说明书中的研发投入与营业收入数据表示。

(2) R&D2:IPO 当年和 IPO 第二年被投资企业当年研发投入与营业收入之比的平均值;该变量同样体现企业的创新投入能力。

技术创新产出指标如下。

(1) Patent:IPO 前一年和第一年被投资企业发明专利申请量之和。企业的专利申请情况能够体现企业的创新产出能力。在回归模型中,使用的指标为 $\ln(Patent+1)$,自然对数的使用可以一定程度上消除极大值对模型的异常影响,使模型拟合度更优。

(2) Topatent:IPO 第一年和第二年被投资企业发明专利申请量之和。在模型中,使用的指标为 $\ln(Topatent+1)$,消除极大值的异常影响。

2) 解释变量

(1) CVC 持股比例:CVC 者持有的被投资企业股权比例;针对招股说

明书中的前十大股东进行手动查询，将股东是非金融公司（不为被投资企业的母公司、控股公司）的定义为 CVC 者。

（2）IVC 持股比例：IVC 者持有的被投资企业股权比例；针对招股说明书中的前十大股东进行手动查询，将股东中的专业投资机构定义为 IVC 者。

3）调节变量

高管席位（Director）为虚拟变量。若被投资企业高管中有 CVC 或者 IVC 派驻的人员，则 Director 取 1，否则取 0。这里的高管席位是一个较为广泛的概念，包含董事会、监事会、总经理、高级技术管理人员等席位。使用国泰安 CSMAR 数据库中的高管简介或者手动搜集高管个人资料和简历确认。

4）控制变量

（1）资产收益率（ROA）：企业净利润和总资产总额的比值。在实证研究中常用的控制变量，表示企业的盈利能力强弱。企业盈利能够表示企业经营状况，这对创新投入与产出可能产生影响。

（2）资产负债率（Debt）：企业负债总额与资产总额的比值。在实证研究中常用的控制变量，表示企业财务杠杆大小。资产负债率对企业的经营能力和风险程度相关，有可能对创新产生影响。

（3）企业规模（Size）：用被投资企业的总资产的自然对数来表示，表示企业规模大小。不同规模的企业往往处在不同的企业发展时期，不同的发展时期企业的经营策略不相同，因此对创新的政策可能不相同。

（4）企业成立时间（Age）：企业 IPO 日与企业成立日差值的自然对数，表示企业成立时间长短。这与企业成熟度和企业累计资源优势相关，可能对创新能力产生影响。

主要控制变量的定义如表 6.1 所示。

表 6.1 变量说明

| 变量类型 | 变量名称 | 变量说明 |
| --- | --- | --- |
| 被解释变量 | R&D1 | IPO 第一年被投资企业当年研发投入与营业收入之比 |
| | R&D2 | IPO 第一年和第二年被投资企业当年研发投入与营业收入之比的平均数 |
| | Patent | IPO 前一年和 IPO 第一年被投资企业发明专利申请量之和 |
| | Topatent | IPO 第一年和第二年被投资企业发明专利申请量之和 |

续表

| 变量类型 | 变量名称 | 变量说明 |
|---|---|---|
| 解释变量 | CVC | CVC 投资者持有的被投资企业股权比例 |
| | IVC | IVC 投资者持有的被投资企业股权比例 |
| 调节变量 | Director | 虚拟变量。若被投企业高管中有 CVC 或者 IVC 派驻的人员，则 Director 取 1，否则取 0 |
| 控制变量 | ROA | 企业净利润和总资产总额的比值 |
| | Debt | 企业负债总额与资产总额的比值 |
| | Size | 被投资企业的总资产的自然对数 |
| | Age | 企业 IPO 日与企业成立日差值的自然对数 |

## 四、模型与结果

### 1. 研究模型

对假设 1、假设 2、假设 3、假设 4 分别建立模型式（6.1）、模型式（6.2）、模型式（6.3）和模型式（6.4）。模型中的 Innovation 分别代指创新投入 R&D 和创新产出 Patent。

CVC 股东持股比例回归模型：

$$\text{Innovation}_{i,t} = a_0 + a_1 \text{CVC} + a_2 \text{CVC}^2 + a_3 \text{Debt} + a_4 \text{Age} + a_5 \text{Size} + a_6 \text{ROA} + \varepsilon_{i,t} \quad (6.1)$$

IVC 股东持股比例回归模型：

$$\text{Innovation}_{i,t} = a_0 + a_1 \text{IVC} + a_2 \text{IVC}^2 + a_3 \text{Debt} + a_4 \text{Age} + a_5 \text{Size} + a_6 \text{ROA} + \varepsilon_{it} \quad (6.2)$$

CVC 派驻高管回归模型：

$$\text{Innovation}_{i,t} = a_0 + a_1 \text{Director} + a_2 \text{CVC} * \text{Director} + a_3 \text{Debt} + a_4 \text{Age} + a_5 \text{Size} + a_6 \text{ROA} + \varepsilon_{it} \quad (6.3)$$

IVC 派驻高管回归模型：

$$\text{Innovation}_{i,t} = a_0 + a_1 \text{Director} + a_2 \text{IVC} * \text{Director} + a_3 \text{Debt} + a_4 \text{Age} + a_5 \text{Size} + a_6 \text{ROA} + \varepsilon_{it} \quad (6.4)$$

## 2. 描述性统计

如表 6.2 和表 6.3 所示，有 CVC 参与投资的样本数量为 93 家。CVC 平均持股比例为 7.39%。有 IVC 参与投资的样本数量为 203 家。IVC 平均持股比例为 8.39%，略高于 CVC。在对创新投入的描述性统计中，CVC 支持公司的 IPO 当年研发投入与营业收入之比（R&D1）与 IPO 当年和 IPO 第二年研发投入与营业收入之比的平均数（R&D2）的平均值为 6.161 4 和 6.762 5，均略高于 IVC 相对应的平均值 5.773 3、6.393 9。初步判断 CVC 样本在创新投入上有更好的表现。CVC 样本 IPO 当年发明专利申请量（Patent）与 IPO 当年和 IPO 第二年发明专利申请量之和（Topatent）的平均值分别为 15.139 8 和 33.860 2，略高于 IVC 样本的 12.913 和 27.159 4。

表 6.2 CVC 样本企业描述性统计

| 变量名称 | 平均值 | 中位数 | 标准差 | 最大值 | 最小值 | 样本数 |
| --- | --- | --- | --- | --- | --- | --- |
| CVC | 0.073 9 | 0.052 5 | 0.072 8 | 0.362 3 | 0.001 4 | 93 |
| ROA | 0.076 3 | 0.061 8 | 0.056 1 | 0.469 0 | 0.020 5 | 93 |
| Debt | 0.234 0 | 0.187 1 | 0.172 5 | 0.717 4 | 0.008 8 | 93 |
| Size | 20.475 6 | 20.491 7 | 0.681 5 | 21.807 3 | 18.131 0 | 93 |
| Age | 8.24 | 8.23 | 7.51 | 9.05 | 5.90 | 93 |
| R&D1 | 6.161 4 | 4.8 | 4.150 8 | 23.81 | 1.99 | 93 |
| R&D2 | 6.762 5 | 5.215 | 4.647 8 | 24.075 | 2.08 | 93 |
| Patent | 15.139 8 | 7 | 23.878 1 | 147 | 0 | 93 |
| Topatent | 33.860 2 | 17 | 57.978 2 | 440 | 0 | 93 |

表 6.3 IVC 样本企业描述性统计

| 变量名称 | 平均值 | 中位数 | 标准差 | 最大值 | 最小值 | 样本数 |
| --- | --- | --- | --- | --- | --- | --- |
| IVC | 0.083 9 | 0.077 6 | 0.049 1 | 0.300 2 | 0.009 4 | 207 |
| ROA | 0.082 7 | 0.0675 | 0.050 4 | 0.469 0 | 0.005 7 | 207 |

续表

| 变量名称 | 平均值 | 中位数 | 标准差 | 最大值 | 最小值 | 样本数 |
|---|---|---|---|---|---|---|
| Debt | 0.210 3 | 0.176 2 | 0.152 5 | 0.746 0 | 0.008 8 | 207 |
| Size | 20.404 8 | 20.439 7 | 0.636 7 | 22.190 9 | 18.624 6 | 207 |
| Age | 8.16 | 8.16 | 7.42 | 9.08 | 5.90 | 207 |
| R&D1 | 5.773 3 | 4.54 | 4.205 0 | 37.1 | 0 | 207 |
| R&D2 | 6.393 9 | 4.705 | 4.714 5 | 37.45 | 0 | 207 |
| Patent | 12.913 0 | 6 | 21.148 2 | 215 | 0 | 207 |
| Topatent | 27.159 4 | 14 | 45.655 6 | 505 | 0 | 207 |

### 3. 回归结果分析

1）CVC 股东持股比例对企业创新的影响研究

如表 6.4 所示，创新投入 R&D1 与 $CVC^2$ 在 1% 显著性水平上呈负相关关系，与 CVC 在 1% 显著性水平上呈正相关关系。创新产出 ln（patent+1）与 $CVC^2$ 在 10% 显著性水平上呈负相关关系，与 CVC 在 5% 显著性水平上呈正相关关系。也就是说 CVC 持股比例与创新投入和创新产出都是一种倒 U 形关系，即 CVC 持股比例与企业创新投入间呈倒 U 形关系，假设 1 成立。

这是因为 CVC 往往具有较长的投资视野，较少的绩效驱动补偿方案，并且 CVC 往往会提供行业技术支持，使得被投资企业能够获得更好的互补性资产的支持，这种投资方式更能容忍短期的失败，因而 CVC 能够有效地促进企业创新。当 CVC 公司对被投资企业持股比例过高时，会导致 CVC 公司的资产高度集中于企业的技术创新项目，从而不利于技术创新风险的最优配置，这样加大了 CVC 公司的风险成本。CVC 公司为了规避风险，对技术创新的支持程度就会下降。

表 6.4 CVC 股东持股比例回归模型

| 变量 | R&D1 | ln(Patent+1) |
|---|---|---|
| CVC | 1.064 4 *** <br> (4.356 7) | 0.086 8 ** <br> (2.011 4) |
| $CVC^2$ | -0.712 7 *** <br> (-2.941 7) | -0.203 1 * <br> (1.610 2) |

续表

| 变量 | R&D1 | ln(Patent+1) |
|---|---|---|
| ROA | 0.1905** <br> (1.9080) | -0.1472 <br> (-1.4732) |
| Debt | -0.2940*** <br> (-3.2661) | 0.1036** <br> (2.0521) |
| Size | -0.1013 <br> (-1.0426) | 0.0302** <br> (2.1056) |
| Age | 0.1080 <br> (1.1616) | 0.0471 <br> (0.2592) |
| Adj. $R^2$ | 0.303 | 0.121 |
| N | 93 | 93 |

注：***、**、*分别表示在1%、5%和10%水平上显著；括号中的数值为 $t$ 值。

2) IVC 股东持股比例对企业创新的影响研究

如表 6.5 所示，创新投入 R&D1 与 $IVC^2$ 在 5% 显著性水平上呈负相关关系，与 IVC 在 10% 显著性水平上呈正相关关系。也就是说，IVC 持股比例与企业创新投入间呈 U 形关系。而股东持股比例对创新产出的影响结果不显著（用实用新型专利申请量及滞后一年的发明专利授权量数据进行回归分析，所得结果均不显著）。

这可能是因为专利申请需要耗费企业一定的时间成本和金钱成本，IVC 不重视企业短期的创新产出。与 CVC 不同，IVC 的加入往往注重短期财务效益的增长，因此会在一定程度上将企业资产配置于能够快速盈利的项目，不利于被投资企业的创新发展。相反，IVC 持股比例过高时，IVC 对被投资企业的控制权增加，退出成本也随之增加，IVC 为规避风险，从长期考虑会适当增加企业创新投入以提升企业市场竞争力，以期未来获得更高的财务收益。

表 6.5 IVC 股东持股比例回归模型

| 变量 | R&D1 | ln(Patent+1) |
|---|---|---|
| IVC | -0.3459* <br> (-1.9127) | -0.2164 <br> (-1.3895) |
| $IVC^2$ | 0.4547** <br> (2.5112) | 0.1829 <br> (1.3211) |

续表

| 变量 | R&D1 | ln(Patent+1) |
|---|---|---|
| ROA | 0.147 2 ** (2.013 2) | -0.063 3 (-1.114 2) |
| Debt | -0.255 2 *** (-3.833 7) | 0.084 2 (0.359 8) |
| Size | -0.230 1 *** (-3.148 8) | 0.184 3 ** (2.354 4) |
| Age | 0.034 3 (0.516 1) | 0.014 8 (0.467 0) |
| Adj. $R^2$ | 0.156 | 0.053 |
| N | 203 | 203 |

注：***、**、* 分别表示在1%、5%和10%水平上显著；括号中的数值为 $t$ 值。

3) CVC高管席位对企业创新的影响研究

如表6.6所示，Director与CVC的交乘项（Director * CVC）对创新投入和创新产出分别在显著性水平0.10和0.05的水平上显著。也就是说，CVC持股比例越高，CVC派驻高管对企业创新绩效的正向作用越明显。假设3成立。CVC公司一般是行业内的大型企业，拥有丰富的行业声誉、经验与资源，其作为特殊的机构投资者在信息搜集方面具有规模经济和比较优势，这使得CVC在董事会中比其他董事会成员更易于获得关于被投资企业价值的有效信息，因而在监督公司经营者方面的力量较强。

表6.6 CVC高管席位对创新影响

| 变量 | R&D1 | ln(Patent+1) |
|---|---|---|
| Director | 0.126 1 (0.903 4) | 0.122 3 (0.873 0) |
| Director * CVC | 0.260 1 * (1.890 5) | 0.340 0 ** (2.441 2) |
| ROA | 0.141 4 (1.321 7) | -0.120 5 (-1.150 4) |

续表

| 变量 | R&D1 | ln(Patent+1) |
|---|---|---|
| Debt | -0.2328** <br> (-2.3815) | 0.2613*** <br> (2.7309) |
| Size | -0.1324 <br> (-1.2662) | 0.2413** <br> (2.3587) |
| Age | 0.2137** <br> (2.1604) | 0.1167 <br> (1.2059) |
| Adj. $R^2$ | 0.210 | 0.221 |
| N | 93 | 93 |

注：***、**、* 分别表示在1%、5%和10%水平上显著；括号中的数值为 $t$ 值。

4）IVC 高管席位对企业创新的影响研究

如表 6.7 所示，Director 与 IVC 的交乘项（Director * IVC）对创新投入的影响在显著性水平 1% 上显著。对创新产出专利申请量的影响效果不显著，推断可能性为 IVC 派驻的高管将注意力集中于企业财务状况，对企业专利申请情况不重视。并且 IVC 派驻的高管不是技术专业人员，对专利申请的决策权较低。也就是说，IVC 持股比例越高，IVC 向被投资企业派驻高管，对被投资企业创新投入的负向影响越明显。推断其可能性，IVC 的股东注重财务收益，高管席位的增加可能会使被投资企业注重短期财务收益，从而影响创新投入。

表 6.7 IVC 高管席位对创新影响

| 变量 | R&D1 | ln(Patent+1) |
|---|---|---|
| Director | -0.625*** <br> (4.120) | 0.0760 <br> (0.6458) |
| Director * IVC | -0.455*** <br> (-2.999) | -0.0392 <br> (-0.8148) |
| ROA | 0.1240* <br> (1.7159) | -0.0935 <br> (-1.2109) |
| Debt | -0.2486*** <br> (-3.7816) | 0.0741 <br> (1.0544) |

续表

| 变量 | R&D1 | ln(Patent+1) |
|---|---|---|
| Size | -0.245 1*** <br> (-3.380 3) | 0.192 2** <br> (2.480 0) |
| Age | 0.053 6 <br> (0.816 7) | 0.034 8 <br> (0.495 9) |
| Adj. $R^2$ | 0.227 | 0.054 |
| N | 203 | 203 |

注：***、**、*分别表示在1%、5%和10%水平上显著；括号中的数值为 $t$ 值。

#### 4. 稳健性检验

参考已有文献，对上述回归结果进行稳健性检验。采用 IPO 当年和 IPO 第二年被投资企业当年研发投入与营业收入之比的平均数（R&D2）和 IPO 当年和 IPO 第二年被投资企业发明专利申请量之和（Topatent）来对假设中的模型进行进一步稳健性检验。

1）CVC 股东持股比例稳健性检验

如表 6.8 所示，创新投入 R&D2 与 $CVC^2$ 在 1% 显著性水平上呈负相关关系，与 CVC 在 1% 显著性水平上呈正相关关系。创新产出 ln（Topatent + 1）与 $CVC^2$ 在 10% 显著性水平上呈负相关关系，与 CVC 在 10% 显著性水平上呈正相关关系。CVC 持股比例与创新投入和创新产出都是一种倒 U 形关系，即 CVC 持股比例与企业创新投入间呈倒 U 形关系，验证假设 1 成立。

表 6.8 CVC 股东持股比例稳健性检验

| 变量 | R&D2 | ln（Topatent+1） |
|---|---|---|
| CVC | 1.027 3*** <br> (4.068 4) | 0.030 21* <br> (1.813 2) |
| $CVC^2$ | -0.710 9*** <br> (-2.838 7) | -0.108 9* <br> (-1.674 2) |
| ROA | 0.184 7* <br> (1.789 9) | 0.005 7 <br> (0.013 4) |

续表

| 变量 | R&D2 | ln（Topatent+1） |
|---|---|---|
| Debt | -0.305 4*** <br> (-3.282 8) | 0.242 4** <br> (2.212 1) |
| Size | -0.042 1 <br> (-0.418 9) | 0.235 4*** <br> (3.175 4) |
| Age | 0.077 7 <br> (0.808 2) | -0.001 7 <br> (-0.065 9) |
| Adj. $R^2$ | 0.256 | 0.109 |
| $N$ | 93 | 93 |

注：\*\*\*、\*\*、\* 分别表示在1%、5%和10%水平上显著；括号中的数值为 $t$ 值。

2）IVC 股东持股比例稳健性检验

如表 6.9 所示，创新投入 R&D2 与 $IVC^2$ 在 5% 显著性水平上呈负相关关系，与 IVC 在 10% 显著性水平上呈正相关关系。而股东持股比例对创新产出 ln（Topatent+1）的影响结果不显著（用实用新型专利申请量及滞后一年的发明专利授权量数据进行回归分析，所得结果均不显著）。这与前面回归结果相一致，说明 IVC 持股比例只与创新投入呈现 U 形关系。

表 6.9 IVC 股东持股比例稳健性检验

| 变量 | R&D2 | ln（Topatent+1） |
|---|---|---|
| IVC | -0.276 3* <br> (-1.743 3) | -0.132 2 <br> (-0.574 2) |
| $IVC^2$ | 0.376 2** <br> (2.048 7) | 0.987 0 <br> (1.002 3) |
| ROA | 0.120 3* <br> (1.621 6) | -0.078 6 <br> (-0.424 8) |
| Debt | -0.288 6*** <br> (-4.274 4) | 0.134 6* <br> (1.825 7) |
| Size | -0.189 0** <br> (-2.550 5) | 0.299 8*** <br> (3.765 9) |

续表

| 变量 | R&D2 | ln(Topatent+1) |
|---|---|---|
| Age | 0.019 0<br>(0.282 3) | -0.066 3<br>(-0.214 9) |
| Adj. $R^2$ | 0.132 | 0.066 |
| N | 203 | 203 |

注：***、**、*分别表示在1%、5%和10%水平上显著；括号中的数值为$t$值。

3）CVC高管席位对创新影响稳健性检验

如表6.10所示，CVC持股比例越高，在被投资企业中派遣高管，对被投资企业的创新投入和创新产出的正向促进作用越明显，并且在10%的显著性水平上显著。这说明CVC持股比例越高，CVC在对被投资企业派驻高管被投资企业的创新绩效的正向影响作用越明显，这也与前面结果相一致。假设3通过了稳健性检验。

表6.10 CVC高管席位对创新影响稳健性检验

| 变量 | R&D2 | ln(Topatent+1) |
|---|---|---|
| Director | 0.148 7<br>(1.038 2) | 0.322 1**<br>(2.294 6) |
| Director * CVC | 0.200 7*<br>(1.721 6) | 0.092 8*<br>(1.924 9) |
| ROA | 0.146 3<br>(1.143 2) | 0.025 0<br>(0.236 9) |
| Debt | -0.261 9**<br>(-2.628 4) | 0.281 6***<br>(2.917 6) |
| Size | -0.080 5<br>(-0.780 0) | 0.340 6***<br>(3.300 4) |
| Age | 0.158 7*<br>(1.851 4) | 0.029 7<br>(0.303 8) |
| Adj. $R^2$ | 0.164 | 0.198 |
| N | 93 | 93 |

注：***、**、*分别表示在1%、5%和10%水平上显著；括号中的数值为$t$值。

4) IVC 高管席位对创新影响稳健性检验

如表 6.11 所示,Director 与 IVC 的交乘项对创新投入的影响在 1% 的水平上显著。对创新产出专利申请量的影响效果不显著。此处回归结果与前面研究结果相一致。

表 6.11　IVC 高管席位对创新影响稳健性检验

| 变量 | R&D2 | ln(Topatent+1) |
|---|---|---|
| Director | -0.6432*** <br> (-4.2236) | -0.0062 <br> (-1.3715) |
| Director * IVC | -0.4472*** <br> (-2.9341) | 0.0952 <br> (0.5771) |
| ROA | 0.0978 <br> (1.3510) | -0.0252 <br> (-0.2387) |
| Debt | -0.2790*** <br> (-4.2360) | 0.1309* <br> (1.8433) |
| Size | -0.2061*** <br> (-2.8368) | 0.2407*** <br> (3.1204) |
| Age | 0.0377 <br> (0.5729) | -0.0079 <br> (-0.1135) |
| Adj. $R^2$ | 0.199 | 0.060 |
| N | 203 | 203 |

注:***、**、* 分别表示在 1%、5% 和 10% 水平上显著;括号中的数值为 t 值。

综上所述,稳健性检验结果与实证回归结果大部分相一致,说明模型构建具有一定的稳健性。也进一步证明了假设 1、假设 3、假设 4 成立,假设 2 中 IVC 持股比例只与创新投入呈 U 形关系,对创新产出无显著影响。

### 五、研究结论

本节以创业板上市公司企业为样本,探究了企业风险投资与独立风险投资不同的投资特点,以及它们对企业产生的不同影响。通过实证研究,主要得出以下结论。

(1) CVC 的持股比例与企业创新呈非线性倒 U 形关系。当企业风险投资对短期财务收益需求较小时，多从企业长期发展的角度进行考虑，促进创新有利于企业长期发展。而当持股比例过高时，过多的创新投入会对企业现金流产生消极影响，使企业经营运转出现困难，这时企业的创新程度就会降低。

（2）IVC 的持股比例与企业创新呈非线性 U 形关系。与企业风险投资不同，IVC 从短期财务收益角度考虑，减少对创新的投入，因此企业创新性下降。而当 IVC 持股比例过高时，企业会有较为充裕的现金流进行经营和发展，此时企业创新增强。

（3）CVC 持股比例越高，CVC 派驻高管对企业创新绩效的正向作用越明显。CVC 一般是行业内的大型企业，拥有丰富的行业声誉、经验与资源，其作为特殊的机构投资者在信息搜集方面具有规模经济和比较优势，这使得 CVC 在董事会中比其他董事会成员更易于获得关于被投资企业价值的有效信息，因而在监督公司经营者方面的力量较强。

（4）IVC 持股比例越高，IVC 向被投资企业派驻高管，对被投资企业创新投入的负向影响越明显。创新产出专利申请量的影响效果不显著，IVC 派驻的高管将注意力集中于企业财务状况，对企业专利申请情况不重视。而且 IVC 派驻的高管不是技术专业人员，对专利申请的决策权较低。IVC 的股东注重财务收益，高管席位的增加可能会使被投企业注重短期财务收益，从而影响创新投入。

# 第二节　政府风险投资对企业创新的影响研究

## 一、研究背景及意义

### 1. 研究背景

从 1986 年起，我国就开始制定相应的政策推动风险投资行业的发展，最早出现的风险投资机构主要是由地方政府建立，而且来自政府的资金在我国的风险资本资金来源构成上一直占据着较大比例。目前，国内的龙头风投资机构也大都具有一些政府的影子，如深圳市创新投资集团有限公司（简称深圳创投）等，此后我国的高速发展又吸引了一些外资风险投资，如软件银行集团（简称软银）等。在我国民间资本以及本土企业不断发展的过程中，又产生了很多以企业为背景的风险投资机构，如联想创投集团（简称联想创投）等。此外，在这一阶段还出现了一些民间风险投资，如同创伟业集团（简称同创伟业）等。所以，在划分风险投资机构时可以基于风险投资机构的不同资本背景进行划分，将其归于政府和非政府两种类别。

政府资金一直在我国风险资本中发挥重要作用。目前，我国风险资本正在朝着多样化的方向发展，很多私人部门及企业等都进入了风险投资领域，使这一领域的资金规模明显提升。同时，政府风险投资也很好地实现了自身启动资金的价值，带动了海外投资基金以及民间资本进入风险投资领域。除此之外，政府还营造出了更为适合投资者一展身手的宽松环境。政府风险投资作为我国风险投资行业的中坚力量，从始至终都担负着解决科技成果转化慢、高新技术发展资金投入不足的使命。

近年来，我国风险投资行业发展迅猛，在高新领域中表现极为出色。但是，目前国内有关政府风险投资影响企业创新的研究相对较少，而且所得结论也并不一致。本节以创业板有风险投资背景的上市企业为研究对象，选择了"不同类型政府风险投资对企业创新影响"这一视角进行实证研究。

### 2. 研究意义

（1）拓展了政府风险投资对企业创新影响效果方面的研究。选取了创业板上市企业为研究对象，对政府风险投资的参与对企业创新影响的行为进行探讨，研究相比于非政府风险投资，政府风险投资的参与对于企业创新是否有促进作用。

（2）对政府风险投资进行了细分，从资本背景是否单一和投资目标差异性两个维度，研究不同种类的风险投资对于被投资企业创新行为的影响是否有明显差异。因此，全面探讨了政府风险投资对企业创新影响的行为，丰富了现有的对于政府风险投资对企业创新行为影响的研究成果。

（3）从企业的角度而言，研究结果可以帮助企业根据自身发展目标选择合适企业本身的风险投资机构；从风险投资市场来看，政府风险投资一直是我国风险投资市场的主力军，此研究可以从政府风险投资角度发现我国风险投资市场的一些规律。而且能够使人们更好地认识到企业创新和政府风险投资二者间的联系，并且通过对研究结论的有效分析，可以更好地为政府风险投资的未来发展提出一些建议，以促进风险投资市场的更好发展。

## 二、研究假设

### 1. 不同资本背景风险投资与企业创新

企业在创新的过程中需要利用大量的资源以及资金，通常来讲，规模较小的初创企业往往不具备足够的资金，所以就需要风险投资为其提供支持。风险投资的加入能够使企业获得更多的资金。除此之外，风险投资机构通常还具有大量的专业知识以及健全的人际网，因此还可以为企业提供更多的增值服务。风险投资的类型众多，其背景也有所差异，类型的差异就会导致其投资策略、预期回报、风险偏好、投资目标等均有所不同。张学勇和廖理（2011）发现，不同背景的风险投资支持的企业的IPO溢价率和股票回报率存在一定的差异。所以，不同类型的风险投资机构在影响企业创新的过程中所产生的作用也可能有所差异。为了进一步分析不同风险投资背景对企业创新产生的差异，依照Wind数据库，将风险投资按其资本背景划分为政府风险投资（GVC）和非政府风险投资（non GVC）两个类别。

Sahlman（1990）认为，风险投资市场上存在着严重的信息不对称问题，在这种情况下，投资者和管理者之间的委托代理问题也会更加凸显。我国政府风险投资可能存在着管理体制僵化和增值服务能力弱等问题，实现国有资产保值增值成为政府风险投资机构的首要任务。另外，Leleux和Surlemont（2003）发现，与政府风险投资相比，非政府风险投资拥有更好的管理能力和更多的资源来支持企业。同时，由于薪酬方案的不同，非政府风险投资支持企业的动机比政府风险投资更强。如果这些因素占据主导地位，非政府风险投资支持的公司在创新层面可能比政府风险投资支持的公司表现更好。

从这个角度可以提出以下假设。

假设1a：非政府风险投资比政府风险投资对企业创新的促进效果好。

对于非政府风险投资而言，创新活动周期过于漫长，而且存在着极高的不确定性，所以非政府风险投资更倾向于企业利用自身的资金对成果进行转化，将成果商品化、市场化，进而获得更多的投资收益。但是，对于政府风险投资而言，Sahlman（1990）发现，通常政府风险投资会在投资之后的5~7年之后才会选择退出。政府风险投资的投资周期要明显长于非政府风险投资，这也显示政府风险投资对于企业的创新活动比非政府风险投资有着更大的影响。另外，Breschi和Lissoni（2001）认为，创新存在知识溢出的情况，所以创新会带来一定的额外社会价值。因为知识溢出存在着极为明显的地方特征，即创新引发的正外部性，会使一定区域范围内的企业获得相应的收益。在这个意义上，政府风险投资可能会更倾向于关注于企业的创新活动，因为有助于地区和国家的经济发展。而且政府风险投资通常更强调投资带动效率。

因此，政府风险投资更愿意为企业提供资金的支持以促进企业更好地进行创新活动，使企业将更多的资金投入到研发工作当中，从而取得更多的创新成果。所以，对企业创新而言，相比于非政府风险投资，政府风险投资所产生的促进作用以及影响可能更为显著。所以可以提出以下假设。

假设1b：政府风险投资比非政府风险投资对企业创新的促进效果好。

### 2. 风险投资资本背景是否单一与企业创新

我国资本市场存在着丰富多样的组织形式。依照本节的划分，从资本背景来看，可以分为政府风险投资背景、非政府风险投资背景、混合风险投资背景（政府风险投资背景与非政府风险投资背景联合投资）三种组织形式。政府风险投资能够从某种意义上对市场机制的缺陷进行弥补，企业在得到政府风险投资的支持后，有利于增强民间资本的信心，进而使民间资本参与到投资当中。由于存在知识溢出，区域内其他企业都可能在外部效应的影响下得到一定的好处，因而可使区域经济以及社会更好的发展，所以政府风险投资自身还兼具着一定的社会功能。政府风险投资属于长期投资者，因此能够很好地避免资本短视对企业造成的不利影响，而针对企业的长期战略提供相应的支持，所以二者结合就能够更好地推动创新的发展。Bertoni和Tykvová（2015）将欧洲政府风险投资作为研究对象发现，假设政府风险投资和其他风险投资进行联合，那么就可以在互补效应的作用下推动企业更好地创新。因此，政府风险投资和非政府风险投资可能有互补作用。所以提出如下假设。

假设2：混合背景风险投资（MIX）比政府风险投资单独投资对企业的创新的促进效果好。

### 3. 不同类型政府风险投资与企业创新

Bertoni 和 Tykvová（2015）从投资目标的差异性进行分类，把欧洲政府风险投资划分为促进创新型政府风险投资（TVC）和推动发展型政府风险投资（DVC）。基于中国特色社会主义和国情，通过手工搜集我国政府风险投资机构的企业文化、投资策略、投资目标等各种与投资偏好相关的信息，进一步将政府风险投资机构划分为推动发展型的政府风险投资机构和促进创新型的政府风险投资机构，并对促进创新型政府风险投资机构和推动发展型政府风险投资机构对企业创新产生的影响进行探索。

在企业文化、投资策略及各种与投资偏好相关的信息中，明确规定促进企业技术革新或创新的风险投资机构，我们把它认定为促进创新型政府风险投资机构。例如，重庆产业引导股权投资基金有限责任公司于 2014 年 5 月 13 日注册成立，受托管理重庆市政府为创新财政资金分配方式、推进产业结构优化升级而专门设立的重庆市产业引导股权投资基金。在企业文化、投资策略及各种与投资偏好相关的信息里，明确说明推进企业发展或者没有明确规定促进企业创新的风险投资机构都认定为推动发展型的政府风险投资机构。例如，深创投是深圳市政府于 1999 年 8 月发起成立的专业从事创业投资的有限责任公司，成立以来一直致力于培育民族产业、塑造民族品牌、促进经济转型升级和新兴产业发展。根据上述定义，我们提出以下假设。

假设3：促进创新型政府风险投资比推动发展型政府风险投资对企业创新促进效果好。

## 三、样本与变量

### 1. 样本

本节的研究对象是有风险投资背景的上市企业。从研究目的和数据的可获得性等方面考虑，剔除了数据缺失的样本后，采集了 2009—2016 年深圳创业板 339 家上市企业的财务数据等各种信息，同时通过十大股东文件里的股东信息进行辨别,得到这些上市企业背后的风险投资机构共有445家,并对风险投资机构的背景进行区分。

表6.12列出了有风险投资背景的上市企业按上市年度分布的情况。2009年9月,深圳创业板启动之后,当年就有27家有风险投资背景的企业成功上市。2010年和2011年,分别有60家和70家有风险投资背景的企业成功上市,达到了高点。但是,由于2012股票市场低迷,一级市场占有资金巨大,二级市场萎靡不振,成功上市的企业数量骤减,2014年只有31家有风险投资背景的企业成功上市。但是,上海证券交易所股票价格综合指数(简称上证指数)振荡走低后大幅上涨,一路走高,随后有风险投资背景的企业成功上市的数量开始增加。尽管2015年7月IPO市场再次经历了4个月的空窗期,2015年和2016年还是分别有55家和49家有风险投资背景的企业上市。

表6.12 有风险投资背景的企业按上市年度分布

| 上市年度 | 企业数量 | 所占比例/% |
| --- | --- | --- |
| 2009 | 27 | 7.97 |
| 2010 | 60 | 17.70 |
| 2011 | 70 | 20.65 |
| 2012 | 47 | 13.87 |
| 2014 | 31 | 9.14 |
| 2015 | 55 | 16.22 |
| 2016 | 49 | 14.45 |
| 总计 | 339 | 100 |

表6.13列出的2009—2016年有风险投资背景(VC-backed)的上市企业一共是339家,这339家上市企业中有27家上市企业只被政府背景的风险投资机构投资(GVC-backed),约1/5的企业只被非政府风险投资机构投资(non GVC-backed),超过1/2的企业被政府风险投资机构和非政府风险投资机构联合投资(MIX-backed)。由此也可以看出,政府风险投资也很好地实现了自身启动资金的价值,带动了非政府风险资本进入风险投资领域。

表 6.13  被投资企业按风险投资背景分布

| 风险投资背景 | 企业数量 | 所占比例/% |
|---|---|---|
| 政府风险投资背景 | 27 | 7.96 |
| 混合风险投资背景 | 73 | 21.53 |
| 非政府风险投资背景 | 239 | 70.51 |
| 合计 | 339 | 100 |

表 6.14 列出了 339 家上市企业背后的风险投资机构的描述。2009—2016 年，共有 339 家企业有风险投资背景。从表中可以看出，共有 445 家风险投资机构，其中政府风险投资机构只有 54 家，而非政府风险背景投资机构则有 391 家，几乎达到风险投资机构总数量的 90%。由此可见，风险投资市场发展迅猛，非政府风险投资机构投资发展势不可挡。

表 6.14  上市企业背后的风险投资机构的描述

| 风险投资机构 | | 风险投资机构数量 | 所占比例/% |
|---|---|---|---|
| 政府风险投资机构 | 促进创新型 | 24 | 5.39 |
| | 推动发展型 | 30 | 6.74 |
| 非政府风险投资机构 | | 391 | 87.87 |
| 合计 | | 445 | 100 |

表 6.14 对所研究的上市企业背后的政府风险投资机构进行了细分，政府风险投资机构自创立以来就承担着解决我国科技成果转化慢的难题。所以，在政府风险投资机构中有一些投资机构有很明确的促进创新的投资目标或者投资理念，把这种类型的风险投资机构认定为促进创新型政府风险投资机构。除了有明确创新目标或理念的风险投资机构，其他的有推动发展目标和理念或者没有明确提出目标或理念的都认定为推动发展型政府风险投资机构。

**2. 变量选取**

1）被解释变量

企业申请的专利数量能够说明企业创新的活跃程度，在衡量企业创新成果的过程中就可以参考企业已申请的专利数量进行分析。本节所说的企业专利申请数量是指企业在上市当年，其中全部子企业以及母企业申请的专利总数。在研究过程中，对申请的专利总数进行了把专利总数加 1 再取自然对数的处理，即为 ln（Patent+1）。专利总数选取了企业上市当年的申请总数，数据来源于国泰安数据库。

2）解释变量

用国泰安数据库里上市企业十大股东信息文件的股东名称信息与 Wind 数据库 PE/VC 库中的风险投资机构进行匹配（认定 Wind 中 PE/VC 库里均为风险投资机构），筛选出有风险投资机构投资的上市企业。依据 Wind 数据库中的 PE/VC 库当中对风险投资定义的性质，把风险投资机构划分为政府风险投资机构和非政府风险投资机构；再根据这些风险投资机构的资本背景，把所有有风险投资背景的上市企业依据其背后的投资机构背景进行分类。如果一个企业背后有政府风险投资，则认定为这个企业为 GVC-backed；如果一个企业背后有混合背景风险投资（既有政府风险投资又有非政府风险投资），则认定为 MIX-backed；如果一个企业被政府风险投资机构投资且政府风险投资机构是促进创新型政府风险投资机构，则认定这个企业为 TVC-backed。

GVC-backed：有政府背景风险投资的企业。

MIX-backed：有混合背景风险投资（既有政府背景风险投资，又有非政府背景风险投资）的企业。

TVC-backed：有促进创新型政府风险投资的企业。

（3）控制变量

参考付雷鸣等（2012）的研究，在选择控制变量的过程中，选择了企业规模、偿债能力、盈利能力、股权集中度、企业的产权性质等几方面指标（表 6.15）。

表 6.15 变量说明

| 性质 | 变量名称 | 变量 | 变量定义 |
| --- | --- | --- | --- |
| 被解释变量 | 专利申请总数 | ln（Patent+1） | 上市当年申请的专利数量加 1，取自然对数 |
| 解释变量 | 企业背后的风险投资机构类型 | GVC-backed | 企业被政府背景风险投资投资为 1，否则为 0 |
| | | MIX-backed | 企业被混合背景风险投资投资为 1，否则为 0 |
| | | TVC-backed | 企业若被 TVC 投资则为 1，否则为 0 |

续表

| 性质 | 变量名称 | 变量 | 变量定义 |
|---|---|---|---|
| 控制变量 | 资产规模 | ln-ta | 企业上市前一年的总资产的自然对数 |
| | 资产负债率 | Lev | 企业上市前一年的资产负债率（%） |
| | 净资产收益率 | Roe | 企业上市前一年的净资产收益率（%） |
| | 研发投入占比 | R&D | 上市前3年研发投入占营业收入平均比值（%） |
| | 企业年龄 | ln-age | 企业成立年限的自然对数 |
| | 第一大股东持股比例 | Top-share | 上市当年第一大股东持股比例（%） |
| | 企业产权性质 | State | 企业的性质，国企为1，非国企为0 |
| | 托宾Q | Q | 企业上市当年总市值和总负债的和除以总资产的比值（%） |

## 四、模型与结果

### 1. 研究模型

在分析企业创新和政府风险投资关系的过程中，为了得到相对更为可靠的结果，借鉴余琰等（2014）采取的方法进行研究。为了检验上面所说的三个假设，建立如下三个模型。

根据假设1a和假设1b，我们建立模型式（6.5），即引入有政府背景风险投资参与的企业（GVC-backed）：

$$\ln(\text{Patent} + 1) = \alpha_0 + \alpha_1 * \text{GVC-backed} + \alpha_2 * \text{control} + \varepsilon \quad (6.5)$$

根据假设2，我们建立模型式（6.6），引入有混合背景风险投资参与的企业（MIX-backed）进行回归，MIX-backed表示混合背景风险投资（GVC和non-GVC两者进行联合投资）：

$$\ln(\text{Patent} + 1) = \beta_0 + \beta_1 * \text{MIX-backed} + \beta_2 * \text{control} + \varepsilon \quad (6.6)$$

根据假设3，我们建立模型式（6.7），引入有促进创新型政府背景风险投资参与的企业（TVC-backed）进行回归：

$$\ln(\text{Patent}+1) = \gamma_0 + \gamma_1 * \text{TVC-backed} + \gamma_2 * \text{control} + \varepsilon \quad (6.7)$$

其中，ln（Patent＋1）为衡量企业创新水平的变量，我们取企业上市当年专利的申请总数；GVC-backed、MIX-backed、TVC-backed 分别为分辨上市时投资企业风险投资机构的哑变量。若上市时投资企业风险投资机构中存在政府风险投资机构，则 GVC-backed 取 1，否则取 0。在有政府风险投资背景的企业中，从资本背景是否单一划分，若其背后的投资企业风险投资机构为混合背景——既有政府风险投资机构又有非政府风险投资机构，则 MIX-backed 取 1，否则取 0。从投资目标的差异性进行划分，其背后的投资企业风险投资机构中存在促进创新型政府风险投资机构，则 TVC-backed 取 1，否则取 0。

### 2. 描述性统计

选取我国 2009—2016 年在创业板上市的有风险投资背景的上市企业为实证研究对象，对 339 家上市企业以及其背后的 445 家风险投资机构进行研究。

从变量的描述统计表 6.16 来看，从被解释变量的描述性统计来看，样本企业的专利申请总数的差异较大，其数量加 1 取自然对数之后的最大值为 5.580，平均值为 1.978。从解释变量的描述性统计可以看出，2009—2016 年在创业板上市的有风险投资背景的所有企业中风险投资股东有政府风险投资的平均值为 0.295。这证明在这些上市企业中，有将近 30％的企业在上市时有政府风险投资在其中投资，说明政府风险投资在创业板上市企业中扮演着重要的角色。

表 6.16 全样本描述性统计

| 变量 | 平均值 | 最大值 | 最小值 | 标准差 |
| --- | --- | --- | --- | --- |
| ln（Patent＋1） | 1.978 | 5.580 | 0 | 1.334 |
| GVC-backed | 0.295 | 1 | 0 | 0.457 |
| ln-ta | 19.470 | 21.397 | 17.450 | 0.650 |
| Lev | 0.384 | 0.746 | 0.051 | 0.148 |
| ROE | 0.270 | 0.640 | 0.032 | 0.099 |
| R&D | 0.063 | 0.337 | 0 | 0.044 |

续表

| 变量 | 平均值 | 最大值 | 最小值 | 标准差 |
|---|---|---|---|---|
| ln-age | 2.300 | 3.178 | 0.693 | 0.544 |
| State | 0.041 | 1 | 0 | 0.199 |
| Q | 0.047 | 0.292 | 0 | 0.047 |
| Top-share | 0.335 | 0.694 | 0.010 | 0.127 |

表 6.17 所列为有政府风险投资参与的企业的描述性统计，样本企业共有 100 家。从被解释变量的描述性统计来看，样本企业的专利申请总数的差异较大，加 1 取自然对数之后的最大值为 4.078，平均值为 1.652。从解释变量的描述性统计可以看出，2009—2016 年在创业板上市的有政府风险投资参与的有 MIX-backed 的平均值为 0.730。也就是说，有超过 70% 的企业既有政府风险投资背景又有非政府风险投资背景。由此可以看出，政府风险投资也很好地实现了自身启动资金的价值，带动了非政府风险资本进入风险投资领域。TVC-backed 的平均值为 0.640，即 64% 的有政府风险投资参与的企业其背后的政府风险投资机构为促进创新型政府风险投资机构。然而，控制变量的描述性统计与整体样本控制变量的描述性统计差别不大。

表 6.17 有政府风险投资参与样本描述性统计

| 变量 | 平均值 | 最大值 | 最小值 | 标准差 |
|---|---|---|---|---|
| ln（Patent+1） | 1.652 | 4.078 | 0 | 1.280 |
| GVC and non GVC-backed | 0.730 | 1 | 0 | 0.446 |
| TVC-backed | 0.640 | 1 | 0 | 0.482 |
| ln-ta | 19.383 | 21.359 | 17.836 | 0.714 |
| Lev | 0.374 | 0.746 | 0.0519 | 0.156 |
| ROE | 0.242 | 0.572 | 0.032 | 0.100 |
| R&D | 0.061 | 0.263 | 0 | 0.041 |
| ln-age | 2.250 | 3.178 | 0.693 | 0.584 |
| State | 0.080 | 1 | 0 | 0.273 |
| Q | 0.043 | 0.133 | 0 | 0.026 |
| Top-share | 0.330 | 0.592 | 0.010 | 0.119 |

## 3. 回归结果分析

根据上面所提出的模型，分别对其进行回归分析，所得分析结果如表6.18所示。

表6.18 回归分析结果

| ln（patent+1） | 模型式（6.5） | 模型式（6.6） | 模型式（6.7） |
|---|---|---|---|
| GVC-backed | -0.349** | | |
| MIX-backed | | 0.773** | |
| TVC-backed | | | -0.021 |
| ln-ta | 0.289* | 0.318* | 0.257 |
| Lev | 0.376 | 1.469 | 1.515 |
| ROE | 1.205 | 1.347 | 0.691 |
| R&D | 3.620** | -0.478 | 0.490 |
| ln-age | -0.25 | -0.111 | -0.009 |
| State | -0.425 | -0.286 | -0.073 |
| Q | -8.135*** | 4.645 | 5.803 |
| Top-share | 1.172** | 0.765 | 0.785 |
| Year | 控制 | 控制 | 控制 |
| Adj. $R^2$ | 0.070 | 0.078 | 0.008 |
| F | 2.71 | 1.56 | 1.05 |
| Number of Obs | 339 | 100 | 100 |

注：***、**、*分别表示在1%、5%和10%水平上显著。

表6.18中模型式（6.5）是对有政府风险投资参与和被投企业创新的影响的回归分析。通过对回归结果进行分析能够发现，有政府风险投资参与投资的企业，其创新水平在5%的水平上与政府风险投资负相关，回归系数为-0.349。也就是说，与非政府风险投资相比，政府风险投资对企业创新的影响效果差。因此，拒绝了上面提出的假设1b，支持假设1a。此外，我们还针对假设1把有政府风险投资参与的样本去掉混合样本，替换成只有政府风险投资参与的样本进行回归分析，得到的结果依然是与非政府风险投资相比，政府风险投资对企业创新的影响效果较差。

模型式（6.6）为在有政府风险投资参与投资的企业中，政府风险投资和非政府风险投资联合投资对企业创新行为影响的回归结果。从回归结果中可以观察到，相比于政府风险投资单独投资，政府风险投资和非政府风险投资联合投资与被投资企业创新行为在5%的水平上呈正相关关系，回归系数为0.773。也就是说，相比于政府风险投资单独投资，混合背景风险投资（政府风险投资和非政府风险投资联合投资）对企业创新的促进效果更好。因此，这就验证了我们在上面提出的假设2。

模型式（6.7）是促进创新型政府风险投资参与对被投资企业创新行为影响的回归分析结果。从回归分析结果来看，解释变量和控制变量的回归结果均不显著。也就是说，促进创新型政府风险投资的参与对被投资企业创新行为的影响与推动发展型政府风险投资机构的参与并没有显著差异。即尽管促进创新型政府风险投资机构是有明确创新目标的政府风险投资机构，与发展型政府风险投资相比，创新型政府风险投资对企业创新并没有明显的促进作用。因此，我们拒绝了上面提出的假设3。

### 4. 稳健性分析

针对上述三个模型进行稳健性检验，验证所得到的分析结果的有效性和科学性。主要采取更换被解释变量-创新的度量的方法，再次进行回归分析，上述三个模型中原始创新度量指标采用的是上市当年专利的申请总数加1的值取自然对数。本次稳健性检验把创新的衡量指标更改为企业上市当年发明专利申请数加1取自然对数。回归结果如表6.19所示。从表中可以看出，更换变量对我们上面所建立的三个模型进行重新回归之后，从回归分析结果来看，模型式（6.5）中，在10%的水平上，GVC-backed 与 ln（Patent1+1）的值呈显著负相关。因此，我们可以证实假设1a，得到与非政府风险投资相比，政府风险投资对企业创新促进效果较差。从模型式（6.6）的回归结果可知，与政府风险投资单独投资相比，非政府风险投资与政府风险投资联合投资对企业创新在1%的水平上有促进作用。从模型式（6.7）的回归分析结果来看，促进创新型政府风险投资的参与与推动发展型政府风险投资的参与相比，对被投资企业的创新影响依旧是不显著的，即有明确促进企业创新目标的政府风险投资也没有发挥出对企业创新的正向促进作用。综上所述，假设1a和假设2是成立的。得到的结论与用原变量进行回归得到的结果是一致的。

表6.19 稳健性分析结果

| ln（Patent1+1） | 模型式（6.5） | 模型式（6.6） | 模型式（6.7） |
| --- | --- | --- | --- |
| GVC-backed | -0.289* | | |
| MIX-backed | | 0.781*** | |
| TVC-backed | | | -0.056 |
| ln-ta | 0.323** | 0.380 | 0.323 |
| Lev | 0.297 | 1.202 | 1.247 |
| ROE | 1.248 | 1.556 | 0.875 |
| R&D | 3.843* | 1.283 | 2.304 |
| ln-age | -0.128 | -1.000 | 0.003 |
| State | -0.453 | -0.322 | -0.097 |
| Q | -7.777*** | 3.372 | 4.762 |
| Top-share | 0.979* | 0.521 | 0.524 |
| Year | 控制 | 控制 | 控制 |
| Adj. $R^2$ | 0.069 | 0.086 | 0.006 |
| F | 2.68 | 1.62 | 1.04 |
| Number of Obs | 339 | 100 | 100 |

注：***、**、*分别表示在1%、5%和10%水平上显著。

## 五、研究结论

本节以2009—2016年在我国创业板上市的有风险投资背景的企业为研究对象，主要研究政府风险投资对企业创新的影响。根据回归分析结果可得到本节的研究结论。

（1）从资本背景来源来看，政府风险投资相比于非政府风险投资并未在促进企业创新方面发挥显著作用。

（2）从资本背景是否单一这个维度来看，混合背景风险投资（非政府风险投资与政府风险投资联合投资）比政府风险投资单独投资对企业创新行为的促进作用更强。

（3）从投资目标的差异性来看，促进创新型的政府风险投资与推动发展型的政府风险投资在对企业创新的促进作用上并无显著差异。

政府风险投资的运行机制和监管机制都存在着一些问题，这些问题约束了政府风险投资的发展，严重阻碍了其对企业经营绩效和创新方面的影响。由此提出以下一些建议。

（1）政府风险投资应善于利用其拥有的丰富资源，解决市场失灵和投资结构不合理等问题，克服增值服务不完善等缺点。

（2）政府风险投资应借鉴国外和非政府风险投资的发展经验，完善机构管理机制的科学性、建立健全投资管理监管体系、培养高质量的风险投资管理人才，确保其能够为被投资企业提供增值服务，切实提高企业价值。

（3）政府风险投资应积极实现资产增值与社会层面的双重价值，国家在对政府风险投资进行考核时，除了对其资产增值方面考核，也应把对促进企业创新相关的能力考虑其中。

（4）政府风险投资在与非政府风险投资机构联合投资时，公平竞争与合作，优势互补，并引导非政府风险投资机构促进企业创新，实现多方共赢。

## 第三节　结论

本章聚焦于风险投资中的投资背景，并从企业风险投资、独立风险投资、政府风险投资三个维度深入研究风险投资背景对企业创新的影响。

第一节研究企业风险投资和独立风险投资对企业创新的不同影响。采用创业板数据，首先分析了风险投资股东持股比例对企业创新的影响；然后分析了不同种类的风险投资机构向被投资企业派驻高管对企业创新的影响。实证研究得出以下结论：企业风险投资的持股比例与企业创新呈倒 U 形关系，其持股比例越高，在被投资企业中派驻高管对企业创新的积极影响越明显；独立风险投资的持股比例与企业创新呈 U 形关系，其持股比例越高，在被投资企业中派驻高管对企业创新的消极影响越明显。

第二节聚焦于政府风险投资与非政府风险投资对企业创新的影响效果差异，并从有政府风险投资参与企业的资本背景是否单一和政府风险投资的投资目标的差异性两个维度做了进一步探索。研究结果表明，政府风险投资与非政府风险投资相比，对企业创新的促进效果较差；政府风险投资与非政府风险投资联合投资比政府风险投资单独投资对企业创新的促进效果好；促进创新型政府风险投资与推动发展型政府风险投资在对企业创新的影响效果方面无显著差异。

  本章内容丰富了企业风险投资和独立风险投资对比研究的相关理论，拓展了政府风险投资对企业创新影响效果方面的研究。通过实证分析，丰富了现有的对于风险投资背景对企业创新行为影响的研究成果。本章的研究结果可以为投资人在管理被投资企业时提供更多思路，帮助被投资企业良性发展，使投资人获得更多收益。同时，也可以帮助企业在不同发展时期、不同发展战略下，合理选择接受不同种类的风险投资。通过本章的有效分析，也可以更好地为政府风险投资的未来发展提出建议，以达到完善风险投资市场的目的。

# 第七章 风险投资关系与企业创新

在风险投资中,社会关系的不同可能会对被投资企业的创新水平、公司绩效等产生不同的影响。本章一方面聚焦于研究风险投资担任董事对上市公司创新绩效的影响,即"风险投资董事"参与公司治理、经营决策等风险投资机构的机构行为;另一方面关注不同的社会关系类型,聚焦于风险投资者与上市公司非风投派出的董事、高级管理人员之间的社会关系将会如何影响企业创新,探究"非正式"关系网络中蕴含着的丰富的社会资本。

第一节以2009—2015年在我国创业板上市的公司为研究对象,筛选了其中存在风险投资担任董事的上市公司共69家,并按照行业、年度、上市前一年专利数量进行一对一匹配得到没有风险投资担任董事的69家上市公司作为对照组进行研究,探讨风险投资担任董事对上市公司创新绩效的影响。

第二节以风险投资社会关系中人与人之间的"非正式"社会关系为切入点,研究其是否会对创新产生同样的促进作用,考察风险投资者与上市公司非风投派出的董事、高级管理人员之间的各类社会关系对于企业创新的影响。

# 第一节　风险投资担任董事对企业创新的影响研究

## 一、研究背景及意义

### 1. 研究背景

人们只是简单地假设风险投资在支持企业 IPO 之后就会马上退出，而事实上由于锁定期的限制原因，或者继续投资企业可以使风险投资获得更高利润，被投资企业发展潜力还很大等等原因，都会使得风险投资在公司上市后甚至上市多年后都未退出的现象存在。对于这种情况，风险投资继续投资上市公司又会对其产生怎样的影响呢？

目前，研究主要针对风险投资机构对被投资企业资金支持方面的影响，而对其提供的专业增值服务，如进入董事会进行监督管理等方面的专门研究较少。风险投资机构除了对被投资企业提供资金支持以促进其创新发展外，是否还通过进入董事会等方式进一步为被投资企业提供专业化的公司治理和经营决策？这些方式是否会影响被投资企业的创新水平？以及不同特征的风险投资机构对其影响是否有显著的差异？本节将以这些问题为出发点进行深入的研究分析。

### 2. 研究意义

本节的研究丰富了风险投资相关理论，深化了企业创新理论研究。近年来，随着风险投资在促进全球经济发展过程中所起的作用日益凸显，学者们对风险投资的相关研究也越来越多。本节重点分析风险投资董事对企业创新的影响，同时，还具体分析了风险投资机构的相关特征对上市公司创新绩效的不同影响，是对现有风险投资和企业创新相关研究的有益补充。

本节的内容为上市公司管理者提升公司创新绩效提供有益参考，上市公司虽然已成功实现 IPO，但仍然会面临资金不足、缺乏市场资源、技术创新困难等各方面的问题。这种情况下，风险投资是否可以帮助上市公司有效解决这些难题？本节首先分析风险投资董事对上市公司创新绩效的影响；然后进一步分析担任董事的风险投资机构的不同特征是否会对上市公司创新绩效产生不同影响。

二、研究假设

**1. 风险投资董事与创新绩效**

就我国目前情况来看，风险投资机构所选择的投资对象大多数是初创期的企业，这种类型的企业大多都具有高风险高收益的特点。风险投资在上市公司中担任董事可分为两种情况：第一种情况是风险投资机构在支持目标企业上市后，仍继续投资该公司并通过进入董事会这样的方式进发挥一定的监督职能，也在一定程度上为上市公司提供了管理运作等方面的支持。风险投资机构在被投资企业上市之后仍未退出，有的是受到解锁期的限制，有的是认为被投资企业发展潜力大，继续投资可获得更高回报等。第二种情况是风险投资机构单纯地投资一家上市公司并派驻了董事进行监督管理，目前来看这种情况在我国相对较少。

Metrick 等（2011）研究发现，向风险投资机构寻求资金支持是一种有效的股权融资方式，风险投资机构更加重视企业的长期未来发展，因此对于很多受到融资约束、存在资金不足等问题的企业，风险投资机构可以有效解决他们研发投入不足方面的问题。另外，Hsu（2004）还发现，采用风险投资的股权融资方式，可以在一定程度上降低外部融资的融资成本，有效促进公司的创新绩效。Cadle 等（2009）认为，与银行相比风险投资机构有更强的监督能力，对企业的估值以及未来发展判断也要更加准确；另外，考虑到当今很多创新活动、市场活动都具有非常严重的信息不对称性，所以说选择风险投资能在一定程度上提高资源配置的效率。

Bottazzi 等（2014）以及 Celikyurt 等（2010）的研究均得出结论，风险投资机构选择进入董事会方式有效监督企业的经营发展，为企业提供了更加专业更加有效的增值服务。龙勇和王陆鸽（2010）的研究指出，风险投资机构对于被投资企业来讲，除了是重要的资金提供者外，更重要的是提供了非资本的增值服务。刘胜军（2016）的研究发现，对公司创新绩效有显著影响的是风险投资董事而非投资资金，只有风险投资进入被投资公司董事会才会给公司提供更好的增值服务，才会给公司带来更加专业化的资金管理经验和更加丰富的专业知识，从而促进公司创新发展。吴超鹏等（2012）的研究分析了风险投资对上市公司投融资行为的影响，认为企业在上市后仍然可以有效利用风险投资机构的监督职能、声誉资源和融资关系网络来解决代理问题和信息不对称问题，进而促进企业投融资行为的规范化和理性化。

随着对风险投资机构相关研究的进一步深入以及相关理论的不断完善，可以发现风险投资机构不但可以为被投资企业解决资金方面的需求，更为重要的是风险投资机构具有非常专业的管理经验及各种优质资源，可以通过参与董事会的方式影响公司战略决策、公司治理等种种途径来提升公司的价值，提高公司的创新绩效水平。对于上市公司来讲，以上效力仍然存在。基于以上分析，提出本节的第一个研究假设。

假设1：风险投资担任董事可以促进上市公司的创新绩效。

### 2. 风险投资机构的背景与创新绩效

徐晋等（2015）将风险投资机构的背景分为三大类，即政府背景的风险投资、民营背景的风险投资和外资背景的风险投资。具体来讲，风险投资机构的背景不同，他们对企业的研发投入和创新绩效的影响也不同。还有一些研究根据风险投资机构的所有权性质将其分类为国有背景和非国有背景的风险投资机构，本节的研究也采用这种分类方法，进一步比较国有背景和非国有背景的风险投资担任董事对上市公司创新绩效的影响是否存在显著差异。

针对国有背景和非国有背景的风险投资对上市公司创新绩效的影响研究结论并不统一，主要存在两方面的不同结论。一方面，非国有资本可能更能促进企业创新。钱苹和张帏（2007）研究表明，国有所有权所产生的代理问题可能会在一定程度上削弱其对创新绩效的促进作用，国有所有权单位的人员的专业性水平相对来说比较低，内部激励措施较少，会在一定程度上抑制其对创新的投入积极性。另外，Cumming等（2014）还指出，国有背景的风险投资机构会承担一定的政治压力，不能够轻易影响公司治理、经营决策等。另一方面，国有资本也很有可能比非国有资本更能促进企业创新。Lerner（1999）认为，政府作为投资者来讲，可以有效解决被投资企业的融资约束问题和研发投入资金不足等问题，从而有效促进企业创新，他还指出政府背景的风险投资所投资的企业有更好的未来发展和长期成长性。另外，国有背景的风险投资机构还拥有天然的政治关系，蔡宁和何星（2015）研究指出，风险投资机构存在一定的关系网络，这种关系网络会带来一定的信息优势，从而对被投资企业产生一定的影响。根据以上理论分析，本节提出竞争性研究假设。

假设2a：与国有风险投资机构相比，非国有风险投资担任董事对上市公司创新绩效的促进作用更显著。

假设2b：与非国有风险投资机构相比，国有风险投资担任董事对上市公司创新绩效的促进作用更显著。

### 3. 风险投资机构的声誉与创新绩效

Jacson（2004）认为，声誉是企业的一种无形资产。而对于风险投资机构来讲，声誉同样是一项非常重要的资本。Nahata（2008）采用风险投资机构过去投资的成功上市的公司市值来衡量风险投资机构的声誉高低。另外，叶小杰（2014）、Krishnan等（2011）还采用风险投资机构过去投资的成功上市的公司个数以及风险投资机构的持股金额来衡量风险投资机构的声誉。沈维涛等（2013）的研究指出，高声誉的风险投资机构与低声誉的风险投资相比，具有更加丰富的投资经验，有更高更强的能力来把握政策走向及未来发展。资本市场具有严重的信息不对称性，与声誉低的风险投资机构相比，高声誉的风险投资机构更加容易得到企业的信赖和认可，这在很大程度上能促成风险投资机构与企业之间的交易与合作。

Nahata（2008）及Tian等（2016）还指出，声誉高的风险投资机构能够提供比低声誉的风险投资机构更加专业的增值服务，还可以借自身的行业地位、认证效应等为被投资企业带来更多的后续融资以及高声誉的承销商等，为被投资企业带来各项高水平的资源，从而有效促进其经济发展和创新发展。Hsu（2004）认为，风险投资机构的声誉是其与其他各类市场经济主体在长期的交易、合作及博弈中所形成的，对风险投资机构来讲是其最重要的核心竞争力，所以说如果风险投资机构的声誉受到损害会在很大程度上对投资机构造成不利影响，在之后的筹资难度会加大，获得高退出回报的可能性降低，影响投资机构未来经营和发展。相比较低声誉的风险投资机构，高声誉的风险投资机构更加有动力和动机维护自身的高声誉及行业地位，更愿意通过进入董事会等方式更加高效地参与公司治理与经营决策，为被投资企业提供更好的专业增值服务，从而有效促进被投资企业的经济发展和创新绩效的提高。根据以上的理论分析，提出本节的第三个假设。

假设3：与低声誉的风险投资机构相比，高声誉的风险投资担任董事对上市公司创新绩效的促进作用更显著。

**4. 风险投资机构的持股比例与创新绩效**

风险投资机构的持股比例反映了风险投资机构对被投资企业的资金投入水平，也反映了风险投资机构在公司中的可参与程度以及参与意愿大小。风险投资机构的持股比例越大，表明风险投资对被投资企业的控制权、影响程度和话语权也越大，这样可以使风险投资机构的监督管理等增值服务得到更好的发挥，风险投资董事所具备的各种资源优势、管理能力、专业服务、资本运作能力等优势也可以得到更大的施展与体现，从而有效促进企业经济发展和创新发展。

石美娟等（2009）研究发现，机构投资者的持股比例越大，其被投资企业的价值也越大，两者呈显著的正相关关系。机构投资者通过各种方式促进了公司价值的提升，风险投资机构作为典型的机构投资者代表，同样会通过对被投资企业进行更多的干预和管理以追求更高的收益回报以及借此提高自身声誉和行业地位。另外，Aghion等（2016）、Chen等（2007）、赵洪江等（2009）以及任海云（2010）的相关研究发现，机构投资者的持股比例与被投资企业的创新投入水平呈正相关关系。根据以上的理论分析，提出本节的第四个假设。

假设4：担任董事的风险投资的持股比例越大，对上市公司创新绩效的促进作用越显著。

## 三、样本与变量

**1. 样本**

本节通过公司层面的面板数据检验以上四个假设。

本节的研究对象为创业板上市公司，因为创业板起始年限为2009年，所以选取2009—2015年我国创业板上市公司为研究对象，数据来源为国泰安CSMAR数据库，相关数据包括上市公司的董事成员及其详细简历情况、前十大股东情况、股东持股比例、所属行业、相关财务数据、创新数据等。

风险投资机构的相关数据来源于清科私募通数据库。2009—2015 年，创业板共有 495 家公司首次公开发行并上市，将这些上市公司对外公布的前十大股东与风险投资机构列表相对照进行第一步筛选，手工筛选出上市公司中前十大股东为风险投资的股东；再针对上市公司董事成员的简历进行二次手工筛选，选出上市公司中前十大股东为风险投资机构且该风险投资股东向上市公司派驻了董事的情况。经过二次筛选，从 495 家上市公司中选出了 69 家存在风险投资董事的上市公司，占总样本的 13.94%，其中有 13 家担任董事的风险投资机构为深圳市创业投资集团有限公司（简称深创投）。

存在风险投资董事的 69 家上市公司中，风险投资董事存在时间为 0～1 年的上市公司有 17 家，占比 24.64%；存在时间为 1～2 年的上市公司有 17 家，占比 24.64%；存在时间为 2～3 年的上市公司有 12 家，占比 17.39%；存在时间为 3～4 年的上市公司有 7 家，占比 10.14%；存在时间为 4～5 年的上市公司有 9 家，占比 13.04%；存在时间为 5～6 年的上市公司有 6 家，占比 8.70%；存在时间为 6～7 年的上市公司有 1 家，占比 1.45%。可以看出，大部分的风险投资董事会选择在公司上市初期离开，但也存在风险投资在公司上市之后的很长一段时间内仍继续投资并派驻董事的情况。

针对这 69 家存在"风险投资董事"的上市公司，根据刘胜军（2016）和李志萍等（2014）在研究中所用的方法，按行业、年度、专利申请量进行一对一匹配，得到 69 家"不存在风险投资董事"的上市公司作为对照样本，观测区间为每一家存在"风险投资董事"的上市公司及其匹配上市公司有"风险投资董事"存在的年份。最终共得到 2009—2015 年 203 个存在"风险投资董事"的公司—年观测值，203 个不存在"风险投资董事"的公司—年观测值。其中，203 条存在"风险投资董事"的样本中，有 180 条是存在一个"风险投资董事"，23 条为存在两个或两个以上的"风险投资董事"。考虑到"风险投资董事"的影响大小，在存在两个或两个以上的"风险投资董事"的公司–年样本中，选取持股比例最大的风险投资机构为研究对象。

### 2. 变量选取

1) 被解释变量

借鉴王兰芳等（2007）衡量创新绩效的方法，研究以专利数量和专利质量两个指标衡量上市公司的创新绩效（Innovation）。

Invention1 表示上市公司的专利数量，用上市公司发明专利和实用新型专利的申请数量之和的自然对数来表示；

Valid 衡量上市公司的专利质量，Sherry 和 Teece（2004）发现，质量较低的专利相比较而言更可能在规定的保护期内失效。在有效的保护期内，专利具有相对较高的价值。另外，发明和实用新型的创新性相对更高，借鉴王兰芳等（2007）的计量方法，采用上市公司发明专利和实用新型专利的有效数量之和的自然对数来表示上市公司的专利质量（Valid）。

2）解释变量。

VC_Director 表示上市公司中是否存在"风险投资董事"，为虚拟变量，如果上市公司中存在"风险投资董事"，则赋值为1，否则为0。

GVC Director 表示担任董事的风险投资机构的背景是否为国有背景，如果"风险投资董事"为国有背景，则赋值为1，否则为0。

HRankVC Director 表示担任董事的风险投资机构是否是高声誉的风险投资机构，衡量风险投资机构声誉的高低。采用清科私募通数据库 2009—2015 年公布的中国风险投资机构年度排名 50 强，该排名从投资、管理、融资、退出等各方面进行全面考察，排名体系选择管理资本量、新募集基金资本量、投资案例的个数、投资资本量、退出案例个数、退出金额和回报水平等作为重要的参考指标，并根据实际发展情况，对排名指标进行年度调整。对于进入该排行榜单的风险投资机构，将其定义为高声誉的风险投资，赋值为1；反之，未进入该排行榜单的定义为低声誉的风险投资机构，赋值为0。

VC Director Shares 表示担任董事的风险投资机构对上市公司的控制力，用风险投资股东对上市公司的持股比例来表示。

3）控制变量

参考胡悦等（2017）和苟燕楠等（2014）在实证研究中控制变量的选择，研究的控制变量包括上市公司的上市年龄、公司规模、财务杠杆、成长性以及公司所属行业。其中，Age 为上市公司上市年龄，以公司上市时长的自然对数计量。Size 为公司规模，以公司资产总额的自然对数计量。Leverage 为财务杠杆，为上市公司的资产负债率。Growth 为上市公司的成长性，用公司的营业收入增长率来表示。另外，也控制了行业变量（Industry），行业变量根据国泰安数据库中的分类标准进行分类，在模型中加入了行业虚拟变量进行控制。变量说明见表 7.1。

表7.1 变量说明

| 变量类型 | 变量名称 | 变量定义 |
| --- | --- | --- |
| 被解释变量 | Invention1 | ln（1+公司当年申请的发明和实用新型专利数） |
| | Valid | ln（1+公司当年的有效发明和实用新型专利数） |
| 解释变量 | VC_Director | 虚拟变量，公司是否有"风险投资董事" |
| | GVC Director | 虚拟变量，风险投资机构是否为国有背景 |
| | HRankVC Director | 虚拟变量，风险投资机构是否为高声誉 |
| | VC Director Shares | 风险投资机构的持股比例（%） |
| 控制变量 | Age | ln（1+公司的上市时长） |
| | Size | ln（1+公司的资产总额（万元）) |
| | Leverage | 公司的资产负债率（%） |
| | Growth | 公司的营业收入增长率（%） |
| | Industry | 行业虚拟变量（参考国泰安数据库中的行业分类） |

## 四、模型与结果

### 1. 研究模型

本节的研究设计了模型式（7.1）、模型式（7.2）、模型式（7.3）、模型式（7.4）分别对假设1、假设2、假设3、假设4进行检验。四个模型式中被解释变量为创新绩效，解释变量分别为上市公司中是否存在风险投资董事的虚拟变量（VC_Director）、风险投资机构是否为国有企业背景的虚拟变量（GVC Director）、风险投资是否为高声誉的虚拟变量（HRankVC Director）以及担任董事的风险投资机构的持股比例（VC Director Shares）。

$$Innovation = \alpha_0 + \alpha_1 VC\_Director + \alpha_2 Age + \alpha_3 Size + \alpha_4 Leverage + \alpha_5 Growth + \alpha_6 Industry + \varepsilon \quad (7.1)$$

$$Innovation = \alpha_0 + \alpha_1 GVC\ Director + \alpha_2 Age + \alpha_3 Size + \alpha_4 Leverage + \alpha_5 Growth + \alpha_6 Industry + \varepsilon \quad (7.2)$$

$$Innovation = \alpha_0 + \alpha_1 HRankVC\ Director + \alpha_2 Age + \alpha_3 Size + \alpha_4 Leverage + \alpha_5 Growth + \alpha_6 Industry + \varepsilon \quad (7.3)$$

$$\text{Innovation} = \alpha_0 + \alpha_1 \text{VC Director Shares} + \alpha_2 \text{Age} + \alpha_3 \text{Size} +$$
$$\alpha_4 \text{Leverage} + \alpha_5 \text{Growth} + \alpha_6 \text{Industry} + \varepsilon \qquad (7.4)$$

**2. 描述性统计**

（1）不存在"风险投资董事"的上市公司的子样本的描述性统计

不存在"风险投资董事"的上市公司的子样本的描述性统计结果见表7.2，该子样本为配对形成的对照样本，共203条公司-年观测值。

表7.2　不存在"风险投资董事"的上市公司的子样本各变量的描述性统计结果

| 变量类型 | 变量名称 | 观测值 | 极小值 | 极大值 | 平均值 | 标准差 |
|---|---|---|---|---|---|---|
| 因变量 | Invention1 | 203 | 0.00 | 3.89 | 1.4188 | 0.8105 |
| | Valid | 203 | 0.00 | 4.47 | 2.2083 | 1.0967 |
| 自变量 | VC_Director | 203 | 0 | 0 | 0 | 0 |
| 控制变量 | Age | 203 | 0.02 | 1.97 | 1.0587 | 0.4922 |
| | Size | 203 | 10.38 | 12.98 | 11.6397 | 0.6071 |
| | Leverage | 203 | 0.01 | 0.66 | 0.2175 | 0.1507 |
| | Growth | 203 | -0.82 | 6.74 | 0.3583 | 0.8214 |

2）存在"风险投资董事"的上市公司的子样本的描述性统计

存在"风险投资董事"的上市公司的子样本共包括203条数据，各变量的描述性统计结果见表7.3。

表7.3　存在"风险投资董事"的子样本各变量的描述性统计结果

| 变量类型 | 变量名称 | 观测值 | 极小值 | 极大值 | 平均值 | 标准差 |
|---|---|---|---|---|---|---|
| 因变量 | Invention1 | 203 | 0.00 | 4.50 | 1.7788 | 1.1315 |
| | Valid | 203 | 0.00 | 5.71 | 2.5773 | 1.3624 |
| 自变量 | VC_Director | 203 | 1 | 1 | 1 | 0 |
| | GVC Director | 203 | 0 | 1 | 0.4286 | 0.4961 |
| | HRankVC Director | 203 | 0 | 1 | 0.4236 | 0.4954 |
| | VC Director Shares | 203 | 0.55 | 51.01 | 9.8984 | 10.018 |

续表

| 变量类型 | 变量名称 | 观测值 | 极小值 | 极大值 | 平均值 | 标准差 |
|---|---|---|---|---|---|---|
| 控制变量 | Age | 203 | 0.01 | 1.97 | 0.9822 | 0.4965 |
|  | Size | 203 | 10.72 | 13.99 | 11.810 | 0.6565 |
|  | Leverage | 203 | 0.02 | 0.65 | 0.2307 | 0.1508 |
|  | Growth | 203 | -8.36 | 3.10 | 0.3376 | 0.8302 |

由表7.3可以看出，在存在"风险投资董事"的203条公司-年数据中，担任董事的风险投资为国有背景的数据有87条，担任董事的风险投资为高声誉风险投资机构的数据有86条，担任董事的风险投资机构的持股比例最高为51.01%，最低为0.55%，均值为9.90%。从上市年份看，存在"风险投资董事"的上市公司的上市年龄（Age）平均值为0.9822，不存在"风险投资董事"的上市公司的上市年龄（Age）平均值为1.0587。可以看出，存在"风险投资董事"的上市公司相对来说比较"年轻"，上市时间较短。从公司创新方面的数据看，存在"风险投资董事"的上市公司子样本中，专利申请数量（Invention1）和有效专利数量（Valid）的平均值分别为1.7788和2.5773，而不存在"风险投资董事"的上市公司的子样本的专利申请数量（Invention1）和有效专利数量（Valid）的平均值分别为1.4188和2.2083。所以，从描述性统计的结果来看，无论从专利申请数量还是有效专利数量方面，存在"风险投资董事"的上市公司子样本都高于不存在"风险投资董事"的上市公司子样本的对应数据。

3. 相关性检验

各变量的Pearson相关性分析如表7.4所示。

在各变量的Pearson相关性分析表中，可以看出上市公司的专利数量（Invention1）和专利质量（Valid）均与担任董事的风险投资的背景（GVC Director）、风险投资机构的声誉（HRankVC Director）、风险投资机构的持股比例（VC Director Shares）相关，这为本节的假设2、3、4提供了初步证据。另外，上市公司的专利数量（Invention1）和专利质量（Valid）还和公司的规模（Size）相关，公司规模（Size）大的上市公司的专利数量（Invention1）和专利质量（Valid）都相对较高。各回归变量之间不存在严重的多重共线性。

表 7.4 子样本各变量的 Pearson 相关性分析

| 变量 | Invention1 | Valid | GVC Director | HRankVC Director | VC Director Shares | Age | Size | Leverage | Growth |
|---|---|---|---|---|---|---|---|---|---|
| Invention1 | 1 | | | | | | | | |
| Valid | 0.542*** | 1 | | | | | | | |
| GVC Director | −0.198*** | −0.377*** | 1 | | | | | | |
| HRankVC Director | 0.408*** | 0.296*** | 0.083 | 1 | | | | | |
| VC Director Shares | 0.290*** | 0.211*** | −0.144** | 0.071 | 1 | | | | |
| Age | 0.104 | 0.319*** | 0.003 | 0.004 | 0.082 | 1 | | | |
| Size | 0.239*** | 0.208*** | 0.208*** | −0.086 | 0.201*** | 0.491*** | 1 | | |
| Leverage | 0.145* | 0.267*** | −0.209*** | 0.084 | 0.030 | 0.446*** | 0.584*** | 1 | |
| Growth | −0.022 | 0.027 | −0.182*** | −0.119 | −0.055 | 0.091 | −0.093 | −0.079 | 1 |

注：***、**、* 分别表示在 1%、5% 和 10% 水平上显著。

## 4. 回归结果分析

（1）有无风险投资董事对上市公司创新绩效的影响

表 7.5 列出了对假设 1 的检验结果。被解释变量分别为专利数量的衡量指标（Invention1）和专利质量的衡量指标（Valid），解释变量为是否存在风险投资董事的虚拟变量（VC_Director）。从表中可以看出，"风险投资董事"虚拟变量（VC_Director）的系数分别为 0.338 和 0.408，对应的 $P$ 值分别为 0.007 和 0.005，系数均为正且在 1% 的水平上显著，表明有风险投资董事存在的上市公司的专利数量和专利质量均显著高于无风险投资董事的上市公司，即"风险投资董事"的存在对上市公司的创新绩效有显著的正向影响。所以不能拒绝假设 1。

表 7.5　"风险投资董事"对上市公司创新绩效的影响

| 变量 | Invention1 | Valid |
| --- | --- | --- |
| Constant | -1.672<br>(0.199) | 0.880<br>(0.562) |
| VC_Director | 0.338***<br>(0.007) | 0.408***<br>(0.005) |
| Age | -0.176<br>(0.272) | 0.301<br>(0.101) |
| Size | 0.295**<br>(0.013) | 0.081***<br>(0.003) |
| Leverage | -0.383<br>(0.433) | 0.704<br>(0.200) |
| Growth | 0.008<br>(0.922) | -0.056<br>(0.515) |
| Industry | 控制 | 控制 |
| $R^2$ | 0.069 | 0.105 |
| Adj. $R^2$ | 0.046 | 0.084 |
| $F$ 值 | 2.988 | 5.122 |

注："***"、"**"、"*"分别表示在 1%、5% 和 10% 水平上显著；括号中的数值为报告的 P 值。

2）风险投资机构的背景对上市公司创新绩效的影响

该部分的研究对象为存在"风险投资董事"的上市公司的203个公司-年数据的子样本。在该实验组中，针对各上市公司中担任董事的风险投资机构的背景进行研究。

表7.6列出了对假设2a和2b的检验结果。

表7.6 风险投资机构的背景对上市公司创新绩效的影响

| 变量 | Invention1 | Valid |
| --- | --- | --- |
| Constant | -2.338<br>0.237 | 2.644<br>(0.179) |
| GVC Director | -0.371*<br>(0.063) | -0.937***<br>(0.000) |
| Age | -0.183<br>(0.497) | 0.892***<br>(0.001) |
| Size | 0.396**<br>(0.028) | -0.046<br>(0.794) |
| Leverage | -0.245<br>(0.757) | 0.536<br>(0.482) |
| Growth | -0.015<br>(0.898) | -0.018<br>(0.875) |
| Industry | control | control |
| $R^2$ | 0.122 | 0.346 |
| Adj. $R^2$ | 0.080 | 0.317 |
| F值 | 2.876 | 11.802 |

注：***、**、*分别表示在1%、5%和10%水平上显著；括号中的数值为报告的P值。

从表7.6中可以看出，担任董事的风险投资为国有背景的虚拟变量（GVC Director）对被解释变量专利数量（Invention1）的系数为-0.371，对应P值为0.063，在10%水平显著为负；对被解释变量专利质量（Valid）的系数为-0.937，对应P值为0.000，在1%水平显著为负，表明对于存在"风险投资董事"的上市公司，担任董事的风险投资为非国有背景的上市公司的专利数量和专利质量均显著高于风险投资为国有背景的上市公司。所以得出的结论为，非国有背景的风险投资机构担任董事对上市公司创新绩效的促进作用更为显著。因此不能拒绝假设2a。

3）风险投资机构的声誉对上市公司创新绩效的影响

该部分的研究对象为存在"风险投资董事"的上市公司的203个公司-年数据的子样本。在该试验组中，针对各上市公司中担任董事的风险投资机构的声誉进行研究。

表7.7列出了对假设3的检验结果。

表7.7 风险投资机构的声誉对上市公司创新绩效的影响

| 变量 | Invention1 | Valid |
| --- | --- | --- |
| Constant | -6.296*** <br> (0.001) | -0.811 <br> (0.692) |
| HRankVC Director | 1.130*** <br> (0.000) | 0.828*** <br> (0.000) |
| Age | -0.088 <br> (0.713) | 0.808*** <br> (0.002) |
| Size | 0.674*** <br> (0.000) | 0.180 <br> (0.331) |
| Leverage | -1.012 <br> (0.152) | 0.627 <br> (0.416) |
| Growth | 0.149 <br> (0.133) | 0.208* <br> (0.064) |
| Industry | control | control |
| $R^2$ | 0.310 | 0.329 |
| Adj. $R^2$ | 0.277 | 0.299 |
| F值 | 9.322 | 10.948 |

注：***、**、*分别表示在1%、5%和10%水平上显著；括号中的数值为报告的P值。

从表7.7中可以看出，"风险投资董事"为高声誉风险投资机构的虚拟变量（HRankVC Director）对被解释变量专利数量（Invention1）和专利质量（Valid）的系数分别为1.130和0.828，对应P值分别为0.000和0.000，均在1%水平上显著为正，表明对于存在"风险投资董事"的上市公司，风险投资董事由高声誉风险投资派驻的上市公司的专利数量和专利质量均显著高于风险投资董事为低声誉风险投资机构派驻的上市公司。因此可以得出结论，高声誉的风险投资担任董事对上市公司创新绩效的促进作用更为显著。所以不能拒绝假设3。

（4）风险投资机构的持股比例对上市公司创新绩效的影响

该部分的研究对象为存在"风险投资董事"的上市公司的203个公司-年数据的子样本。在该试验组中，针对各上市公司中担任董事的风险投资机构的持股比例进行研究。

表7.8列出了对假设4的检验结果。

表7.8 风险投资机构的持股比例对上市公司创新绩效的影响

| 变量 | Invention1 | Valid |
| --- | --- | --- |
| Constant | −1.861<br>(0.343) | 2.239<br>(0.287) |
| VC Director Shares | 0.025***<br>(0.006) | 0.018*<br>(0.070) |
| Age | −0.234<br>(0.375) | 0.763***<br>(0.005) |
| Size | 0.310*<br>(0.087) | 0.073***<br>(0.006) |
| Leverage | 0.366<br>(0.633) | 1.465<br>(0.690) |
| Growth | 0.043<br>(0.690) | 0.141<br>(0.225) |
| Industry | control | control |
| $R^2$ | 0.146 | 0.263 |
| Adj. $R^2$ | 0.105 | 0.230 |
| F值 | 3.546 | 7.945 |

注：***、**、*分别表示在1%、5%和10%水平上显著；括号中的数值为报告的P值。

被解释变量分别为专利数量的衡量指标（Invention1）和专利质量的衡量指标（Valid），解释变量为担任董事的风险投资机构的持股比例（VC Director Shares)。从表 7.8 中可以看出，担任董事的风险投资机构的持股比例（VC Director Shares）对被解释变量专利数量（Invention1）的系数为 0.025，对应 P 值为 0.006。在 1% 水平上显著为正；对被解释变量专利质量（Valid）的系数为 0.018，对应 $P$ 值为 0.070，在 10% 水平上显著为正，表明对于存在"风险投资董事"的上市公司，担任董事的风险投资的持股比例越大，对上市公司创新的促进作用就更加显著。所以不能拒绝假设 4。

### 5. 稳健性检验

本节采取了多种方法来检验各结论的稳健性。

（1）借鉴王兰芳等（2017）中采用"一对多"的匹配方式，针对 69 家存在"风险投资董事"的上市公司，按行业、年度、专利申请量进行一对多匹配，得到最多 5 家"不存在风险投资董事"的上市公司作为新的对照样本，观测区间仍为每一家存在"风险投资董事"的上市公司及其匹配上市公司有"风险投资董事"存在的年份。最终共得到 2009—2015 年 318 个不存在"风险投资董事"的公司-年观测值作为新的对照样本进行回归分析。回归分析结果见表 7.9，被解释变量分别为专利数量的衡量指标（Invention1）和专利质量的衡量指标（Valid），解释变量为是否存在"风险投资董事"的虚拟变量（VC_Director）。从表中可以看出，"风险投资董事"虚拟变量（VC_Director）的系数分别为 0.238 和 0.246，对应 $P$ 值分别为 0.026 和 0.046，系数均为正并均在 5% 的水平上显著，表明有"风险投资董事"存在的上市公司的专利数量和专利质量均显著高于无"风险投资董事"的上市公司，即"风险投资董事"的存在对上市公司的创新有显著的正向影响。得出的结果与前面基本一致，同样表明"风险投资董事"的存在对上市公司的创新有显著的正向影响，结论与前面一致，具有一定的稳健性。

表 7.9 "风险投资董事"对上市公司创新绩效的影响

| 变量 | Invention1 | Valid |
| --- | --- | --- |
| Constant | -1.657<br>(0.117) | 4.158 ***<br>(0.000) |
| VC_Director | 0.238 **<br>(0.026) | 0.246 **<br>(0.046) |

续表

| 变量 | Invention1 | Valid |
|---|---|---|
| Age | -0.251* <br> (0.073) | 0.694 <br> (0.790) |
| Size | 0.300*** <br> (0.002) | 0.226** <br> (0.033) |
| Leverage | 0.012 <br> (0.979) | 1.308 <br> (0.908) |
| Growth | 0.025 <br> (0.765) | 0.014 <br> (0.875) |
| Industry | control | control |
| $R^2$ | 0.058 | 0.207 |
| Adj. $R^2$ | 0.040 | 0.195 |
| F 值 | 3.251 | 16.579 |

注：***、**、* 分别表示在1%、5%和10%水平上显著；括号中的数值为报告的 P 值。

（2）本节还采用新的上市公司的创新绩效的衡量指标，在前面发明专利、实用新型专利的申请数量之和的基础上增加了外观设计专利的申请数量，用上市公司发明专利、实用新型专利和外观设计专利的申请数量的自然对数（Invention2）来作为新的被解释变量进行回归分析。新的回归结果见表 7.10，表 7.10 中列（1）、列（2）、列（3）和列（4）分别对本节的四个假设进行进一步验证，对之前得出的结论进行进一步检验。4 个模型的被解释变量均为上市公司发明专利、实用新型专利和外观设计专利的申请数量的自然对数（Invention2），列（1）的解释变量为"风险投资董事"虚拟变量（VC_Director），列（2）的解释变量为担任董事的风险投资为国有背景的虚拟变量（GVC Director），列（3）的解释变量为风险投资机构为高声誉风险投资机构的虚拟变量（HRankVC Director），列（4）的解释变量为风险投资机构的持股比例（VC Director Shares）。

表 7.10　风险投资担任董事对上市公司创新绩效的影响

| 变量 | （1） | （2） | （3） | （4） |
|---|---|---|---|---|
| Constant | -1.813<br>(0.189) | -2.313<br>(0.261) | -6.322***<br>(0.001) | -1.964<br>(0.340) |
| VC_Director | 0.324**<br>(0.014) | | | |
| GVC Director | | -0.450**<br>(0.031) | | |
| HRankVC Director | | | 1.116***<br>(0.000) | |
| VC Director Shares | | | | 0.024**<br>(0.012) |
| Age | -0.210<br>(0.215) | -0.188<br>(0.502) | -0.105<br>(0.677) | -0.250<br>(0.366) |
| Size | 0.321**<br>(0.011) | 0.408**<br>(0.030) | 0.687***<br>(0.000) | 0.330*<br>(0.082) |
| Leverage | -0.531<br>(0.304) | -0.435<br>(0.599) | -1.114<br>(0.137) | 0.240<br>(0.766) |
| Growth | 0.031<br>(0.703) | -0.008<br>(0.946) | 0.167<br>(0.112) | 0.063<br>(0.581) |
| Industry | 控制 | 控制 | 控制 | 控制 |
| $R^2$ | 0.065 | 0.126 | 0.285 | 0.136 |
| Adj. $R^2$ | 0.042 | 0.084 | 0.251 | 0.094 |
| F 值 | 2.822 | 2.981 | 8.274 | 3.257 |

注：***、**、*分别表示在1%、5%和10%水平上显著；括号中的数值为报告的P值。

从表 7.10 列（1）的回归结果可以看出，"风险投资董事"虚拟变量（VC_Director）的系数为 0.324，对应的 P 值为 0.014，系数为正且在 5% 的水平上显著，表明风险投资机构担任董事对上市公司的创新绩效有显著的正向影响，结论具有一定的稳健性。

从表 7.10 列（2）的回归结果可以看出，风险投资机构为国有背景的虚拟变量（GVC Director）对被解释变量专利数量（Invention 2）的系数为 -0.450，对应 $P$ 值为 0.031，系数在 5% 水平上显著为负，所以得出的结论为，非国有背景的风险投资比国有背景的风险投资担任董事对上市公司创新绩效的促进作用更为显著。竞争性研究中假设 2a 相关结论具有一定的稳健性。

从表 7.10 列（3）的回归结果可以看出，担任董事的风险投资为高声誉风险投资机构的虚拟变量（HRankVC Director）对被解释变量专利数量（Invention 2）的系数为 1.116，对应的 $P$ 值为 0.000，系数在 1% 水平上显著为正，因此可以得出结论，高声誉的风险投资担任董事对上市公司创新绩效的促进作用更为显著。假设 3 的相关结论具有一定的稳健性。

从表 7.10 列（4）的回归结果可以看出，担任董事的风险投资的持股比例（VC Director Shares）对被解释变量专利数量（Invention 2）的系数为 0.024，对应 $P$ 值为 0.012，系数在 5% 水平上显著为正，表明对于存在"风险投资董事"的上市公司，担任董事的风险投资的持股比例越大，对上市公司创新的促进作用就更加显著。假设 4 的相关结论具有一定稳健性。

综上所述，改变被解释变量的衡量方法后前面所述的假设进一步得到了验证，与前面得出的回归结果基本一致，与之前的结论相符，证明本节的结论具有一定的稳健性。

（3）本节还在原来各回归的基础上增加了可能影响上市公司创新绩效的变量——创新投入（R&D）进行回归分析，创新投入（R&D）的衡量指标为上市公司当年的创新投入取自然对数。结果见表 7.11～表 7.13。从表中可以看出，加入创新投入的控制变量后，解释变量风险投资是否为国有背景的虚拟变量（GVC Director）、风险投资是否为高声誉风险投资机构的虚拟变量（HRankVC Director）、担任董事的风险投资的持股比例（VC Director Shares）相对应的系数正负情况及显著情况均与前文基本一致。另外，采用新的解释变量为上市公司发明专利、实用新型专利和外观设计专利的申请数量的自然对数（Invention2），其结果仍和之前的结果基本相似，所以经过一系列稳健性检验，本节的主要结果与结论均与前面一致，没有太大变化。结合以上的一系列讨论分析，可以认为本节的核心结论是非常稳健的。

表 7.11　风险投资机构的背景对上市公司创新绩效的影响

| 变量 | Invention1 | Valid | Invention2 |
|---|---|---|---|
| Constant | -2.890<br>(0.129) | 2.302<br>(0.239) | -2.864<br>(0.149) |
| GVC Director | -0.384**<br>(0.046) | -0.885***<br>(0.000) | -0.464**<br>(0.021) |
| Age | -0.271<br>(0.300) | 0.790***<br>(0.003) | -0.275<br>(0.314) |
| Size | 0.354**<br>(0.041) | -0.075<br>(0.673) | 0.365**<br>(0.043) |
| Leverage | -0.148<br>(0.847) | 0.833<br>(0.280) | -0.344<br>(0.668) |
| Growth | -0.031<br>(0.774) | -0.016<br>(0.889) | -0.025<br>(0.825) |
| R&D | 0.586***<br>(0.001) | 0.360**<br>(0.039) | 0.587***<br>(0.001) |
| Industry | control | control | control |
| $R^2$ | 0.204 | 0.351 | 0.203 |
| Adj. $R^2$ | 0.159 | 0.317 | 0.158 |
| F 值 | 4.571 | 10.406 | 4.551 |

注：***、**、*分别表示在 1%、5% 和 10% 水平上显著；括号中的数值为报告的 P 值。

表 7.12　风险投资机构的声誉对上市公司创新绩效的影响

| 变量 | Invention1 | Valid | Invention2 |
|---|---|---|---|
| Constant | -6.173***<br>(0.001) | -0.816<br>(0.690) | -6.194***<br>(0.001) |
| HRankVC Director | 1.007***<br>(0.000) | 0.790***<br>(0.000) | 0.988***<br>(0.000) |
| Age | -0.138<br>(0.568) | 0.738***<br>(0.005) | -0.158<br>(0.539) |

续表

| 变量 | Invention1 | Valid | Invention2 |
|---|---|---|---|
| Size | 0.627*** (0.000) | 0.157 (0.402) | 0.638*** (0.000) |
| Leverage | -0.863 (0.228) | 0.877 (0.266) | -0.959 (0.207) |
| Growth | 0.130 (0.188) | 0.206* (0.067) | 0.148 (0.160) |
| R&D | 0.265 (0.111) | 0.164 (0.384) | 0.276 (0.118) |
| Industry | control | control | control |
| $R^2$ | 0.325 | 0.328 | 0.300 |
| Adj. $R^2$ | 0.287 | 0.294 | 0.261 |
| F 值 | 8.606 | 9.413 | 7.666 |

注：***、**、*分别表示在1%、5%和10%水平上显著；括号中的数值为报告的P值。

表7.13　风险投资机构的持股比例对上市公司创新绩效的影响

| 变量 | Invention1 | Valid | Invention2 |
|---|---|---|---|
| Constant | -2.470 (0.192) | 1.868 (0.369) | -2.579 (0.196) |
| VC Director Shares | 0.023*** (0.007) | 0.016* (0.089) | 0.022** (0.014) |
| Age | -0.326 (0.204) | 0.645** (0.018) | -0.343 (0.205) |
| Size | 0.276 (0.113) | -0.104 (0.588) | 0.295 (0.107) |
| Leverage | 0.471 (0.526) | 1.781** (0.027) | 0.345 (0.658) |
| Growth | 0.030 (0.776) | 0.135 | 0.049 (0.654) |

续表

| 变量 | Invention1 | Valid | Invention2 |
|---|---|---|---|
| R&D | 0.575*** <br> (0.001) | 0.416** <br> (0.024) | 0.581*** <br> (0.001) |
| Industry | control | control | control |
| $R^2$ | 0.222 | 0.276 | 0.207 |
| Adj. $R^2$ | 0.178 | 0.239 | 0.163 |
| F 值 | 5.089 | 7.348 | 4.664 |

注：***、**、*分别表示在1%、5%和10%水平上显著；括号中的数值为报告的P值。

## 五、研究结论

本节首先以2009—2015年在我国创业板上市的公司为研究对象，研究风险投资机构担任董事对上市公司创新绩效的影响。风险投资机构担任董事显著促进了上市公司的创新绩效；与国有企业背景的风险投资机构相比，非国有企业风险投资机构担任董事对上市公司创新绩效的促进作用更显著；高声誉的风险投资机构担任董事更能促进上市公司的创新绩效；担任董事的风险投资机构的持股比例越大，对上市公司创新绩效的促进作用越显著。

然后结合本节研究结论就风险投资机构和上市公司方面提出一些建议。风险投资机构需要提升自身的综合实力。风险投资机构自身的资源优势、专业化知识、丰富的投资经验等这些软实力才是其真正的核心竞争力，风险投资机构要结合被投资企业具体情况，帮助企业制定长远的发展战略，促进企业高效发展，自身也可以从中获取收益，还能进一步提高自身声誉，形成良性循环，最终实现"共赢"。上市公司需要与风险投资机构充分合作。公司管理层可以与风险投资达成协议，根据风险投资的持股情况，让其适当参与董事会，参与公司的经营管理决策，由专业的风险投资人来参与项目选择、制定未来发展战略等，这可以在一定程度上有效促进上市公司的创新绩效，获得竞争优势，进而促进公司创新高效发展。

## 第二节　风险投资者社会关系对企业创新的影响研究

### 一、研究背景及意义

#### 1. 研究背景

风险投资者是创业者背后的创业者（Gupta，2000），他们在投资项目的甄别、与创业企业的互动及投后的监督管理等方面都起到了至关重要的作用，扮演了创业企业家良师益友的个人角色。作为风险投资关系网络中核心的自然人节点，风险投资者与企业创始人、管理层之间存在的各种社会关系，在风险投资对创业企业的作用过程中会产生重要的影响：一方面，这种"先天"存在的社会关系有助于加强投融双方的信任，降低信息不对称，使得风险投资者在对创业企业首轮投资时的估值更为准确，在投后的治理活动中双方的互动也会更为密切，风险投资者的知识、经验及技能可以更顺畅地传递给创业企业，提升风险投资对企业的"增值"作用；另一方面，更为密切的关系很有可能使得风险投资者对创业企业产生信任偏差，弱化公司治理层面的监督，这种监督的弱化有可能使得管理层产生自利行为，损害风险投资者的利益，但也有可能会给管理层营造更宽松的决策环境，使得其拥有更强的风险承担，有激励去实现创新，创造价值。

以此为出发点，以2014—2016年得到风险投资的创业板上市公司为例，手工搜集风险投资者与被投资企业董事、高级管理人员之间的教育背景、工作履历及社会任职等方面的关系，以及这些公司的专利研发情况，以信息传递和监督治理为理论的主要切入点探究：①风险投资者与上市公司高层管理者个人之间的社会关系，是否能够对上市公司的创新能力产生影响？②不同的关系类型影响是否相同？③在不同的上市公司产权性质条件下，上述影响是否又会有所不同？

**2. 研究意义**

目前，前学术界对于风险投资网络的研究大多基于组织间的"正式"关系，以最基本的联合投资网络（如 Bygrave, 1998；Sorenson & Stuart, 2001；Hopp, 2010a、2010b；Castilla, 2003；Abell & Nisar, 2007；Hochberg, et al., 2010；张莉和谈毅, 2014）为代表，网络的中心性、结构洞、异质性等网络的整体特性是这些研究的关注重点；较少有学者从"非正式"关系的角度出发，讨论人与人之间的社会关系对于组织层面各种决策的影响。此外，Ahlstrom 和 Bruton（2006）认为，在新兴的经济体中，由于缺乏正式、严格的制度环境，风险投资会选择通过非正式的渠道来对被投资企业进行监督、治理，而注重"人情"的中国资本市场十分符合这样一种情景设定。

如果风险投资的社会关系网络能够对上市公司的创新能力产生积极的影响，那么不仅使企业的价值和风险投资的绩效得以提升，更重要的是，这意味着社会关系对于这些有风险投资背景的公司而言是一项重要的无形资产，若能够对这种特殊无形资产有效地加以利用，无论对科技的创新还是社会的进步都是一件益事。即使研究得到了负面的结果，"人情关系"产生了信任偏差，监督的弱化带来一定的道德风险，那么对于风险投资的法制监管来说，也有一定的启示意义。

**二、研究假设**

**1. 风险投资社会关系网络与企业创新**

目前的学术研究表明，风险投资通过积极参与治理的"监督"（Barry, et al., 1990）作用，利用自身声誉缓解信息不对称的"认证"（Megginson & Weiss, 1991）作用，以及借助风险投资网络给企业传递更多的信息与资源等方式，最终为被投资企业带来"增值"。具体到企业创新方面，风险投资发挥作用的机制也是类似的。一方面，风险投资不仅为企业带来了创新成果转化的必要资金，还会通过积极的监督、引导，推动企业建立创新战略、提高组织吸收能力、获取持久的内部研发能力及更高的全要素生产率水平（Da Rin & Penas, 2007；Chemmanur, et al., 2011）；另一方面，风险投资会利用自身所嵌入的关系网络，帮助企业在网络内建立起与其他创新相关实体的沟通渠道，以促进知识、经验、技能等资源的有效利用，但无论是组织实体间"正式"的合作、联盟关系，还是人与人之间"非正式"的社会关系，网络能够产生积极影响的必要条件都是双方的关系能够起到"1+1 > 2"的协同作用。

目前，我国公司财务领域对于社会关系网络的研究主要集中在董事（独立董事）网络（陈运森和谢德仁，2011）、高管联结（陈仕华和卢崇昌，2013；张娆，2014）以及CEO与董事的关系（陆遥和胡江燕，2014）方面，网络的作用对象包括公司治理、并购绩效、投资效率、企业风险等。尽管上述学者对社会网络研究的切入点和视角不同，但是社会网络对于公司治理、公司决策的影响机制大体是相同的：社会网络为个体带来了社会资本与信息渠道（Freeman，1979），个体会依赖于他人的行为而改变自己的偏好和决定（陈运森和谢德仁，2011）。对于风险投资网络中，风险投资者与公司高层之间存在的社会关系而言，这种作用机制同样适用。

一方面，这种"先天"存在的关系提升了投融双方的信任感，缓解了信息不对称，使得风险投资者与公司高层之间的互动更为密切，营造了一种合作型的治理环境；另一方面，更为密切的关系很有可能使得风险投资者对创业企业产生信任偏差，弱化公司治理层面的监督，这种监督的弱化有可能使得管理层产生自利行为，损害风险投资者的利益。但是，从"合作博弈"的视角思考，管理层自利行为会使得自身的声誉受损，无论是从企业还是个人的角度，都不利于其长期的发展。因此，我们考虑弱化监督带来的另外一个可能，信任的存在使得管理层具有更宽松的决策环境，更强的风险承担去实现创新、创造价值。

综合以上两个方面的理论分析，提出如下假设。

假设1：风险投资者与上市公司非风投派出的董事、高级管理人员之间的社会关系网络将加强公司的创新能力。

### 2. 风险投资社会关系网络类型与企业创新

在某种程度上，社会关系网络是社会资本具象化的一种体现。在Weber和Weber（2007）的"关系匹配"框架中，社会资本被扩展为结构维度的社会网络，及关系维度的规则、信任、认知匹配和情感匹配。网络、规则和信任是对于社会资本最早的定义，而"认知匹配"与"情感匹配"则来源于个体共同的经历、体验，具体到现实生活中则体现为学缘、业缘、地缘关系等。"关系匹配"框架中的另一个有机组成是个体间的"知识关联度"，对于企业创新而言，仅有社会资本引起双方的"共鸣"很可能是不够的，还需要有共同的专业性知识背景。而专业性的知识可能来自教育，也可能来自工作。因此，本节对于风险投资者与上市公司非风投派出的董事、高管之间社会关系的衡量将从教育经历、工作履历及社会背景三个维度展开。

（1）共同的教育经历，即校友关系，大多是个体在进入社会从事具体工作前形成的，其产生具有更为深厚的情感基础。校友关系通常存在"小圈子"效应（申宇等，2016），在个人的职业选择、职业判断、信息交流方面，校友关系都会是优先考虑的范围。对于风险投资者而言，教育背景是衡量企业家能力的标准之一，共同的教育背景会加强其对企业家能力的认可，在投后的监督指导中的互动交流也会更加顺畅。

（2）共同的工作履历，即同事关系，在本节的研究中，是在风险投资机构注资前或企业成立前，在创业企业及风险投资机构之外的其他组织中，风险投资者与上市公司其他董事、高管同时任职形成的关系。共同的教育背景有可能存在不同专业沟通较少的情形，而工作履历的交叉则意味着双方有着更多的职业性及专业性交流。而且这些曾经或者现在依然共同任职的外部公司很有可能是广义风险投资网络中的利益相关方，如供应商、客户、科研机构或者合作伙伴等。

（3）共同的社会背景，包括社会任职和社会阅历两个方面。社会任职方面，包括属于同一个行业协会，是同一个地区的人大代表、政协委员等；通过行业协会，可以了解行业的发展趋势、竞争态势（游家兴和刘淳，2011），当风险投资者和企业同时在行业协会中任职时，会减少双方的信息不对称；而人大代表、政协委员则属于一种政治联系，风险投资者与公司高层之间共同的政治联系会为企业带来除风险资本外更好的创新投入条件（如政府补助等）。社会阅历方面，包括来自同一个城镇（"老乡"关系），在同一个海外国家生活工作过等，这些由地缘关系引起的社会阅历使得个人在发展过程中所感受到的风俗文化、认知观念有所近似，更容易产生情感上的契合。

综合上述对社会关系的扩展分析，研究在假设1的基础上进一步提出如下假设。

假设2a：风险投资者与上市公司非风投派出的董事、高级管理人员之间的校友关系，将加强公司的创新能力。

假设2b：风险投资者与上市公司非风投派出的董事、高级管理人员之间的同事关系，将加强公司的创新能力。

假设2c：风险投资者与上市公司非风投派出的董事、高级管理人员之间的其他社会关系，将加强公司的创新能力。

**3. 企业产权性质对风险投资社会网络与企业创新的影响**

企业的经营会受到外界制度环境的影响，不同的产权性质对企业的创新有着不同的影响。吴延兵（2012）认为，国有企业的公有产权属性决定了国有企业中存在着生产效率和创新效率的双重损失，并且以中国省级国有企业和民营企业的工业行业数据验证了这一观点。董晓庆等（2014）对我国五大类高新技术行业2000—2011年国有企业与民营企业创新的实证比较同样发现，国有企业的创新效率普遍低于民营企业，并指出寻租是导致国有企业创新效率低下的主要原因。此外，产权性质会影响社会网络的作用发挥，陈运森和谢德仁（2011）在研究董事网络与上市公司投资效率之间的关系时发现，在政府干预程度高的地区，国有企业上市公司独立董事网络中心都对非效率投资的抑制作用会减弱。在风险投资网络中，产权性质同样会影响到风险投资的作用发挥：一是风险投资机构自身的产权性质对企业投资效率、创新等方面的影响（Brander, et al., 2010；吴超鹏等，2012；余琰等，2014）；二是企业自身的产权性质对于风险投资作用发挥的影响，也是现有文献较少涉及的。考虑到本节的立足点是风险投资网络中人际社会关系对创业企业的影响，尽管风险投资机构的产权性质会影响到机构对于企业的作用。但是，个人之间的关系带来的是潜在资源的传递，我们更加关注的是资源流入方（接受方）的产权性质是否会影响到资源的效用发挥，因此将从创业企业的产权性质出发进一步讨论社会关系对公司创新方面的影响。

如果创业企业是国有企业背景的，企业的董事、监事、高级管理人员就更有可能在政府部门任职，风险投资者与公司高层之间的关系更有可能是形式上的往来，而缺乏知识关联度与情感上的契合。另外，国有企业上市公司受到政府的干预更多,风险投资机构在董事会中的话语权会相对减弱,一些治理方面的积极效应有可能会被强制性的政策所干扰,导致社会关系无法起到实质性的作用。而在非国有企业中,风险投资者与公司高层之间的关系更有可能来自学缘、业缘,关系更具契合性;加之上市公司没有与政府在产权上的一致性(陈运森和谢德仁,2011),受政府的干预程度较低,关系更有可能发挥实质性的作用。由此提出以下假设。

假设3:在非国有上市公司中,风险投资者与上市公司非风投派出的董事、高级管理人员之间的社会关系网络对公司创新能力的促进作用将更为突出。

### 三、样本与变量

#### 1. 样本

2014年1月1日—2016年12月31日,共有216家公司在我国创业板市场上市,其中有135家公司在上市时具有风险投资背景,共有241家风险投资机构参与了对这些公司的风险投资,涉及303个投资事件(不考虑多轮次注资),平均每家公司在上市时具有2.24家风险投资股东。具体的年度分布情况如表7.14所示。

表7.14  2014—2016年创业板市场IPO公司的风险投资背景情况

| 上市年份 | IPO总数 | VC背景IPO数 | 占比/% |
| --- | --- | --- | --- |
| 2014 | 51 | 31 | 60.78 |
| 2015 | 87 | 55 | 63.22 |
| 2016 | 78 | 49 | 62.82 |
| 合计 | 216 | 135 | 62.50 |

表7.15列出了根据证监会2012版行业分类所统计的2014—2016年具有风险投资背景的135家创业板上市公司的行业分布情况。其中,属于制造业的上市公司最多,高达93家,占到样本总量的68.89%,信息传输、软件和信息技术服务业次之,属于其他行业的上市公司则占比较小。

表 7.15 2014—2016 年创业板市场具有风险投资背景公司的行业分布情况

| 行业代码 | 行业名称 | 数量 | 占比/% |
| --- | --- | --- | --- |
| A | 农、林、牧、渔业 | 1 | 0.74 |
| C | 制造业 | 93 | 68.89 |
| E | 建筑业 | 2 | 1.48 |
| F | 批发和零售业 | 1 | 0.74 |
| I | 信息传输、软件和信息技术服务业 | 31 | 22.96 |
| M | 科学研究和技术服务业 | 3 | 2.22 |
| N | 水利、环境和公共设施管理业 | 1 | 0.74 |
| R | 文化、体育和娱乐业 | 3 | 2.22 |

本节所涉及的风险投资相关数据来自 CVSource 数据库，上市公司基本信息与财务数据来自 CSMAR 数据库，专利信息通过中国国家知识产权局专利检索系统和中国知识产权网专利信息服务平台手工搜集获取。在对风险投资背景的界定方面：①采用吴超鹏等（2012）的方法，将样本公司各年度十大股东的名单与 CVSource 数据库的风险投资机构名录进行比对，初步确定有风险投资股东的公司；②从巨潮资讯网（www.cninfo.com.cn）获取上述公司的招股说明书与上市公告书，参照 CVSource 数据库的"VC 融资事件"，进一步剔除上市后进入的、采取 PE 性质投资的风险投资机构，以及部分临近 IPO 进入的过桥资本；③部分数据库和名录中包含的风险投资机构在公司上市时，其控制人同时是上市公司的控制人，而且高级管理人员大量重合，只是自然人为了间接持股目的而成立的"投资机构"，虽然该机构在公司上市后从事对外的风险投资活动，成为公司风险投资机构。对于上市公司自身而言，该机构的投资性质并不属于风险投资，因此予以排除。研究中涉及的上市公司董事、高级管理人员的个人信息，包括教育背景、工作履历、社会任职等，通过上市公司的招股说明书及年度报告获取。鉴于有部分风险投资机构的高层管理者并没有被派出到上市公司，无法从年报中获取他们的个人信息，为保证信息来源的真实准确性，本节统一从风险投资机构的官方网站及其他正规渠道手工查询获取。

**2. 变量选取**

1) 被解释变量——公司创新能力

由于风险投资机构支持的大多是科技创新型企业,本节所研究的公司创新能力,主要指的是技术方面的创新能力。对于创新能力的衡量,国内外学者最常采用的指标有研发投入占比、专利申请量和全要素生产率。专利申请量和全要素生产率从创新的产出角度衡量;研发投入占比从投入角度衡量。创新的产出才能代表企业的实质性创新能力,并真实地反映出企业对研发投入的利用效率(Chemmanur, et al., 2014)。在我国专利法中,专利包括发明专利、实用新型专利和外观设计专利,发明专利的技术含量最高,实用新型专利次之,外观设计专利最低。为了真实反映企业的创新能力,将采用前两种类型的专利年申请量作为因变量,而且仅考虑中国大陆的专利,不含我国港、澳、台及国外专利。考虑到大部分企业的专利数量较少,样本公司中专利数的分布存在一定的偏态,借鉴前人的做法(Tian, 2012; Chemmanur, et al., 2014),研究将采用专利年申请量的自然对数作为公司创新能力的衡量。

2) 解释变量——风险投资者与上市公司董事、高管之间的社会关系

风险投资机构为了更好地监督被投资企业,会向企业的治理层直接派出董事、监事,部分董事也会同时担任企业的高级管理人员。一方面,这些被派到被投资企业的风险投资机构高层管理者作为项目的主要负责人,直接与被投资企业的高层接触;另一方面,作为上市公司的董事,其个人简历会在招股说明书和年报中被详细披露,并且会比在风险投资官方网站上显示的简历信息更为可靠。出于这两点原因考虑,将以风险投资机构派出的董事的个人简历作为衡量风险投资者社会关系网络的主要依据。

通过上市公司年报披露的董监高简历,可以判断风险投资机构派出的人员是否与上市公司的董事、高级管理人员之间存在关系,包括校友关系、同事关系以及其他社会关系。校友关系指来自同一所高校,或者在同一所院校中攻读过 MBA、EMBA 的学位(如中欧国际工商学院、长江商学院等);同事关系指风险投资者与上市公司的董事、高管在企业创立前就存在的,在同一家独立于风险投资机构和被投资企业之外的企业同时任职的关系,既包括了已经终止的同事关系,也包括在截至上市后各年年末依然存在的外部任职

同事关系；其他社会关系包括社会任职和社会阅历两个方面，前者具体包括属于同一个行业协会，是同一个地区的人大代表、政协委员等，后者包括来自同一个城镇（"老乡"关系），在同一个海外国家生活工作过等由地缘关系引起的共同的社会阅历。

除了风险投资机构派出的人员，风险投资机构没有派出的人员也会与上市公司的董事、高管之间存在社会关系。尤其是风险投资机构的主要合伙人、董事长、总经理等关键人物，即传统意义上的风险投资者，他们由于工作事务的繁忙或者其他因素，有可能会派出有相关经验的投资经理、项目负责人等进驻被投资企业，而不会亲自参与到上市公司的治理层中。事实上，这些风险投资者才是风险投资机构最具有影响力的决策者，他们与公司高层之间的社会关系虽然不能从年报中反映出来，但同样会对被投资企业的经营管理产生重要的影响。因此，对于没有向被投资企业派出董事的风险投资机构，以风险投资机构的主要合伙人、董事长或总经理的个人简历作为衡量风险投资者社会关系网络的依据。研究从风险投资机构的官方网站及其他正规渠道手工查询获取这些未被派出的风险投资机构高层的简历，采用类似于上述年报简历辨认的方式，获取他们与上市公司的董事、高管之间的校友、同事及其他社会关系。

如果上市公司的董事、高管与其风险投资机构的派出人员及管理人员（统称风险投资者）存在校友关系、同事关系或者其他社会关系，则 Relation 取 1，否则为 0。

3）控制变量

（1）风险投资特征层面的控制变量。

①风险投资持股比例（VCShare）。风险投资股东的持股比例越高，其与上市公司的共同利益越大，越能体现更强的治理参与倾向。同时，较高的持股比例也意味着风险投资机构在上市公司拥有更多的董事会席位及话语权，提供更多的增值服务（谈毅和杨晔，2011），更有可能会提高上市公司创新投入（付雷鸣等，2012；黄艺翔和姚铮，2015）。

②风险投资产权性质（VCSOE）。国内外学者的研究表明，由于受到政府更多的干预、有着更多短期考核的政治指标（余琰等，2014）等因素，国有企业背景的风险投资在缓解投资不足、促进创新方面的表现都不如非国有企业背景的风险投资机构（Brander，et al.，2010；余琰等，2014）。对于

风险投资机构产权性质的衡量，将以 CSMAR 数据库中股东的"持股性质"作为依据，如果其持股性质为"国有股"或"国有法人股"，则将其认定为国有风险投资机构，VCSOE 取 1，否则为 0。

（2）创新活动相关的控制变量。创新的投入虽然不会完全决定产出，但是会在很大程度上影响到产出。研究参照 Tian（2012）及 Chemmanur 等（2014）的做法，引入与创新活动相关的研发投入占比（R&D）和资本性支出（CE）占比作为控制变量。前者等于公司在上年的研发费用除以全年的销售收入；后者等于公司在上年购买、建造固定资产，取得无形资产和其他长期资产支付的现金除以上年末的资产总额。

（3）公司特征层面的控制变量。不仅在不同的行业中创新的重要性和发展水平有所不同，不同的公司有不同的特质，也会直接或间接影响到企业的创新活动及创新效率。参照前人的研究（Tsai，2001；Beneito，2003；刘胜强和刘星，2010），将公司的资产规模（Size）、杠杆水平（Lev）以及股权集中度（Own）纳入公司特征层面的控制变量。

主要的变量说明如表 7.16 所示。

表 7.16  变量说明

| | 变量名称 | 变量符号 | 变量定义 |
|---|---|---|---|
| 被解释变量 | 公司创新能力 | ln_Patent | 公司当年获得授权的发明专利和实用新型专利的申请总数加 1 后取自然对数 |
| 解释变量 | 是否有"关系型"风投支持 | Relation | 当风险投资者与上市公司非风投派出的董事、高管存在校友、同事或其他社会关系时取 1，否则为 0 |
| | 是否存在校友关系 | Edu | 当风险投资者与上市公司非风投派出的董事、高管存在校友关系时取 1，否则为 0 |
| | 是否存在同事关系 | Work | 当风险投资者与上市公司非风投派出的董事、高管存在同事关系时取 1，否则为 0 |
| | 是否存在其他社会关系 | Other | 当风险投资者与上市公司非风投派出的董事、高管存在其他社会关系时取 1，否则为 0 |
| 调节变量 | 上市公司的产权性质 | SOE | 当上市公司的实际控制人性质为国有企业时取 1，否则为 0 |

续表

| 变量名称 | | 变量符号 | 变量定义 |
|---|---|---|---|
| 控制变量 | 风险投资持股比例 | VCShare | 风险投资股东的持股比例 |
| | 风险投资产权性质 | VCSOE | CSMAR 数据库中，风险投资持股性质为"国有股"或"国有法人股"时取1，否则为0 |
| | 研发投入占比 | R&D | 研发费用除以销售收入 |
| | 资本性支出占比 | CE | 购买、建造固定资产，取得无形资产和其他长期资产支付的现金除以总资产 |
| | 资产规模 | Size | 总资产取自然对数 |
| | 杠杆水平 | Lev | 资产负债率，等于总负债与总资产的比值 |
| | 股权集中度 | Own | 第一大股东持股比例 |
| | 年份 | Year | 年份虚拟变量 |
| | 行业 | Industry | 根据证监会2012年的行业分类标准，制造业按二级分类，其他行业按一级分类，设置行业虚拟变量 |

## 四、模型与结果

### 1. 研究模型

为了验证上述假设，研究建立了如下所示的 OLS 模型：

$$\ln\_Patent = \beta_0 + \beta_1 Relation + \beta_2 Control + \varepsilon \quad (7.5)$$

$$\ln\_Patent = \beta_0 + \beta_1 Edu + \beta_2 Work + \beta_3 Other + \beta_4 Control + \varepsilon \quad (7.6)$$

$$\ln\_Patent = \beta_0 + \beta_1 Relation + \beta_2 SOE + \beta_3 Relation \times SOE + \beta_4 Control + \varepsilon \quad (7.7)$$

借鉴 Tian（2012）和 Chemmanur（2014）的研究，模型式（7.5）~模型式（7.7）均采用企业每年的发明专利和实用新型专利申请数量（Patent）的自然对数（ln_Patent）作为被解释变量。模型式（7.5）的解释变量为上市公司是否有"关系型"风险投资支持，即风险投资者与上市公司非风险投资机构派出的董事、高管之间是否存在社会关系。模型式（7.6）根据假设2的检验需要，将风险投资者与上市公司董事、高管之间的社会关系进行了进一步的拆分。模型式（7.7）则引入了上市公司的产权性质 SOE 作为调节变量，以此验证在不同的产权性质条件下风险投资者社会关系网络对公司创新的作用是否有所不同。

借鉴前人的研究结果，控制变量包括了以下三个方面：①风险投资机构层面，包括风险投资持股比例（VCShare）和风险投资产权性质（VCSOE）；②创新方面，包括研发投入占比（R&D）和公司的资本支出（CE）；③公司特征层面，包括资产规模（Size）、杠杆水平（Lev）和股权集中度（Own）。

专利的研发是一个相对较长的过程，很有可能会跨年度，因此模型中所有的解释变量和控制变量都滞后一期，即采用上一年年末或上一年度的数据。此外，模型还对年份（Year）和行业（Industry）的固定效应进行了控制。

### 2. 描述性统计

在 303 个最终样本中，有"关系型"风险投资支持的样本（以下简称"关系型"样本）有 59 个，占总样本的 19.47%。

"关系型"风险投资支持的样本如表 7.17 所示。

表 7.17 "关系型"风险投资支持的样本情况

| 关系类别 | 观测值 | 存在关系 | 不存在关系 | 关系型占比/% |
| --- | --- | --- | --- | --- |
| 领投风投关系 | 59 | 34 | 25 | 57.63 |
| 校友关系 | 59 | 32 | 27 | 54.24 |
| 同事关系 | 59 | 28 | 31 | 47.46 |
| 其他社会关系 | 59 | 11 | 48 | 18.64 |
| 董事关系 | 59 | 49 | 10 | 83.05 |
| 独立董事 | 59 | 30 | 29 | 50.85 |
| 非独立董事 | 59 | 34 | 25 | 57.63 |
| 高管关系 | 59 | 45 | 14 | 76.27 |

表 7.17 给出了对关系类别进一步分类统计的结果。

（1）样本中领投风投与上市公司董事、高管存在社会关系的有 34 个，占比较高。一方面表明社会关系的存在更有可能为企业带来风险投资的注资；另一方面，相比于其他跟投风投机构，领投风投具有的关系更有发挥作用的可能。根据 Hochberg 等（2007）对于领投风投的定义，在 IPO 时点持股数量最多的风险投资机构作为领投风投。

（2）对假设 2 中构成社会关系的三种类型进行分类统计。校友关系在"关系型"样本的中的占比最大，达到了 54.24%，其次是同事关系（47.46%）和其他社会关系（18.64%）。由此可见，在风险投资人际关系网络中，校友关系和同事关系是最为普遍的社会关系来源渠道。

（3）对关系的企业端具体作用对象进行区分。在 59 个"关系型"样本中，超过 80% 的样本的关系联结对象中包括董事（非风险投资派出），意味着"关系"在企业中的影响并不是无足轻重的，决策层成员之间的网络关系更有可能对公司的经营发展产生作用。同时，我们也需要关注到，1/2 以上的样本关系联结对象中包括独立董事（非风投派出）。尽管存在独立董事的信息披露更为全面，更有可能被发现"关系"的数据收集误差的可能，但也存在另外一种解释，即风险投资者通过网络关系向企业招募、推荐了自己认识的独立董事，以便于更好地监督被投资企业。而上市公司的高级管理人员与风险投资者之间存在社会关系的比例在 3/4 以上。这可能是由于风险投资者会利用自己所处的关系网络，互相推荐优秀的经理人员（De Carvalho, et al., 2008）。

主要变量的描述性统计结果如表 7.18 所示。

表 7.18　主要变量的描述性统计结果

| 变量符号 | 观测值 | 平均值 | 标准差 | 中位数 | 最小值 | 最大值 |
| --- | --- | --- | --- | --- | --- | --- |
| Patent | 303 | 15.23 | 23.461 | 7 | 0 | 151 |
| ln_Patent | 303 | 1.93 | 1.397 | 2.08 | 0 | 5.02 |
| Relation | 303 | 0.19 | 0.397 | 0 | 0 | 1 |
| VCShare | 303 | 6.30% | 5.297% | 4.98% | 0.13% | 34.10% |
| VCSOE | 303 | 0.07 | 0.249 | 0 | 0 | 1 |
| R&D | 303 | 7.34% | 5.545% | 5.72% | 0 | 37.10% |
| CE | 303 | 5.95% | 5.355% | 4.34% | 0.16% | 28.25% |
| SOE | 303 | 0.08 | 0.265 | 0 | 0 | 1 |
| Size | 303 | 20.67 | 0.494 | 20.65 | 19.61 | 22.08 |
| Lev | 303 | 27.77% | 14.209% | 25.80% | 3.19% | 64.58% |
| Own | 303 | 44.34% | 16.525% | 43.15% | 8.94% | 89.85% |

表 7.18 列出了主要相关变量的描述性统计结果,表中主要有以下几个方面值得注意。

(1) 专利创新方面,从年专利的绝对数情况看,样本公司年发明专利和实用新型专利的年申请量中位数仅为 7,远小于平均值 15.23,且最大值达到了 151,说明样本公司中大部分公司的专利创新量相对较低,但存在一些公司具有特别突出的创新能力;同时,为了使模型更加稳健,有必要对专利申请量取自然对数加以检验。

(2) 风险投资特征层面,风险投资股东的平均持股水平为 6.30%。此外,仅有 7% 的样本的风险投资为国有背景。由此可见,在研究的样本期(2014—2016 年)内,我国民营企业风险投资的发展较好,符合风险投资行业近年来的实际情况。

(3) 创新活动及公司特征层面,样本公司的研发投入水平整体偏低,平均仅占销售收入的 7.34%;样本中实际控制人为国有企业的比例较低,仅为 8%,表明风险投资支持的高科技创业企业更多为民营性质。

### 3. 相关性检验

模型式(7.5)和模型式(7.6)中涉及的所有变量之间的 Pearson-Spearman 相关性系数见表 7.19。从表中的相关性系数检验结果可初步看出:专利申请数的自然对数(Ln_Patent)与是否存在"关系型"风险投资(Relation)显著正相关;除了公司资产规模(Size)与杠杆水平(Lev)之间的相关性系数达到了 0.4 以上(但不超过 0.6),模型式中其他自变量及控制变量之间的相关性系数都在 0.4 以下,基本可以排除模型会受到多重性干扰的问题。

### 4. 回归结果分析

1) 风险投资社会关系网络与公司创新能力

表 7.20 是模型式(7.5)的回归结果。在以专利数量的自然对数(ln_Patent)为因变量时,解释变量(Relation)的系数为 0.466,与因变量在 1% 的水平上显著正相关($t$ 值为 2.81)。从总体上看,表 7.20 的回归结果较好地支持了假设 1,即当风险投资者与上市公司的董事、高管具有校友关系、同事关系或其他社会关系时,能够更好地推动企业的创新。

表 7.19 Pearson-Spearman 相关性系数矩阵

| 变量 | ln_Patent | Relation | VCShare | VCSOE | R&D | CE | SOE | Size | Lev | Own |
|---|---|---|---|---|---|---|---|---|---|---|
| ln_Patent | 1 | 0.138** | 0.026 | -0.073 | 0.045 | -0.023 | 0.111* | -0.002 | 0.083 | 0.012 |
| Relation | 0.129** | 1 | 0.143** | 0.104* | 0.100* | 0.016 | 0.079 | 0.035 | -0.034 | -0.044 |
| VCShare | 0.036 | 0.233*** | 1 | 0.114** | 0.010 | -0.085 | 0.026 | -0.077 | -0.059 | -0.027 |
| VCSOE | -0.070 | 0.104* | 0.120** | 1 | -0.149*** | 0.042 | 0.325*** | -0.029 | -0.108* | 0.010 |
| R&D | -0.114** | 0.068 | 0.075 | -0.121** | 1 | -0.146** | -0.138** | -0.201*** | -0.099* | -0.225*** |
| CE | 0.034 | -0.042 | -0.045 | -0.004 | -0.131** | 1 | -0.036 | 0.255*** | 0.133** | 0.089 |
| SOE | -0.125** | 0.079 | 0.073 | 0.325*** | -0.090 | -0.053 | 1 | 0.151*** | -0.092 | 0.060 |
| Size | -0.039 | 0.034 | -0.028 | -0.016 | -0.152*** | 0.302*** | 0.178*** | 1 | 0.539*** | -0.006 |
| Lev | 0.053 | -0.037 | -0.035 | -0.093 | -0.054 | 0.184*** | -0.100* | 0.499*** | 1 | -0.092 |
| Own | 0.015 | -0.047 | -0.097* | 0.008 | -0.270*** | 0.093 | 0.048 | -0.004 | -0.105* | 1 |

注：本表左下角为 Pearson 相关系数，右上角为 Spearman 相关系数；*、**、*** 分别代表在 10%、5%、1% 的水平上显著。

控制变量的回归结果显示：研发投入占比（R&D）的回归系数在5%的水平上显著为正，说明样本公司研发费用投入占销售收入的比重越高，其创新能力越强，也体现出创新的投入确实会影响产出；公司的资产规模（Size）也与其创新能力在5%的水平上显著正相关，并且公司的杠杆水平Lev在5%的显著性水平上与其创新能力呈负相关关系，由此可见企业的创新需要有一定的资源基础作为支撑。在风险投资特征层面，检验结果并没有发现控制变量对创新有着显著的作用。

表7.20 风险投资社会关系网络与公司创新能力

| 变量 | ln_Patent |
| --- | --- |
| Relation | 0.466*** <br> (2.81) |
| VCShare | 1.041 <br> (0.83) |
| VCSOE | −0.136 <br> (−0.51) |
| R&D | 2.906** <br> (2.03) |
| CE | −3.069** <br> (−2.06) |
| Size | 0.381** <br> (2.22) |
| Lev | −0.701 <br> (−1.21) |
| Own | 0.547 <br> (1.28) |
| Cons | −5.744 <br> (−1.60) |
| Industry | 控制 |
| Year | 控制 |
| Obs | 303 |
| Adj. $R^2$ | 0.421 |

注：***、**、* 分别表示在1%、5%和10%水平上显著；括号中的数值为 $t$ 值。

2）社会关系类型与公司创新

为了验证假设 2a、2b 和 2c，研究对关系的类型做了区分，将 Relation 拆分成 Edu、Work、Other 三个哑变量。当上市公司的董事或高级管理人员与风险投资者存在校友关系时，Edu 取 1，否则为 0；当上市公司的董事或高级管理人员与风险投资者存在同事关系时，Work 取 1，否则为 0；当上市公司的董事或高级管理人员与风险投资者存在其他社会关系时，Other 取 1，否则为 0。

表 7.21 列出了相对应的检验结果。其回归结果显示，上市公司的董事或高级管理人员与风险投资者的同事关系与公司创新能力在 5% 的水平上显著正相关，而校友关系和其他社会关系的回归系数不显著。此外，控制变量的显著性水平与表 7.20 的结果一致。表 7.21 的结论支持了假设 2b，但否定了假设 2a 和假设 2c，即当风险投资者与上市公司非风险投资机构派出的董事、高管之间存在同事关系时，会更有效地推动公司的创新，但双方的校友关系和其他社会关系对公司创新没有显著的影响。

正如之前的理论分析所述，相比校友关系和其他社会关系，同事关系具有更高的知识关联度。因此，无论是从信息的传递还是网络成员的信任合作而言，都更具优势。此外，与上市公司的董事或高级管理人员在同一公司的任职经历使风险投资者对上市公司所处行业的了解更为深刻，更能理解创新对于上市公司的重要性，也更有能力去帮助上市公司推动创新。相反，虽然校友关系有着更高的情感契合程度，但是这一关系仅仅限定了风险投资者与上市公司非风险投资机构派出的董事、高管毕业于同一所高校，而对其所学专业并没有限制。事实上，不同专业之间的接触较为有限，交流可能不多，因而对公司创新能力无法起到显著的促进作用。而由社会交际和"地缘"阅历引起的社会关系可能更多是一种大环境下的"泛泛"之交，尤其是知识关联度的缺乏使其对于公司创新方面并不能起到明显的作用。

此外，相比于表 7.20，在用 Edu、Work 和 Other 对 Relation 进行替代之后，其显著性水平均有不同程度的降低。这可能是由于通过字面匹配出的关系不一定代表个体之间真实的信息交流程度和信任程度，而用虚拟变量仅对是否存在关系进行衡量，能够减少各种干扰因素，综合体现出关系对于企业创新的影响。

表 7.21　社会关系类型与公司创新能力

| 变量 | ln_Patent |
| --- | --- |
| Edu | 0.151<br>(0.71) |
| Work | 0.600**<br>(2.56) |
| Other | 0.532<br>(1.53) |
| VCShare | 0.904<br>(0.72) |
| VCSOE | -0.172<br>(-0.64) |
| R&D | 2.912**<br>(2.02) |
| CE | -3.104**<br>(-2.08) |
| Size | 0.386**<br>(2.25) |
| Lev | -0.610<br>(-1.04) |
| Own | 0.632<br>(1.46) |
| Cons | -5.939*<br>(-1.65) |
| Industry | 控制 |
| Year | 控制 |
| Obs | 303 |
| Adj. $R^2$ | 0.421 |

注：***、**、* 分别表示在 1%、5% 和 10% 水平上显著；括号中的数值为 $t$ 值。

3）在不同的产权性质下风险投资社会关系对公司创新的作用

为了验证假设3，研究将根据上市公司的产权性质，引入变量SOE。当上市公司的实际控制人的产权性质为国有时，SOE取1，否则取0。此外，模型式（7.7）还包含风险投资社会关系（Relation）与上市公司产权性质（SOE）的交乘项。

表7.22列出了相关的检验结果。回归结果显示，交乘项（Relation × SOE）的回归系数在10%的水平上显著为负，而且控制变量的显著性水平依然不变。这表明，只有在非国有企业中，风险投资者与上市公司董事、高管之间的校友关系、同事关系或其他社会关系才能显著地对公司的创新产生正向推动作用。因此，实证研究结论支持了假设3。

在国有的产权背景下，上市公司受到政府的干预更多，风险投资机构的话语权受到削弱，个体之间的社会关系网络更有可能是形式上的往来，而且由个人关系网络带来的信息及资源无法对创新起到实质性的作用；只有在决策环境更为自由的非国有企业中，风险投资者与上市公司董事、高管之间的校友关系、同事关系或其他社会关系才更有可能持续推动公司的创新。

表7.22　在不同的产权性质下风险投资社会关系对公司创新的作用

| 变量 | ln_Patent |
| --- | --- |
| Relation | 0.549 *** <br> (3.16) |
| SOE | 0.448 <br> (1.25) |
| Relation × SOE | -0.879 * <br> (-1.66) |
| VCShare | 1.415 <br> (1.11) |
| VCSOE | -0.159 <br> (-0.58) |
| R&D | 2.946 ** <br> (2.06) |

续表

| 变量 | ln_Patent |
|---|---|
| CE | -3.053** <br> (-2.04) |
| Size | 0.351** <br> (2.02) |
| Lev | -0.582 <br> (-0.99) |
| Own | 0.554 <br> (1.30) |
| Cons | -5.178 <br> (-1.43) |
| Industry | 控制 |
| Year | 控制 |
| Obs | 303 |
| Adj. $R^2$ | 0.423 |

注：***、**、*分别表示在1%、5%和10%水平上显著；括号中的数值为$t$值。

### 5. 稳健性检验

本节采用领投风投的风险投资者与上市公司董事、高级管理人员之间的社会关系网络（Lead）作为Relation的替代变量进行了稳健性检验。相比于其他的跟投机构，领投风投作为联合投资的发起者会更加注重自身的投资绩效和声誉，因此对于被投资企业的治理参与也会更高。

表7.23列出了领风投社会关系网络（Lead）在模型式（7.5）中的回归结果。结果显示，Lead与专利的自然对数（ln_Patent）在1%的水平上显著正相关，而且控制变量并未发生明显变化。整体来看，假设1依然得到支持，即当领投风投的风险投资者与上市公司非风投派出的董事、高管具有校友关系、同事关系或其他社会关系时，能够更好地推动企业的创新。

表 7.23 对假设 1 进行的稳健性检验

| 变量 | ln_Patent |
|---|---|
| Lead | 0.487*** <br> (2.91) |
| VCShare | 1.323 <br> (1.07) |
| VCSOE | -0.078 <br> (-0.29) |
| R&D | 2.957** <br> (2.07) |
| CE | -3.240** <br> (-2.17) |
| Size | 0.307* <br> (1.75) |
| Lev | -0.480 <br> (-0.81) |
| Own | 0.499 <br> (1.17) |
| Cons | -4.245 <br> (-1.16) |
| Industry | 控制 |
| Year | 控制 |
| Obs | 303 |
| Adj. $R^2$ | 0.422 |

注：\*\*\*、\*\*、\*分别表示在1%、5%和10%水平上显著；括号中的数值为 $t$ 值。

表 7.24 列出了领投风投社会关系网络（Lead）被进一步拆分成领投风投校友关系（LeadEdu）、领投风投同事关系（LeadWork）和领风投其他社会关系（LeadOther）在模型式（7.6）的回归结果。结果显示，领投风投同事关系（LeadWork）与专利的自然对数（ln_Patent）在5%的水平上呈显著正相关关系，而领投风投校友关系（LeadEdu）的回归系数不仅不显著，还为负值。该检验结果支持了假设2b，即当领投风投的风险投资者与上市公

司非风投派出的董事、高管之间存在同事关系时,会更有效地推动公司的创新。

表 7.24 对假设 2 进行的稳健性检验

| 变量 | ln_Patent |
| --- | --- |
| LeadEdu | -0.033<br>(-0.15) |
| LeadWork | 0.419**<br>(1.99) |
| LeadOther | 0.822**<br>(2.19) |
| VCShare | 1.216<br>(0.97) |
| VCSOE | -0.124<br>(-0.46) |
| R&D | 3.188**<br>(2.20) |
| CE | -3.334**<br>(-2.22) |
| Size | 0.342*<br>(1.94) |
| Lev | -0.389<br>(-0.65) |
| Own | 0.633<br>(1.45) |
| Cons | -5.095<br>(-1.39) |
| Industry | 控制 |
| Year | 控制 |
| Obs | 303 |
| Adj. $R^2$ | 0.417 |

注:***、**、* 分别表示在 1%、5% 和 10% 水平上显著;括号中的数值为 $t$ 值。

表 7.25 列出了领投风投社会关系网络（Lead）与上市公司的产权性质（SOE）进行交乘的回归结果。与表 7.22 的结果相同，在非国有企业中，领投风投社会关系网络与专利的自然对数（ln_Patent）在 10% 的水平上显著正相关。

总的来说，该回归结果支持了假设 3，即只有在非国有企业中，领投风投的风险投资者与上市公司董事、高管之间的校友关系、同事关系或其他社会关系才能显著地对公司的创新产生推动作用。

表 7.25　对假设 3 进行的稳健性检验

| 变量 | ln_Patent |
| :---: | :---: |
| Lead | 0.523*** <br> (2.94) |
| SOE | 0.328 <br> (0.53) |
| Lead × SOE | −0.879* <br> (−1.66) |
| VCShare | 0.917 <br> (0.74) |
| VCSOE | −0.110 <br> (−0.41) |
| R&D | 3.777*** <br> (2.64) |
| CE | −2.416 <br> (−1.58) |
| Size | 0.305* <br> (1.68) |
| Lev | −0.812 <br> (−1.29) |
| Own | 0.425 <br> (1.00) |
| Cons | −5.059 <br> (−1.31) |

续表

| 变量 | ln_Patent |
|---|---|
| Industry | 控制 |
| Year | 控制 |
| Obs | 303 |
| Adj. $R^2$ | 0.419 |

注：\*\*\*、\*\*、\* 分别表示在1%、5%和10%水平上显著；括号中的数值为 $t$ 值。

综上所述，稳健性检验通过，回归结果支持假设1、假设2b和假设3。

**6. 进一步检验**

前面对于社会关系的分类依据是关系形成的因素，除此之外，还可以按照关系联结的主体类型将 Relation 拆分为独立董事关系（Idpd）、非独立董事关系（Nidpd）和高管关系（Manager），以检验不同主体间的社会关系对于公司创新的影响。

表7.26列出了对应的检验结果。回归结果显示，风险投资者与高管之间的关系（Manager）与专利的自然对数（ln_Patent）在5%的显著性水平上呈正相关关系，而风险投资者与独立董事之间的关系 Idpd 和其与非独立董事之间的关系（Nidpd）在回归时均不显著，且 Nidpd 还为负值。这表明，只有高管与风险投资者之间的社会关系才会对公司的创新产生积极的作用，而董事关系并不会对创新产生直接的影响，非独立董事与风险投资者之间的社会关系反而会对创新产生负面作用。

表7.26的结果进一步说明了，在公司的经营管理活动中，至少在创新活动中，董事与高管扮演的角色是不同的——前者更多的是顶层设计者，而后者才是实际实施者。在同样与风险投资者具有关系的情况下，高管可以将这种关系转化为促进创新的动力，而董事则将这种关系作为监督的替代，弱化了自身对于管理决策的参与。

在治理层面的进一步检验在某种程度上表明，风险投资网络中的社会关系对于公司创新能力的影响是直接作用于执行层的高级管理人员，从而作用到最终的创新实现上。

表7.26 不同主体间的社会关系对于公司创新的影响

| 变量 | ln_Patent |
| --- | --- |
| Idpd | 0.227<br>(0.93) |
| Nidpd | -0.351<br>(-1.04) |
| Manager | 0.647**<br>(2.19) |
| VCShare | 1.155<br>(0.91) |
| VCSOE | -0.124<br>(-0.46) |
| RD | 2.767*<br>(1.91) |
| CE | -3.082**<br>(-2.06) |
| Size | 0.392**<br>(2.22) |
| Lev | -0.727<br>(-1.24) |
| Own | 0.512<br>(1.19) |
| Cons | -5.976<br>(-1.62) |
| Industry | 控制 |
| Year | 控制 |
| Obs | 303 |
| Adj. $R^2$ | 0.417 |

注：***、**、*分别表示在1%、5%和10%水平上显著；括号中的数值为 $t$ 值。

### 五、研究结论

本节以 2014—2016 年我国 A 股市场创业板中具有风险投资背景的上市公司为研究对象，考察了风险投资者与上市公司非风投派出的其他董事、高级管理人员之间的社会关系对于上市公司创新能力的影响。

（1）当上市公司有"关系型"的风险投资背景支持时，即风险投资者与上市公司董事、高管之间存在校友关系、同事关系或其他社会关系时，其创新能力更强。

（2）研究将关系的类型进行区分，与校友关系和其他社会关系相比，同事关系对公司的创新具有更为显著的推动作用。

（3）在不同的上市公司产权性质条件下，风险投资者的社会关系网络对于公司创新的作用发挥效果是不同的，只有在非国有企业，风险投资者与上市公司董事、高管之间的社会关系才能够对上市公司的创新起到显著的推动作用。

（4）研究还对治理环境层面进行了进一步的补充检验，发现风险投资者的社会关系网络对于公司创新的作用是通过直接作用于高管实现的。

## 第三节 结论

本章从关联董事和社会关系类型两个方面深入研究风险投资关系对企业创新的影响。

本章研究了风险投资担任董事对上市公司创新绩效的影响，还进一步探讨担任董事的风险投资机构的相关特征对上市公司创新绩效促进作用的影响。回归结果表明，风险投资机构担任董事显著促进了上市公司的创新绩效；进一步研究发现，与国有企业背景的风险投资机构相比，非国有企业风险投资担任董事对上市公司创新绩效的促进作用更显著；高声誉的风险投资机构更能促进上市公司的创新绩效；担任董事的风险投资机构的持股比例越大，对上市公司创新绩效的促进作用越显著。

第二节考察了风险投资者与上市公司非风险投资机构派出的董事、高级管理人员之间的社会关系对于企业创新的影响。研究发现,当风险投资者与上市公司非风险投资机构派出的董事、高级管理人员之间存在校友关系、同事关系或其他社会关系时,公司的创新能力更强;相比校友关系和其他社会关系,同事关系对于企业创新的促进作用更为突出;只有在非国有企业,风险投资者的社会关系才能发挥出对企业创新的推动作用。

本章以风险投资机构投资上市公司并直接参与董事会的情形以及风险投资者与上市公司董事、高级管理人员之间存在社会关系的情形为研究对象,拓展了风险投资关系网络的研究视角,丰富了风险投资和公司创新等相关理论,同时对上市公司如何提高创新绩效,以及哪些因素影响上市公司的创新绩效具有较强的指导价值,对政策制定部门也具有一定的启示意义。

# 第八章 主要结论、政策建议与研究的局限性

# 第一节 主要结论

如何提高企业创新能力这一话题，近年来受到国内外学者的关注。本书关注风险投资机构与企业创新的关系研究，分析风险投资策略、风险投资背景和风险投资关系对企业创新的影响，具体实证检验结果包括了以下几个方面。

第三章，首先分析了风险投资联合投资策略与企业创新的关系。研究结果表明，风险投资辛迪加的参与促进了企业的创新行为，体现为被投资企业的发明专利数量显著增加。具体地，风险投资辛迪加的规模越大，主导风险投资机构的持股比例越大，非政府背景的主导风险投资机构的持股比例越大，以及辛迪加成员越稳定，对被投资企业创新的促进作用越大。进一步，我们采用科创板公司为样本，研究发现联合投资会显著提高被投资企业的研发投入和产出，而且联合投资机构数越多，这种促进作用越强；随着持股时间的延长，联合投资对被投资企业创新投入的正向影响显著增强；与其他企业相比，高技术企业的创新产出能力受联合投资的正向影响更弱。

第四章，分析了风险投资分阶段投资策略与企业创新的关系。研究发现，采取分阶段投资策略的风险投资会显著促进企业创新投入，并且投资轮数与创新投入显著正相关。进一步的研究结果显示，早期进入企业的风险投资对创新投入促进作用更强，但将样本细分后发现，这一结论仅适用于分阶段投资的子样本。

第五章，进一步研究风险投资专业化投资策略与企业创新的关系。从行业专业化、投资阶段专业化和地理位置专业化三个方面，全方面衡量了风险投资的专业化程度，扩展了增值服务理论及企业创新理论。研究结果表明，风险投资行业专业化程度越高，对企业创新投入的促进作用越显著，对企业专利数量无显著影响；风险投资阶段专业化对企业创新投入及企业专利数量均无显著影响；风险投资的地理位置专业化程度越高，对企业创新投入及企业专利数量的促进作用越显著。进一步，从创新投入衡量联合投资中风险投资行业专长对企业创新的影响，以及联合投资声誉和联盟稳定性的调节作用。通过实证检验，得到以下结论：风险投资行业专长对企业创新水平具有正向促进作用；联合投资声誉弱化了行业专长对企业创新的正向促进作用；联盟稳定性强化了行业专长对企业创新的正向促进作用。

第六章，从不同背景的风险投资角度分析了风险投资与企业创新的关系。我们关注企业风险投资和独立风险投资对企业创新的不同影响。实证研究得出以下结论：企业风险投资的持股比例与企业创新呈倒U形关系；独立风险投资的持股比例与企业创新呈U形关系；企业风险投资持股比例越高，在被投资企业中派驻高管对企业创新的积极影响越明显。独立风险投资持股比例越高，在被投资企业中派驻高管对企业创新的消极影响越明显。与此同时，关于政府风险投资的研究结果表明，与非政府风险投资相比，政府风险投资对企业创新的促进效果较差；政府风险投资与非政府风险投资联合投资比政府风险投资单独投资对企业创新的促进效果好；促进创新型政府风险投资与推动发展型政府风险投资在对企业创新的影响效果方面无显著差异。

第七章，首先关注风险投资机构参与公司治理的主要方式——驻派董事对于企业创新的影响。研究结果表明，风险投资机构担任董事显著促进了上市公司的创新绩效。本书还进一步研究了担任董事的风险投资机构的相关特征对上市公司创新绩效促进作用的影响，研究发现，与国有企业背景的风险投资机构相比，非国有企业风险投资担任董事对上市公司创新绩效的促进作用更显著；高声誉的风险投资机构更能促进上市公司的创新绩效；担任董事的风险投资机构的持股比例越大，对上市公司创新绩效的促进作用越显著。进一步，在对于风险投资董事的个人关系网络研究中，当风险投资者与上市公司非风险投资机构派出的董事、高级管理人员之间存在校友关系、同事关系或其他社会关系时，风险投资更能促进企业创新行为；相比校友关系和其他社会关系，同事关系对于企业创新的促进作用更为突出；只有在非国有企业，风险投资者的社会关系才能发挥出对企业创新的推动作用。通过治理层面的进一步补充研究还发现，风险投资网络中的社会关系是通过直接作用于执行层的高级管理人员从而推动企业创新的。

## 第二节 政策建议

参照国外成熟市场国家证券市场发展的经验，促进风险投资的发展对于增强多层次资本市场融资功能，优化企业资本结构，进而推动科技进步和经济增长都具有重要意义。2004年中小板、2009年创业板、2019年科创板再到2021年的北京证交易所成立，为风险投资机构提供了非常好的退出途径，使得风险投资机构可以通过支持被投资企业IPO的方式退出，从而获得了更加优厚的退出回报。我国的风险投资行业迅猛发展，越来越多的风险投资机构成立，期望在资本市场上有所收获。但是，客观上目前我国风险投资机构的发展和积极参与公司治理决策过程中还存在着一些障碍，为了进一步推动我国风险投资机构的发展，发挥其对上市公司创新的积极作用，可以从以下几个方面加以改善。

**1. 加强风险投资监管，支持风险投资发展**

风险投资机构是证券市场重要的组成部分，他们的行为如果不加以规范，给市场所带来的负面影响是巨大的。因此，要促进风险投资机构的发展，必须把加强对风险投资机构的监管放在首位，促进其规范化发展。但是，与国外成熟市场国家相比较，目前我国风险投资机构的规模还比较小，其发展所受规制约束较多。要促进风险投资机构的发展，监管层必然要在其税收政策、退出方式等方面逐步放宽，促进风险投资增加对企业，特别是早期科技型中小企业的持股，这将有利于风险投资机构进行积极长期投资。

一方面，大力完善风险投资行业相关法律法规，为风险投资机构提供良好的市场环境，引导其健康发展；另一方面，提供税收等优惠政策，大力支持风险投资机构的发展，鼓励各类风险投资机构采用联合投资的方式，积极参与企业投资，发挥各自的优势，提升市场效率，帮助企业提高创新成果。

### 2. 扩宽企业融资渠道，提升企业创新水平

一直以来，银行都是我国企业的主要融资渠道。但是，对于很多处于初创期的中小企业来说，由于缺乏可抵押资产，它们很难获得银行贷款。这类企业又往往是创新的主力军，风险投资的出现扩宽了科技型中小企业的融资渠道。企业通过引入风险投资机构，不仅获得稳定的资金来源，而且有利于提高企业的创新水平，提升自身竞争力，有利于企业的长远规划和发展。

企业在发展过程中除了保证自身经营状况良好外，还应着眼于长期发展，多角度提升企业市场竞争力。企业应根据自身发展阶段及实际情况，合理调整企业资源分配，处理好短期财务收益与长期战略发展的矛盾。企业在接受风险投资时，应从企业实际发展角度出发，合理选择风险投资类型及投资比例，评估风险投资对企业短期及长期的影响。

### 3. 完善风险投资治理，推动底层创新战略

随着产业升级不断推进，发展风险投资意义重大，可以有效地推动解决中小科技企业融资问题和传统企业的转型升级问题，促进产业链结构调整，推动构建底层创新战略。风险投资机构无论何时，都要始终保持对市场发展细微变化的敏锐洞察力，根据变化做出相应调整。然而在当下激烈的竞争环境中，这种应变能力和战略眼光已远远不够，选择合理的投资策略对于风险投资机构的长久发展具有重要意义。

在需求多元、产业升级、创新资源积聚的背景下，各行各业都在进行深入的蜕变。风险投资想要良好发展，一方面需要联合其他风险投资，增加团队多样性，降低投资风险；另一方面需要专业于多学科技术的融合创新，催生各类新产品和服务创新的快速诞生，不断满足新的需求，解决行业痛点。对现有的投资业务按照投资阶段、细分行业、所处区域进行业务线划分，有利于提升细分领域的理解，继续升华专业化能力，从而为被投资企业带来高质量的服务。同时，随着投资的不断发展成熟和资金来源的不断丰富，市场对股权产品的偏好也必将更加细分和具体化，不断深入专业化投资，也能够提升自身的治理水平，是风险投资机构的重要能力之一。

## 第三节 研究的局限性

风险投资与企业创新的关系是一个非常有趣的话题,受实践发展、制度约束以及数据获得等因素的制约。本书对于风险投资的联合投资策略、分阶段投资策略和专业化投资策略,以及风险投资背景和关系对企业创新的影响进行了实证检验,以此来论证我国风险投资与企业创新的关系。

本书的研究只反映了某个侧面的问题,风险投资机构的各个投资策略之间是否存在关系,风险投资机构影响企业创新的机制问题。由于时间或数据获得的限制本书没有进行全面的研究,这些工作将有待于今后进一步深入。

在本书的具体实证研究过程中,也还存在着一些不足。例如,对于创新的衡量方面,除了研发和专利数量,一些国外文献也采用专利引用数来衡量专利质量,由于数据获取的局限性,本书并未进行分析;风险投资机构与企业高层之间关系测度的局限。为了信息的真实准确性与可比性,对于没有在上市公司任职的风险投资者的个人简历信息,主要是从风险投资机构的官方网站及其他正式渠道获取。但是,无论是上市公司年报还是风险投资机构官方的信息,都难免存在一定的缺漏,如教育背景方面,很有可能出现"选择性披露"的情况,即当具有高学历、或毕业于知名院校时更倾向于披露自己的教育背景。这些问题将随着我国风险投资机构的不断发展,以及研究数据的不断丰富进一步得到检验。

# 参 考 文 献

[1] Aghion P, Bloom N, Blundell R, et al. Competition and innovation: An inverted U relationship [J]. Quarterly Journal of Economics, 2005, 120: 701-28.

[2] Ahlstrom D, Bruton G D. Venture Capital in Emerging Economies: Networks and Institutional Change [J]. Entrepreneurship Theory & Practice, 2006, 30 (2): 299-320.

[3] Arvanitis S, Stucki T. The Impact of Venture Capital on the Persistence of Innovation Activities of Start-ups [J]. Small Business Economics, 2014, 42 (4): 849-870.

[4] Basdeo D K, Smith K G, Grimm C M, et al. The Impact of Market Actions on Firm Reputation [J]. Strategic Management Journal, 2006, 27 (12): 1205-1219.

[5] Bergemann D, Hege U. Venture capital financing, moral hazard, and learning [J]. Journal of Banking and Finance, 1998, 22 (6): 703-735.

[6] Bertoni F, Tykvová T. Does governmental venture capital spur invention and innovation? Evidence from young European biotech companies [J]. Research Policy, 2015, 44 (4): 925-935.

[7] Bottazzi L, Rin M D, Hellmann T. Who are the active investors? Evidence from venture capital [J]. Journal of Financial Economics, 2008, 89 (3): 488-512.

[8] Bottazzi L, Rin M D. Venture capital in Europe and the financing of innovative companies [J]. Economic Policy, 2002, 17 (34): 229-270.

[9] Brander J A, Amit R, Antweiler W. Venture - Capital Syndication: Improved Venture Selection vs. The Value - Added Hypothesis [J]. Journal of

Economics & Management Strategy, 2002, 11 (3): 423-452.

[10] Bruton G D, Filatotchev I, Chahine S. Governance, Ownership Structure, and Performance of IPO Firms: The Impact of Different Types of Private Equity Investors and Institutional Environments [J]. Strategic Management Journal, 2010, 31 (5): 491-509.

[11] Bubna A, Das S R, Prabhala N. Venture Capital Communities [J]. Journal of Financial and Quantitative Analysis, 2020, 55 (2): 621-651.

[12] Cavallo A, Ghezzi A, Dell'Era C, et al. Fostering digital entrepreneurship from startup to scaleup: The role of venture capital funds and angel groups [J]. Technological Forecasting and Social Change, 2019, 145: 24-35

[13] Celikyurt U, Sevilir M, Shivdasani A. Going public to acquire? The acquisition motive in IPOs [J]. Journal of Financial Economics, 2010, 96 (3): 345-363.

[14] Celikyurt U, Sevilir M, Shivdasani A. Venture Capitalists on Boards of Mature Public Firms [J]. The Review of Financial Studies, 2014, 27 (1): 56-101.

[15] Chahine S, Arthurs J D, Filatotchev I, et al. The Effects of Venture Capital Syndicate Diversity on Earnings Management and Performance of IPOs in the US and UK: An Institutional Perspective [J]. Journal of Corporate Finance, 2012, 18 (1): 179-192.

[16] Chemmanur T J, Krishnan K, Nandy D K. How Does Venture Capital Financing Improve Efficiency in Private Firms? A Look Beneath the Surface [J]. Review of Financial Studies, 2011, 24 (12): 4037-4090.

[17] Chemmanur T J, Loutskina E, Tian X. Corporate venture capital, value creation, and innovation [J]. Review of Financial Studies, 2014, 27 (8): 2434-2473.

[18] Christos K, Nicholas K. The geographic extent of venture capital externalities on innovation [J]. Venture Capital, 2013, 15 (3): 199-236.

[19] Clercq D D, Dimov D. Explaining venture capital firms' syndication behavior: a longitudinal study [J]. Venture Capital, 2004, 6 (4): 243-256.

[20] Colombo M G, D'Adda D, Pirelli L H. The Participation of New Technolo-

gy-based Firms in EU-funded R&D Partnerships: The Role of Venture Capital [J]. Research Policy, 2016, 45 (2): 361 – 375.

[21] Croce A, Martí J, Murtinu S. The Impact of Venture Capital on The Productivity Growth of European Entrepreneurial Firms: 'Screening' Or 'Value Added' Effect? [J]. Journal of Business Venturing, 2013, 28 (4): 489 – 510.

[22] Cumming D J, Grilli L, Murtinu S. Governmental and independent venture capital investments in Europe: a firm-level performance analysis [J]. Journal of Corporate Finance, 2014, 42: 439 – 459.

[23] Cumming D, Dai N. Local bias in venture capital investments [J]. Journal of Empirical Finance, 2009, 17 (3): 362 – 380.

[24] Daniel N D, Mukunthan S. Syndication in venture capital financing [J]. The Financial Review, 2010, 45 (3): 557 – 578.

[25] Dirk De Clerq. A Knowledge-based View of Venture Capital Firms' Portfolio Investment Specialization and Syndication [J]. Venture Capital, 2006: 49 – 63.

[26] De Carvalho A G, Calomiris C W, De Matos J A. Venture Capital as Human Resource Management [J]. Journal of Economics and Business, 2008, 60 (3): 223 – 255.

[27] Diestre L, Rajagopalan N. Are All "Sharks" Dangerous? New Biotechnology Ventures and Partner Selection in R&D Alliances [J]. Strategic Management Journal, 2012, 33 (10): 1115 – 1134.

[28] Dimov D, Milanov H. The interplay of need and opportunity in venture capital investment syndication [J]. Journal of Business Venturing, 2010, 25 (4): 331 – 348.

[29] Dimov D, Clercq D D. Venture capital investment strategy and portfolio failure rate: a longitudinal study [J]. Entrepreneurship Theory and Practice, 2006, 30 (2): 207 – 223.

[30] Dirk C, Dimo P D. Explaining venture capital firms' syndication behavior: a longitudinal study [J]. Venture Capital, 2004, 6 (4): 243 – 256.

[31] Du Q. Birds of a Feather or Celebrating Differences? The Formation and Impacts of Venture Capital Syndication [J]. Journal of Empirical Finance,

2016, 39: 1 – 14.

[32] Dushnitsky G, Lenox M J, When does corporate venture capital investment create firm value? [J]. Journal of Business Venturing, 2006, 21: 753 – 772.

[33] Dushnitsky G, Shapira Z. Entrepreneurial Finance meets organizational reality: Comparing investment practices and performance of corporate and independent venture capitalists [J]. Strategic Management Journal, 2010, 31 (9): 990 – 1017.

[34] Engel D, Keilbach M. Firm-Level Implications of Early Stage Venture Capital Investment —An Empirical Investigation [J]. Journal of Empirical Finance, 2007, 14 (2): 150 – 167.

[35] Ferreira D, Manso G, Silva A C. Incentives to innovate and the decision to go public or private [J]. Review of Financial Studies, 2014, 27: 256 – 300.

[36] Fisch C, Momtaz P P. Institutional investors and post-ICO performance: an empirical analysis of investor returns in initial coin offerings (ICOs) [J]. Journal of Corporate Finance, 2020, 64: 101679.

[37] Fitza M, Matusik S F, Mosakowski E. Do VCs Matter? The Importance of Owners on Performance Variance in Start-up Firms [J]. Strategic Management Journal, 2009, 30 (4): 387 – 404.

[38] Fried V H, Bruton G D, Hisrich R D. Strategy and the board of directors in venture capital-backed firms [J]. Journal of Business Venturing, 1998, 6: 493 – 503.

[39] Gompers P A. Grandstanding in the Venture Capital Industry [J]. Journal of Financial Economics, 1996, 42 (1): 133 – 156.

[40] Gompers P, Lerner J. The Venture Capital Revolution [J]. Journal of Economic Perspectives, 2001, 15 (2): 145 – 168.

[41] Gompers P, Kovner A, Lerner J. Specialization and Success: Evidence from Venture Capital [J]. Journal of Economics & Management Strategy, 2009, 18 (3): 817 – 844.

[42] Gompers P, Lerner J, Scharfstein D. Entrepreneurial spawning: public corporations and the genesis of new ventures [J]. Journal of Finance, 2005, 2: 577 – 614

[43] Grilli L, Murtinu S. Government, venture capital and the growth of European high-tech entrepreneurial firms [J]. Research Policy, 2012, 43 (9): 1523-1543.

[44] Gu W, Qian X. Does venture capital foster entrepreneurship in an emerging market? [J]. Journal of Business Research, 2019, 101: 803-810.

[45] Gupta A K, Sapienza H J. Determinants of venture capital firms' preferences regarding the industry diversity and geographic scope of their investments [J]. Journal of Business Venturing, 1992, 7 (5): 347-362.

[46] Hegde D, Tumlinson J. Does Social Proximity Enhance Business Partnerships? Theory and Evidence from Ethnicity's Role in U. S. Venture Capital [J]. Management Science, 2014, 60 (9): 2355-2380.

[47] Hege U, Palomino F, Schwienbacher A. Determinants of venture capital performance: Europe and the United States [J]. Journal of Financial Economics, 2003, 56 (1): 33-56.

[48] Hellmann T, Puri M. The interaction between product market and financing strategy: the role of venture capital [J]. Review of Financial Studies, 2000, 13 (4): 959-984.

[49] Hellmann T, Puri M. Venture Capital and the Professionalization of Start-up Firms: Empirical Evidence [J]. The Journal of Finance, 2002, 57 (1): 169-197.

[50] Hochberg Y V, Ljungqvist A, Yang L. Whom You Know Matters: Venture Capital Networks and Investment Performance [J]. The Journal of Finance, 2007, 62 (1): 251-301.

[51] Hochberg Y V, Ljungqvist A, Yang L. Networking as a Barrier to Entry and the Competitive Supply of Venture Capital [J]. Journal of Finance, 2010, 65 (3): 829-859.

[52] Hochberg Y V. Venture Capital and Corporate Governance in the Newly Public Firm [J]. Review of Finance, 2012, 16 (2): 429-480.

[53] Hopp C. The Evolution of Inter-Organizational Networks in Venture Capital Financing [J]. Applied Financial Economics, 2010, 20 (22): 1725-1739.

[54] Hopp C. When Do Venture Capitalists Collaborate? Evidence on the Driving Forces of Venture Capital Syndication [J]. Small Business Economics, 2010, 35 (4): 417-431.

[55] Hsu D H. What do entrepreneurs pay for venture capital affiliation? [J]. Journal of Finance, 2004, 59 (4): 1805-1844.

[56] Kaplan S N, Strömberg P. Financial Contracting Theory Meets the Real World: An Empirical Analysis of Venture Capital Contracts [J]. The Review of Economic Studies, 2003, 70 (2): 281-315.

[57] Keil T, Maula M V J, Wilson C. Unique resources of corporate venture capitalists as a key to entry into rigid venture capital syndication networks [J]. Entrepreneurship Theory & Practice, 2010, 34 (1): 83-103.

[58] Krishnan C N V, Ivanov V I, Singh A K. Venture capital reputation, post-IPO performance, and corporate governance [J]. Journal of Financial & Quantitative Analysis, 2011, 46 (5): 1295-1333.

[59] Lahr H, Mina A. Venture Capital Investments and the Technological Performance of Portfolio Firms [J]. Research Policy, 2015, 45 (1): 303-318.

[60] Lehmann, E E. Does venture capital syndication spur employment growth and shareholder value? evidence from German IPO data [J]. Small Business Economics, 2006, 26 (5): 455-464.

[61] Leleux B, Surlemont B. Public versus private venture capital: seeding or crowding out? A pan-European analysis [J]. Journal of Business Venturing, 2003, 18 (1): 81-104.

[62] Lerner J. The Syndication of Venture Capital Investments [J]. Financial Management, 1994, 23 (3): 16-27.

[63] Lerner J, Venture capitalists and the decision to go public [J]. Journal of Financial Economics, 1994, 35 (3): 293-316.

[64] Lerner J. When bureaucrats meet entrepreneurs: the design of effective public venture capital programs [J]. Economic Journal, 2002, 112: 73-84.

[65] Lerner J, Nanda R. Venture Capital's Role in Financing Innovation: What We Know and How Much We Still Need to Learn [J]. Journal of Economic Perspectives, 2020, 34 (3): 237-261.

[66] Lerner K J. Assessing the Contribution of Venture Capital to Innovation [J]. The RAND Journal of Economics, 2000, 31 (4): 674 – 692.

[67] Lim K, Cu B. The Effects of Social Networks and Contractual Characteristics on the Relationship between Venture Capitalists and Entrepreneurs [J]. Asia Pacific Journal of Management, 2012, 29 (3): 573 – 596.

[68] Lockett A, Wright M. The syndication of venture capital investments [J]. International Journal of Management Science, 2001, 29 (2): 375 – 390.

[69] Lu J, Wang W. Managerial Conservatism, Board Independence and Corporate Innovation [J]. Journal of Corporate Finance, 2018, 48 (C): 1 – 16.

[70] Manigart S, Lockett A, Meuleman M. Venture Capitalists' Decision to Syndicate [J]. Entrepreneurship Theory and Practice, 2006, 30 (2): 131 – 153.

[71] Manso G. Motivating innovation [J]. Journal of Finance, 2011, 66: 1823 – 60.

[72] Masulis R, Nahata R. Financial contracting with strategic investors: Evidence from corporate venture capital backed IPOs [J]. Journal of Financial Intermediation, 2009, 18: 599 – 631.

[73] Matusik S F, Fitza M A. Diversification in the Venture Capital Industry: Leveraging Knowledge under Uncertainty [J]. Strategic Management Journal, 2012, 33 (4): 407 – 426.

[74] Metrick A, Yasuda A. Venture Capital and Other Private Equity: A Survey [J]. European Financial Management, 2011, 17 (4): 619 – 654.

[75] Nahata R. Venture capital reputation and investment performance [J]. Journal of Financial Economics, 2008, 90 (2): 127 – 151.

[76] Patzelt H, Knyphausen-aufesß D Z, Fischer H T. Upper echelons and portfolio strategies of venture capital firms [J]. Journal of Business Venturing, 2009, 24 (6): 558 – 572.

[77] Petty J S, Gruber M. "In pursuit of the real deal": A longitudinal study of VC decision making [J]. Journal of Business Venturing, 2011, 26 (2): 172 – 188.

[78] Sahlman WA. The structure and governance of Venture-Capital Organizations [J]. Journal of Financial Economics, 1990, 27 (2), 473 – 521.

[79] Seru A. Firm boundaries matters: Evidence from conglomerates and R&D activity [J]. Journal of Financial Economics, 2014, 111: 381-405.

[80] Shane S, Cable D. Network Ties, Reputation and the Financing of New Ventures [J]. Management Science, 2002, 48 (3): 364-381.

[81] Sherry E F, Teece D J. Royalties, evolving patent rights, and the value of innovation [J]. Research Policy, 2004, 33 (2): 179-191.

[82] Sorenson O, Stuart T E. Bringing the context back in: settings and the search for syndicate partners in venture capital investment networks [J]. Administrative Science Quarterly, 2008, 53: 266-294.

[83] Sun S L, Chen V Z, Sunny S A, et al. Venture capital as an innovation ecosystem engineer in an emerging market [J]. International Business Review, 2019, 28 (5): 101485.

[84] Sun W, Zhao Y, Sun L. Big Data Analytics for Venture Capital Application: Towards Innovation Performance Improvement [J]. International Journal of Information Management, 2020, 50: 557-565.

[85] Thomas H, Manju P. The Interaction between Product Market and Financing Strategy: The Role of Venture Capital [J]. The Review of Financial Studies, 2015, 13 (4): 959-984.

[86] Tian X, Udell G F, Yu X. Disciplining delegated monitors: when venture capitalists fail to prevent fraud by their IPO firms [J]. Journal of Accounting & Economics, 2016, 61 (2-3): 526-544.

[87] Tian X, Wang T Y. Tolerance for Failure and Corporate Innovation [J]. Review of Financial Studies, 2014, 27 (1): 211-255

[88] Tian X. The Role of Venture Capital Syndication in Value Creation for Entrepreneurial Firms [J]. Review of Finance, 2012, 16 (1): 245-283.

[89] Tian X. The causes and consequences of venture capital stage financing [J]. Journal of Financial Economics, 2010, 101 (1): 132-159.

[90] Tian X, Kou G, Zhang W. Geographic distance, venture capital and technological performance: Evidence from Chinese enterprises [J]. Technological Forecasting and Social Change, 2020, 158: 120155.

[91] Ughetto E. Assessing the contribution to innovation of private equity inves-

tors: A study on European buyouts [J]. Research Policy, 2010, 39 (1): 0-140.

[92] Wright M, Lockett A. The Structure and Management of Alliances: Syndication in the Venture Capital Industry [J]. Journal of Management Studies, 2003, 40 (8): 2073-2102.

[93] Yan, A, Hübner G, Lobet F. How does governmental versus private venture capital backing affect a firm's efficiency? Evidence from Belgium [J]. Journal of Business Venturing, 2015, 30 (4): 508-525.

[94] Zhang J, Souitaris V, Soh P H. A Contingent Model of Network Utilization in Early Financing of Technology Ventures [J]. Entrepreneurship Theory & Practice, 2008, 32 (4): 593-613.

[95] Zhelyazkov P I. Interactions and Interests: Collaboration Outcomes, Competitive Concerns, and the Limits to Triadic Closure [J]. Administrative Science Quarterly, 2018, 63 (1): 210-247.

[96] 蔡宁,何星. 社会网络能够促进风险投资的"增值"作用吗？——基于风险投资网络与上市公司投资效率的研究 [J]. 金融研究, 2015 (12): 178-193.

[97] 陈见丽. 风投介入、风投声誉与创业板公司的成长性 [J]. 财贸经济, 2012 (6): 57-64.

[98] 陈仕华,卢昌崇. 企业间高管联结与并购溢价决策——基于组织间模仿理论的实证研究 [J]. 管理世界, 2013 (5): 144-156.

[99] 陈思,何文龙,张然. 风险投资与企业创新：影响和潜在机制 [J]. 管理世界, 2017 (01): 158-169.

[100] 陈运森,谢德仁. 网络位置、独立董事治理与投资效率 [J]. 管理世界, 2011 (7): 113-127.

[101] 程俊杰,刘伟. 联合创业投资在创业企业的价值增加途径及作用——来自我国上市企业的经验证据 [J]. 管理评论, 2014, 26 (10): 102-116.

[102] 党兴华,董建卫,陈蓉. 风险投资机构的网络位置对其退出方式的影响研究 [J]. 中国软科学, 2011 (6): 156-166.

[103] 党兴华,张晨,王育晓. 风险投资机构专业化与投资绩效——来自中

国风险投资业的经验证据［J］.科技进步与对策，2014，31（12）：7-11.

[104] 邓超，刘亦涵.风投机构行业专业化投资强度对企业创新能力的影响［J］.科技进步与对策，2017，34（05）：80-85.

[105] 董静，汪江平，翟海燕.服务还是监控：风险投资机构对创业企业的管理——行业专长与不确定性的视角［J］.管理世界，2017（06）：82-103.

[106] 董静，汪立，吴友.地理距离与风险投资策略选择——兼论市场环境与机构特质的调节作用［J］.南开管理评论，2017，20（2）：4-16.

[107] 董静，汪立，吴友.风险投资介入与创业企业国际化——基于我国高科技上市公司的实证研究［J］.财经研究，2017，43（04）：120-132.

[108] 董晓庆，赵坚，袁朋伟.国有企业创新效率损失研究［J］.中国工业经济，2014（2）：97-108.

[109] 董屹宇，郭泽光.风险资本与企业技术创新——基于要素密集度行业差异性的研究［J］.财贸研究，2021，32（08）：99-110.

[110] 丰若旸，温军.风险投资与我国小微企业的技术创新［J］.研究与发展管理，2020，32（06）：126-139.

[111] 付雷鸣，万迪昉，张雅慧.VC是更积极的投资者吗？——来自创业板上市公司创新投入的证据［J］.金融研究，2012（10）：125-138.

[112] 苟燕楠，董静.风险投资背景对企业技术创新的影响研究［J］.科研管理，2014，35（2）：35-42.

[113] 黄福广，王建业，朱桂龙.风险资本专业化对被投资企业技术创新的影响［J］.科学学研究，2016，34（12）：1875-1885.

[114] 黄艺翔，姚铮.风险投资对上市公司研发投入的影响——基于政府专项研发补助的视角［J］.科学学研究，2015，33（5）：674-682.

[115] 黄志勇.研发、FDI和国际贸易对创新能力的影响：基于中国行业数据的实证分析［J］.产业经济研究，2013（3）：84-90.

[116] 李波，梁樑.联合投资中领投者与跟投者的绩效对比——基于中国风险投资辛迪加网络的实证研究［J］.管理世界，2017（01）：178-179.

[117] 李诗，洪涛和吴超鹏.上市公司专利对公司价值的影响——基于知识产权保护视角［J］.南开管理评论，2012，6：4-13.

[118] 李严,庄新田,罗国锋. 风险投资策略与投资绩效——基于中国风险投资机构的实证研究[J]. 投资研究,2012,31(11):88-100.

[119] 李志萍,罗国锋,龙丹. 风险投资的地理亲近:对中国风险投资的实证研究[J]. 管理科学,2014(3):124-132.

[120] 刘娥平,钟君煜,赵伟捷. 风险投资对企业风险承担的影响研究[J/OL]. 科研管理,2022,1-17.

[121] 刘刚,梁晗,殷建瓴. 风险投资声誉、联合投资与企业创新绩效——基于新三板企业的实证分析[J]. 中国软科学,2018(12):110-125.

[122] 刘胜军. 风险投资对企业创新的影响机制:融资还是融智?[J]. 南方金融,2016(04):39-47.

[123] 刘伟,程俊杰,敬佳琪. 联合创业投资中领投机构的特质、合作模式、成员异质性与投资绩效——基于我国上市企业的实证研究[J]. 南开管理评论,2013,16(06):136-148+157.

[124] 龙勇,庞思迪,张合. 风险资本投资后管理对高新技术企业治理结构影响研究[J]. 科学学与科学技术管理,2010,31(9):158-162.

[125] 龙勇,王陆鸽. 风险投资的非资本增值服务与技术创新绩效的关系研究[J]. 科技进步与对策,2010,27(13):13-16.

[126] 鲁桐,党印. 公司治理与技术创新:分行业比较[J]. 经济研究,2014,49(06):115-128.

[127] 陆瑶,胡江燕. CEO与董事间的"老乡"关系对我国上市公司风险水平的影响[J]. 管理世界,2014(3):131-138.

[128] 陆瑶,张叶青,贾睿. "辛迪加"风险投资与企业创新[J]. 金融研究,2017(06):159-175.

[129] 罗吉,党兴华,王育晓. 主风险投资机构声誉与联合投资形成的关系——来自中国风险资本市场的证据[J]. 科技进步与对策,2014,31(24):18-24.

[130] 齐绍洲,张倩,王班班. 新能源企业创新的市场化激励——基于风险投资和企业专利数据的研究[J]. 中国工业经济,2017(12):95-112.

[131] 钱苹,张帏. 我国创业投资的回报率及其影响因素[J]. 经济研究,

2007 (5): 78-90.

[132] 乔桂明, 屠立峰, 李晶. 地理距离对风险投资辛迪加模式优势的影响研究 [J]. 财经问题研究, 2014 (10): 99-105.

[133] 乔明哲, 张玉利, 凌玉, 等. 企业风险投资究竟怎样影响创业企业的 IPO 抑价——来自深圳创业板市场的证据 [J]. 南开管理评论, 2017, 20 (01): 167-180.

[134] 任海云. 股权结构与企业 R&D 投入关系的实证研究——基于 A 股制造业上市公司的数据分析 [J]. 中国软科学, 2010 (5): 126-135.

[135] 申宇, 赵静梅, 何欣. 校友关系网络、基金投资业绩与"小圈子"效应 [J]. 经济学 (季刊), 2016, 01: 403-428.

[136] 沈丽萍. 风险投资对中小企业自主创新的影响——基于创业板的经验数据 [J]. 证券市场导报, 2015 (1): 59-64.

[137] 沈维涛, 叶小杰, 徐伟. 风险投资在企业 IPO 中存在择时行为吗——基于我国中小板和创业板的实证研究 [J]. 南开管理评论, 2013, 16 (02): 133-142.

[138] 沈维涛, 胡刘芬. 专业化投资策略对风险投资绩效的影响及机理 [J]. 山西财经大学学报, 2014, 36 (05): 42-53.

[139] 石琳, 党兴华, 韩瑾. 风险投资机构网络中心性、知识专业化与投资绩效 [J]. 科技进步与对策, 2016, 33 (14): 136-141.

[140] 宋竞, 胡顾妍, 何琪. 风险投资与企业技术创新: 产品市场竞争的调节作用 [J]. 管理评论, 2021, 33 (09): 77-88.

[141] 王建梅, 王筱萍. 风险投资促进我国技术创新的实证研究 [J]. 科技进步与对策, 2011, 28 (8): 24-27.

[142] 王兰芳, 胡悦. 创业投资促进了创新绩效吗?——基于中国企业面板数据的实证检验 [J]. 金融研究, 2017 (01): 177-190.

[143] 王庆东, 孙雅茹. 风险投资行业专长、政府补贴与企业创新产出质量 [J]. 财会通讯, 2021 (21): 48-52.

[144] 王松奇, 丁蕊. 创业投资企业的组织形式与代理成本 [J]. 金融研究, 2001 (12): 73-80.

[145] 王婷. 区域视角下风险投资对技术创新的促进效应研究 [J]. 科学学研究, 2016, 34 (10): 1576-1582, 1592.

[146] 温军, 冯根福. 风险投资与企业创新:"增值"与"攫取"的权衡视角 [J]. 经济研究, 2018, 53 (2): 185-199.

[147] 温军, 冯根福. 异质机构、企业性质与自主创新 [J]. 经济研究, 2012, 47 (3): 53-64.

[148] 吴超鹏, 吴世农, 程静雅. 风险投资对上市公司投融资行为影响的实证研究 [J]. 经济研究, 2012 (1): 105-119.

[149] 吴翠凤, 吴世农, 刘威. 风险投资介入创业企业偏好及其方式研究——基于中国创业板上市公司的经验数据 [J]. 南开管理评论, 2014, 17 (5): 151-160.

[150] 夏清华, 乐毅. 风险投资促进了中国企业的技术创新吗? [J]. 科研管理, 2021, 42 (7): 189-199.

[151] 向海燕, 高原. CVC 联合投资, 成员异质性与企业技术创新 [J]. 科技管理研究, 2021, 41 (21): 86-92.

[152] 谢泽中, 宋砚秋, 屈成, 等. 分阶段投资与企业创新水平的关系研究——创业团队异质性的调节效应分析 [J]. 投资研究, 2017, 36 (3): 96-107.

[153] 许昊, 万迪昉, 徐晋. 风险投资改善了新创企业 IPO 绩效吗? [J]. 科研管理, 2016, 37 (01): 101-109.

[154] 许昊, 万迪昉, 徐晋. VC 与 PE 谁是促进企业创新的有效投资者? [J]. 科学学研究, 2015, 33 (07): 1081-1088.

[155] 许昊, 万迪昉, 徐晋. 风险投资背景、持股比例与初创企业研发投入 [J]. 科学学研究, 2015, 33 (10): 1547-1554.

[156] 许昊, 万迪昉, 徐晋. 风险投资辛迪加成员背景、组织结构与 IPO 抑价——基于中国创业板上市公司的经验研究 [J]. 系统工程理论与实践, 2015, 35 (9): 2177-2185.

[157] 杨其静, 程商政, 朱玉. VC 真在努力甄选和培育优质创业型企业吗? ——基于深圳创业板上市公司的研究 [J]. 金融研究, 2015 (04): 192-206.

[158] 叶小杰. 风险投资声誉、成功退出与投资收益——我国风险投资行业的经验证据 [J]. 经济管理, 2014 (8): 98-108.

[159] 伊志宏, 李艳丽. 机构投资者的公司治理角色:一个文献综述 [J].

管理评论,2013,25(05):60-71.

[160] 游家兴,刘淳. 嵌入性视角下的企业家社会资本与权益资本成本——来自我国民营上市公司的经验证据[J]. 中国工业经济,2011(6):109-119.

[161] 余琰,罗炜,李怡宗. 国有风险投资的投资行为和投资成效[J]. 经济研究,2014(2):32-46.

[162] 詹正华,田洋洋,王雷. 联合风险投资对目标企业技术创新能力的影响——基于深圳创业板上市企业的经验分析[J]. 技术经济,2015(6):24-30.

[163] 张劲帆,李汉涯,何晖. 企业上市与企业创新——基于中国企业专利申请的研究[J]. 金融研究,2017,5:160-175.

[164] 张娆. 企业间高管联结与会计信息质量:基于企业间网络关系的研究视角[J]. 会计研究,2014(4):27-33+95.

[165] 张学勇,廖理. 风险投资背景与公司IPO:市场表现与内在机理[J]. 经济研究,2011(6):118-132.

[166] 张学勇,张叶青. 风险投资、创新能力与公司IPO的市场表现[J]. 经济研究,2016,51(10):112-125.

[167] 赵洪江,夏晖. 机构投资者持股与上市公司创新行为关系实证研究[J]. 中国软科学,2009(5):33-39.

[168] 赵淑芳. 创业投资介入特性对企业创新绩效影响路径研究——基于动态内生性视角的经验证据[J]. 科技管理研究,2020,40(20):142-147.